Nick Sandler et Johnny Acton

Photographies : Peter Cassidy

Traduit de l'anglais par La Mère Michel

Le grand livre des CONSERVES

Guy Saint-Jean
ÉDITEUR

TABLE DES MATIÈRES

Avant-propos **6**

Pourquoi faire des conserves ? **8**

Histoire et géographie de la conservation des aliments **9**

1. SÉCHAGE — Comment fabriquer un séchoir, *Biltong*, *Jerky*, *Bresaola*, Herbes séchées, Champignons séchés, Piments séchés, Tomates séchées, Fruits séchés, Pâtes de fruits, Crevettes séchées **11**

2. SALAGE — Anchois salés et séchés, Morue salée, Porc salé, Câpres salées, Saumon fumé à la scandinave (gravlax), Corned-beef et bœuf salé, Jambon salé-sucré **43**

3. FUMAGE — Fumage à froid, Construction d'un fumoir à froid, Saumon, Kippers (harengs), Œufs de morue, Bœuf, Bacon, Œufs, Tartes à la crème anglaise, Fumage à chaud, Construction d'un fumoir à chaud, Poulet, Poitrines de canard et d'oie, Gibier, Maquereau, Truite, Moules et huîtres **58**

4. SAUCISSES — Principes de fabrication des saucisses, Salami au paprika, Saucisses de porc de Taplow, Saucisson à l'ail à la française, Chorizo, Saucisses italiennes, Saucisses de Francfort **85**

5. MARINADES — Ketchup aux tomates, Ketchup aux champignons, Citrons marinés, Noix de Grenoble marinées, Harengs marinés, Petits oignons marinés, Poulpes marinés, Œufs de caille marinés, Concombres marinés, Poivrons rôtis marinés, Relish au maïs rôti, Achards (*Piccalilli*) **99**

6. HERBES, PÂTES, VINAIGRES ET HUILES AROMATISÉS — Pâtes de curry rouge et vert thaïlandaises, Pâte de curry Rendang, Pesto, Pâte de tomates séchées au soleil, Harissa, Tapenade, Pâte Adobo, Beurre de truffe, Huile au piment, Huile au raifort, Huile au citron, Huile à l'ail rôti, Huile au fenouil, Vinaigre aux framboises, Vinaigre à l'estragon **121**

7. FERMENTATION — Les principes de la fermentation, Choucroute, *Kim chee*, Miso, Sauce aux haricots noirs **140**

8. CONSERVES AU SUCRE — Amandes caramélisées, Écorces d'orange confites, Marrons (châtaignes) glacés, Violettes confites, Confiture à la citrouille et à l'érable, Confitures et gelées : Principes et équipement requis, Confiture de fraises, Confiture de figues, Compote de pêches, Gelée aux prunes de Damas et aux pommettes, Gelée de gadelles (groseilles rouges), Gelée de menthe, Chutney aux tomates vertes grillées, Chutney aux pommes, aux dattes et à la sauge, Chutney à la mangue, Pâte de coings, Crème de citron à l'anglaise, Marmelade aux oranges de Séville et aux citrons, Sauce aux prunes chinoise, Sauce aux piments doux, *Mincemeat* **152**

9. CONSERVES DANS L'ALCOOL — Gin à la prunelle (*sloe gin*), Griottes (cerises) au kirsch, Oranges au brandy, Rhum aux petits fruits **179**

10. EMBOUTEILLAGE ET MISE EN CONSERVE — Principes et équipement requis, Cassoulet, Haricots blancs en sauce tomate, Coulis de tomates, Pain de viande en conserve, Conserve de langue de bœuf, Conserve de pêches **187**

11. EMBALLAGE SOUS VIDE — Emballage sous vide, Aspic, Confit de canard, Rillettes d'oie, Pâté de foie de poulet aux morilles, Pâté aux champignons sauvages, Crevettes au beurre fondu **201**

12. CONGÉLATION — Blanchiment, Découpage et répartition des produits, Duxelles de champignons, Mode de congélation des légumes, Congélation des fruits **209**

Adresses utiles **218**

Index **220**

Remerciements **224**

AVANT-PROPOS

Je suis depuis toujours un fan inconditionnel de Johnny et de Nick, entre autres raisons parce que je sais qu'ils partagent ma passion pour les « vrais » aliments, c'est-à-dire ceux qui sont produits localement et utilisés en saison. C'est un grand plaisir pour moi de constater qu'ils ont conjugué leurs efforts et leur grand savoir pour nous faire découvrir, d'une manière simple, claire et agréable tous les secrets de l'art de la conservation des aliments.

Il peut sembler paradoxal que moi, qui suis partisan d'une cuisine s'accordant au rythme des saisons, je me fasse ici le défenseur de procédés qui nous permettent, par exemple, de manger des framboises en décembre. Mais j'y vois là bien plus une célébration qu'un déni de ce rythme, car je préfère, et de beaucoup, manger ma propre confiture de framboises (ou le Chutney à la mangue de Nick et Johnny, voir page 169) le jour de Noël plutôt que d'acheter des fruits et des légumes frais, mais sans goût, importés à fort prix de l'autre bout du monde.

Pour ceux d'entre nous qui avons la chance de pouvoir cultiver nos propres fruits et légumes et d'élever nos propres animaux, la conservation des aliments constitue une partie essentielle de la vie sur une petite ferme. C'est cette technique qui nous permet d'utiliser au maximum le produit de nos récoltes et d'en faire des provisions. Même si vous n'avez ni le temps ni l'espace pour produire vos propres aliments, vous pouvez toujours vous procurer des produits frais en les achetant directement des producteurs qui les vendent dans les marchés et vous adonner à l'art de leur mise en conserve. En procédant ainsi, non seulement vous pourrez préparer des produits sains et délicieux, mais vous éprouverez une autosuffisance très gratifiante et vraiment inestimable.

L'art de la mise en conserve fait partie intégrante de l'économie domestique. C'est une manière de maximiser les ressources en utilisant aussi bien des méthodes anciennes que nouvelles et de tirer le meilleur parti des aliments. Cela n'a rien à voir avec la parcimonie ou la pingrerie. Une fois bien maîtrisé et mis en pratique, l'art de la mise en conserve vous donnera toujours des produits à la fois riches en nutriments et gorgés de saveurs. Il vous permettra de vous servir, dans la préparation de vos repas, d'une nouvelle gamme de saveurs et de textures aussi variées qu'extraordinaires.

Car les méthodes et les ingrédients utilisés dans la mise en conserve — le sel, le sucre, le vinaigre, l'alcool, l'huile, les gras, la fumée et même l'air — ont tous la capacité de transformer les produits qu'ils traitent. De plus, en utilisant avec imagination les herbes, les épices et les autres substances aromatiques, vous obtiendrez chaque fois des résultats intéressants, parfois surprenants, mais toujours spectaculaires.

C'est que les techniques rudimentaires anciennes qui ne servaient autrefois qu'à empêcher les aliments de se gâter et qu'à remplir les étagères d'un magasin se sont développées au point d'être aujourd'hui considérées comme des techniques culinaires très raffinées. Et certains aliments mis en conserve qui ne servaient jadis qu'à la survie font aujourd'hui partie de nos plats de luxe préférés.

Aujourd'hui aussi, la plupart d'entre nous comptons sur les grands producteurs commerciaux pour nous approvisionner en conserves, confitures, marinades, charcuteries, poissons fumés, etc. Malheureusement, la nécessité pour les multinationales de fabriquer ces produits en grande quantité et selon les impératifs du marché a souvent un effet négatif sur leur qualité. Ce que les auteurs nous démontrent ici, c'est que les techniques qu'ils proposent, en plus d'être agréables, sont faciles à utiliser à la maison et que les conserves qu'on fabrique soi-même, avec des ingrédients de première qualité et beaucoup de soin, sont et seront toujours les meilleures que nous pourrons obtenir et déguster.

Le grand livre des conserves constitue donc une excellente initiation aux grandes techniques de mise en conserve des aliments et regorge de recettes à la fois délicieuses et faciles à faire. À l'évidence, Nick Sandler et Johnny Acton ont eu beaucoup de plaisir à explorer cet univers de la conservation des aliments dans lequel ils nous servent aujourd'hui de guides avec un art... consommé.

Hugh Fearnley-Whittingstall

POURQUOI FAIRE DES CONSERVES ?

L'affirmation pourra sembler exagérée, mais l'histoire de la civilisation est intimement liée à celle de la conservation des aliments. Après tout, être « sauvage », c'est manger sans se donner la peine d'apprêter les aliments. C'est en apprenant à prolonger la durée de conservation des aliments que nos lointains ancêtres ont pu parcourir de grandes distances et se rendre au-delà des régions où les produits frais étaient disponibles à l'année. Plus tard, l'édification des cités a reposé sur notre capacité à conserver les céréales, les légumineuses et divers produits de source animale. En libérant l'homme des contraintes imposées par la chasse et par la cueillette, la conservation des aliments a permis la spécialisation des tâches et a donné naissance aux arts et aux sciences. Plus tard, en permettant aux grands explorateurs de survivre à de longs voyages en mer, elle a contribué à la colonisation de toute la terre. Peut-être nous permettra-t-elle un jour de faire la même chose dans l'espace.

Quiconque mettrait en doute l'importance des conserves dans nos vies n'a qu'à se rendre dans un supermarché pour constater que presque tous les ingrédients qu'on y trouve ont été soumis à une forme ou à une autre de traitement destiné à en assurer la conservation. Si on enlève d'un panier d'épicerie tout ce qui a été salé, fumé, séché, fermenté, confit, mis en conserve, surgelé, congelé, pasteurisé, irradié ou emballé sous vide, au bout du compte il n'y restera pas grand-chose. Quelques fruits, légumes, poissons et volailles tout au plus, et cela, à condition d'acheter des produits biologiques.

La mise en conserve des aliments est donc d'une importance capitale, tant culturellement qu'historiquement. En effet, les techniques de conservation utilisées par un peuple ou une ethnie sont toujours à l'image de ses goûts particuliers, parfois très anciens (c'est ainsi, par exemple, que les Scandinaves ont, aujourd'hui encore, un petit faible pour les poissons au goût d'ammoniac tels que les préparaient, d'une manière assez primitive, leurs lointains ancêtres). Et pourtant la question reste entière : pourquoi se donner la peine de faire des conserves ?

POUR SAVOIR EXACTEMENT CE QUE L'ON MANGE

La mise en conserve domestique est une entreprise à la fois très utile et très gratifiante et ce pour plusieurs raisons. Parmi celles-ci, il y a le fait que nous sommes de plus en plus conscients des inconvénients qui s'attachent à la production de masse des aliments. Certains de ces inconvénients affectent la santé, d'autres ont trait au goût des aliments eux-mêmes. Beaucoup de gens s'inquiètent de tous les additifs que contiennent ces produits. Leur qualité est trop souvent compromise par deux mauvaises habitudes des géants de l'alimentation. La première consiste à se servir de raccourcis sous prétexte que « le temps, c'est de l'argent ». C'est ainsi que souvent les viandes dites « fumées » ne sont nullement préparées selon les méthodes anciennes, mais qu'elles sont tout simplement trempées dans de la fumée liquide, ce qui ne peut qu'avoir un effet néfaste sur leur goût. La deuxième de ces mauvaises habitudes est l'uniformisation — et non la personnalisation — des produits. Peut-être aimeriez-vous pouvoir acheter du saumon plus fumé et des oignons marinés plus piquants que ceux qu'aiment manger Monsieur et Madame Tout-le-monde... Si vous achetez ces produits dans un supermarché ou une grande surface, vous devrez nécessairement vous conformer aux goûts « moyens » de la majorité. Si vous faites vos propres conserves, vous n'aurez pas à vous soucier de ces problèmes.

Une autre des raisons qui plaide en faveur de la mise en conserve domestique est la popularité grandissante du jardinage. Maintenant que vous faites pousser des concombres et des tomates, qu'en ferez-vous au moment de la récolte ? En connaissant les techniques de mise en conserve, vous pourrez mettre à profit pleinement les produits de votre potager.

UN MONDE DE SAVEURS

Un autre phénomène qui a révolutionné le paysage culinaire dans les dernières années a fait que les gens sont beaucoup plus disposés qu'autrefois à goûter des saveurs nouvelles nous arrivant des quatre coins du monde. C'est ainsi que, grâce aux techniques de la mise en conserve, on peut préparer chez soi toutes sortes de plats exotiques dont plusieurs ne se trouvent même pas en magasin. À cet égard, *Le grand livre des conserves* est en quelque sorte un hommage à cette nouvelle diversité internationale.

Parmi les autres raisons qui devraient vous inciter à faire des conserves à la maison, mentionnons le plaisir que vous éprouverez à transformer des produits bruts en petites gourmandises qui plairont à vos proches et à vos amis, les économies substantielles que vous réaliserez (tout en obtenant des produits de qualité supérieure et adaptés à vos goûts) et enfin le plaisir que vous aurez à offrir en cadeau un superbe pot de confiture à quelqu'un que vous aimez bien. C'est un plaisir qui en vaut bien d'autres !

HISTOIRE ET GÉOGRAPHIE DE LA CONSERVATION DES ALIMENTS

La plupart des grandes méthodes de conservation des aliments ont été découvertes par hasard, mais cela se passait il y a si longtemps qu'on ne peut dater aucune de ces découvertes. Un jour, un chasseur trouva un animal qui était tombé dans un puits salant et se rendit compte que sa chair s'était bien conservée et avait encore beaucoup de saveur. Un autre jour, un berger oublia une outre de lait au soleil et vit que le lait s'y était transformé en quelque chose de délicieux. Un autre jour enfin, un fermier oublia quelques vieux choux dans une chaudière d'eau de mer pour découvrir, quelques jours plus tard, que ceux-ci, en se ratatinant, étaient devenus croquants et savoureux. Bien sûr, sans un sens aigu de l'observation et un partage des informations amassées au cours du temps, ces découvertes n'auraient jamais pu être mises à profit. Nos ancêtres y arrivèrent pourtant, même s'ils ne comprenaient pas toujours les mécanismes en jeu derrière ces transformations dont dépendait souvent leur survie. Pour eux c'était de la magie. Mais, comme le dit le proverbe, « nécessité fait loi ».

CLIMAT ET HABITAT

C'est le climat et le mode de vie des habitants particuliers à chaque région du globe qui ont déterminé les techniques de conservation qu'ils utilisaient. Chez les peuples nomades des déserts et des steppes pour qui la culture des légumes n'avait aucun sens, les produits obtenus à partir du lait étaient d'une importance capitale pour leur survie. Dans les régions arctiques et montagneuses, il fallait, en hiver, lutter sans cesse contre le froid pour l'empêcher de faire geler les aliments. Toutefois, l'air sec et frais de ces régions rendait le séchage facile (c'est à lui que nous devons aujourd'hui la *bresaola*). Autour de la Méditerranée, dans les pays arabes et dans une partie des Amériques, on pouvait faire sécher les aliments (des fruits et des piments surtout) sous le chaud soleil de l'été. Pendant ce temps, dans les régions tempérées où le climat est trop humide pour permettre le séchage, on se servait surtout du fumage, du salage et on faisait mariner des aliments. Au Japon, en Corée et dans les autres régions montagneuses de l'Asie, compte tenu de la rareté des terres arables, des populations entières se nourrissaient principalement de légumineuses et de poissons fermentés.

Sous les climats nordiques, et ce pendant des millénaires, l'automne était presque tout entier consacré à mettre en conserve mille et un produits en prévision de la morte saison. Peu de ménages paysans possédaient assez de terre pour pouvoir nourrir leur bétail, de sorte que la plupart des animaux étaient tués en cette saison. Comme le temps pressait, tout le monde était mis à contribution — les enfants, les parents, les voisins, les amis — pour saler, fumer et faire sécher les viandes ou en transformer les restes en saucisses. Après la récolte, pour les empêcher de se gâter, les légumes, les fruits et les champignons étaient mis à sécher ou à mariner rapidement.

En Europe, cette pratique dura des siècles. La seule petite révolution qui survint dans le monde de la conservation des aliments fut, au Moyen Âge, l'apparition du sucre, ramené du Moyen-Orient par les Croisés en quantités infimes et à prix exorbitants. On s'aperçut très vite de son merveilleux pouvoir de conservation mais, malgré des tentatives de culture aux îles Canaries et ailleurs, le sucre demeura un produit de grand luxe jusqu'à ce que, aux XVIIe et XVIIIe siècles, toutes les Antilles se transforment en une vaste plantation de canne à sucre. Ce n'est qu'à ce moment-là que tous purent s'en servir pour faire des confitures, des gelées, des fruits confits ou des noix caramélisées.

UNE APPROCHE PLUS SCIENTIFIQUE

Toutefois, la vraie révolution dans les techniques de conservation survint, en 1861, à la parution d'un article de Louis Pasteur où celui-ci expliquait noir sur blanc pourquoi les aliments avaient tendance à se gâter. Le grand responsable était l'air ambiant où pullulaient des micro-organismes nuisibles. Pasteur l'avait prouvé en faisant passer, jour après jour, de l'air dans des filtres en fulmi-coton puis en examinant ceux-ci au microscope. En plaçant un de ces filtres dans un bouillon de culture parfaitement stérilisé, il avait pu voir le bouillon commencer à se putréfier presque instantanément. Jusque-là, la conservation des aliments s'était faite au petit bonheur la chance et beaucoup de gens l'avaient payé de leur vie. Dorénavant, grâce à une bonne compréhension des lois de l'hygiène et à l'avènement de méthodes scientifiques sûres, la mise en conserve, tant industrielle que domestique, serait accessible aux masses.

Nous sommes les heureux héritiers de ces techniques. Nous n'avons certes pas besoin de vivre dans un désert pour pouvoir déguster des dattes séchées ni de respirer l'air d'une montagne du Japon pour savourer un bol de soupe au miso fumante, mais la connaissance de l'histoire des techniques de conservation des aliments ne peut que nous permettre de les apprécier à leur juste valeur de même que les produits que, grâce à elles, nous pouvons transformer et déguster à loisir quand le cœur nous en dit.

SÉCHAGE

Que serait la cuisine italienne sans les pâtes et que serait la cuisine chinoise sans les nouilles ? Certainement pas les mêmes! On pourrait se poser la même question au sujet de la cuisine égyptienne et de la cuisine californienne qui, sans les lentilles séchées et sans les tomates séchées au soleil, ne seraient assurément pas les mêmes. Beaucoup de produits séchés que nous utilisons nous sont si familiers que nous oublions trop facilement ce qu'ils sont réellement.

Un jour, des hommes préhistoriques trouvèrent des fruits que le vent avait arrachés des arbres et qui avaient séché au soleil. Ceux-ci avaient toujours une belle apparence, ils étaient plus sucrés et plus charnus que les fruits frais et restaient comestibles beaucoup plus longtemps, constatèrent-ils. Peut-être avaient-ils déjà remarqué que les viandes qu'ils oubliaient ici et là s'étaient conservées par fumage ou par séchage naturels...

La déshydratation systématique des aliments constitue probablement la plus ancienne et la plus simple de toutes les méthodes de conservation. La méthode fonctionne parce que les micro-organismes qui pourraient leur être nuisibles sont détruits par la dessiccation des produits. Le séchage permet aussi une très grande concentration des saveurs. C'est le cas, par exemple, de la spécialité qu'on appelle « Canard de Bombay », un petit poisson très goûteux, salé et séché au soleil torride de la côte ouest de l'Inde au point d'adopter une texture presque minérale. Cinq siècles avant J.-C., Hérodote rapportait déjà que les Égyptiens se servaient de méthodes similaires pour faire sécher les petits poissons. De même, les troupes d'Alexandre le Grand découvrirent que les habitants du Baloutchistan (une province de l'actuel Pakistan) fabriquaient une variante du Canard de Bombay dont ils faisaient une farine qu'ils donnaient à leurs bêtes.

Déjà, depuis des temps immémoriaux, leurs voisins perses et afghans ajoutaient des abricots séchés, des dattes et des mûres à leurs ragoûts. Déjà aussi, à cette époque, les Amérindiens savaient faire sécher les viandes au soleil. Ils donnaient au produit fini le nom de « charqui » qui nous a donné par ricochet le mot « jerky ». Historiquement parlant, la morue salée fut longtemps d'une telle importance qu'on pourrait dire que sans elle la traite des Noirs aurait été presque impossible. Avant de partir pour l'Afrique, les esclavagistes se rendaient à Terre-Neuve et en Nouvelle-Angleterre pour troquer des produits de base originaires des Antilles comme le rhum et la mélasse contre de grandes quantités de morue salée. On se servait de cette morue pour acheter des esclaves en Afrique de l'Ouest aussi bien que pour les garder vivants une fois qu'ils étaient arrivés aux Caraïbes. Les propriétaires de plantations de canne à sucre payaient pour leurs esclaves avec ces produits qui étaient très demandés sur le littoral de l'Atlantique Nord. Ainsi la boucle était bouclée et les esclavagistes pouvaient répéter indéfiniment leur routine en prenant un profit substantiel à chaque transaction. Durant plusieurs siècles, les légumineuses séchées furent la principale source de protéines en Europe et ailleurs. Du fait de leur légèreté et de leur longue durée de conservation, les aliments séchés ont longtemps été essentiels à l'entretien des armées.

Plusieurs parmi les meilleurs aliments séchés utilisés aujourd'hui étaient autrefois déshydratés par le soleil et le vent, phénomènes climatiques malheureusement absents des régions humides du monde comme l'Angleterre. Toutefois, on peut, avec un peu de savoir-faire, faire sécher les aliments de plusieurs autres façons, comme par exemple dans un séchoir domestique qu'il est possible de se fabriquer à partir de presque rien (voir page 14).

COMMENT FABRIQUER UN SÉCHOIR

Pour construire un séchoir, utilisez une grande boîte de bois ou de carton solide. Celle-ci peut être de 75 cm (2 ½ pi) de haut, 45 cm (1 ½ pi) de profond et 60 cm (2 pi) de large. Cette boîte doit être parfaitement étanche sauf pour quelques trous de ventilation pratiqués en haut et en bas. Installez une ampoule de 60 watts à l'intérieur, laquelle sera protégée des liquides qui s'égouttent des produits par un morceau de bois ou de carton perforé placé au-dessus. Il faut aussi garder la boîte à l'abri du soleil.

BILTONG

Si jamais vous voulez rendre nostalgique un Sud-Africain en exil, parlez-lui d'un *biltong*. La texture coriace et le goût de cette viande épicée séchée à l'air libre peuvent rebuter au début, mais une fois qu'on y a goûté, on ne peut plus ni l'oublier ni s'en passer.

Le mot «biltong» vient des mots néerlandais «bil» (croupe) et «tong» (lanière), mais ce sont les Bantous qui ont transmis le secret de sa fabrication aux Boers. Pour ces derniers, le *biltong* fut, à partir de 1836, durant leur long périple à travers l'Afrique, une source de protéines vitale à leur survie. On se servait à l'origine, pour préparer le *biltong*, d'un mélange de vinaigre, de poivre, de sel, de sucre et de graines de coriandre broyées. Tous ces produits étaient faciles à trouver, grâce aux Huguenots qui cherchaient à créer des vignobles en Afrique et des marins de passage qui rapportaient des épices du Moyen-Orient.

On peut fabriquer du *biltong* à partir de diverses viandes rouges maigres. On se sert souvent en Afrique de la viande d'autruche ou d'antilope, mais la variété la plus populaire est faite avec du bœuf. Le plus difficile dans la fabrication du *biltong* est de reproduire les conditions atmosphériques sèches de l'Afrique du Sud. On peut toutefois y parvenir en suspendant les lanières de viande traitées sur une tringle, dans un lieu frais et sec, en l'exposant à l'air d'un ventilateur placé à proximité. Il faut toutefois s'assurer, pour réussir l'opération, qu'il n'y ait aucune humidité ambiante.

La solution la plus simple consiste donc à construire un séchoir. Celui-ci est très facile à réaliser (voir ci-contre) et on pourra s'en servir à beaucoup d'autres fins (pour le séchage des fruits par exemple).

PRÉPARATION DU BŒUF

Se procurer une belle tranche grasse de bœuf et la couper dans le sens des fibres, en lanières d'environ 1 cm (½ po) d'épais et de 15 cm (6 po) de long. Enlever tout le gras qui pourrait autrement rancir et saupoudrer généreusement chaque côté de la viande de sel gemme. Laisser reposer une heure. Enlever l'excédent de sel avec un couteau, mais sans jamais utiliser d'eau. Tremper la viande une seconde ou deux dans du vinaigre de cidre ou de vin, puis l'égoutter aussitôt. La recouvrir généreusement de poivre et de graines de coriandre moulues et la presser.

SÉCHAGE

Suspendre les lanières de viande à l'aide de cordes ou de crochets de boucher. Allumer l'ampoule du séchoir. Le séchage exige entre trois et quatre jours. L'ampoule procurera un air chaud, sec et ascendant que les trous de ventilation feront circuler dans le séchoir.

Vous pouvez assaisonner la viande en la badigeonnant de sauce barbecue, Worcestershire, Tabasco ou soja avant de l'enduire de vinaigre, de poivre et de coriandre moulue.

UTILISATION ET ENTREPOSAGE

En Afrique du Sud, on se sert d'un appareil spécial pour couper le *biltong* en tranches très fines. La viande doit être entreposée, légèrement enveloppée, dans un endroit frais et bien aéré ou gardée au réfrigérateur, mais soigneusement protégée contre l'humidité. Il faut la consommer en moins de 6 mois.

JERKY

Pour les Américains, le *biltong* sud-africain n'est qu'une sorte de *jerky*. Pour les Sud-Africains, le *jerky* n'est rien d'autre qu'un *biltong* américain. Les deux produits se ressemblent beaucoup et ont déjà eu une grande importance dans l'alimentation des populations indigènes de ces deux pays. Ils sont tous deux nutritifs, créent presque une dépendance et on vend aujourd'hui un grand nombre de leurs succédanés. Toutefois, le *biltong* et le *jerky* sont suffisamment différents l'un de l'autre pour que vous puissiez vous demander lequel vous préférez. Le *jerky* est fait de lanières de viande plus fines que celles du *biltong*. Les deux produits peuvent se conserver jusqu'à 6 mois.

Comme nous l'avons mentionné au début de ce chapitre, le mot «jerky» est une déformation du mot «charqui». Les Incas Quechuas du Pérou traitaient la viande d'alpaga dans du sel provenant des *salares* (salants) locaux, la faisaient sécher sous le soleil torride des hauts plateaux et lui donnaient le nom de «ch'arqui». Au Chili, le *guacano*, un proche parent du lama, était traité de la même manière. Au cours de la Ruée vers l'or californienne de 1849, les mineurs chiliens furent parmi les premiers arrivés sur place. C'est là qu'ils apprirent à faire du *jerky* avec le bétail local et qu'ils communiquèrent leurs recettes aux autres mineurs. À noter que les Amérindiens des grandes plaines faisaient déjà sécher des lanières de viande de bison depuis des temps immémoriaux.

PRÉPARATION DU *JERKY*

Comme pour le *biltong*, on peut faire le *jerky* avec pratiquement n'importe quelle viande maigre (et même avec les poissons). Le *jerky* de dinde est particulièrement réputé. Voici la recette la plus populaire de tous les *jerkies*, celle à base de bœuf.

1 kg (2 ¼ lb) de bœuf maigre, paré (culotte de bœuf par exemple)
250 ml (1 tasse) de sauce soja
30 ml (2 c. à soupe) de sucre
3 gousses d'ail
½ oignon moyen, finement haché
5 ml (1 c. à thé) de sauce Tabasco
30 ml (2 c. à soupe) de vinaigre de malt
15 ml (1 c. à soupe) de sauce Worcestershire
Un peu de jus de citron

- Couper d'abord la viande, dans le sens des fibres, en lanières d'environ 5 mm (¼ po) d'épaisseur.
- Mélanger les ingrédients indiqués pour la vinaigrette jusqu'à consistance lisse, puis y faire mariner la viande 6 heures au moins au réfrigérateur.

À vous de choisir la méthode de séchage que vous préférez:

SÉCHAGE AU SOLEIL ET À L'AIR LIBRE

Ne faites sécher la viande au soleil que si vous vivez sous un climat très chaud et attendez un jour de grand vent pour le faire. La façon la plus simple de procéder consiste à suspendre la viande sur une corde à linge et à la couvrir de mousseline pour la protéger. Il faut sécher la viande 3-4 jours jusqu'à ce qu'elle casse sous les doigts tout en restant croquante. Ne pas vous servir de cette méthode de séchage avec les volailles.

SÉCHAGE AU FOUR

- Couvrir le fond du four de papier d'aluminium de manière à y recueillir le jus de «cuisson».
- Préchauffer le four à 80-90 °C/180-200 °F/Gaz ¼.
- Étendre les lanières de viande sur la grille du four et les essuyer. Faire sécher la viande 4 heures en gardant la porte du four entrouverte.
- Retourner la viande une fois. Il faudra peut-être faire sécher la viande un peu plus longtemps pour obtenir la consistance désirée.

FUMAGE

Si vous désirez fumer votre *jerky*, jetez d'abord un œil sur le chapitre consacré à ce sujet (page 58). On peut le fumer à chaud, à environ 90-95 °C (200 °F) pendant 2 heures au moins (en le testant au bout de ce temps) ou à chaud, pendant 6-8 heures à 60 °C (140 °F), après quoi on finit le fumage à chaud ou au four (s'il y a lieu).

BRESAOLA

La *bresaola* est du bœuf mi-salé et séché à l'air qu'on mange cru. Les meilleures variétés proviennent des monts Valtellina situés à la frontière de l'Italie et de la Suisse. Coupée en tranches fines d'une belle couleur rubis transparente et servie avec de l'huile d'olive, du jus de citron et du parmesan, la *bresaola* est, en Italie, une entrée classique.

1 grosse pièce de gîte à la noix de bœuf maigre d'environ 2 kg (4 ½ lb), bien ficelée
500 ml (2 tasses) de vin rouge (Chianti, par exemple)
10 ml (2 c. à thé) de piment rouge moulu
4 gousses d'ail, broyées
6 feuilles de laurier, déchiquetées
750 g (1 lb 10 oz) de gros sel
15 ml (1 c. à soupe) de poivre noir, grossièrement moulu
10 branches de romarin, grossièrement hachées
10 rameaux de thym, grossièrement hachés
45 ml (3 c. à soupe) de sucre
Étamine pour envelopper la viande
Vinaigre de vin rouge (pour laver la viande)

- Mettre la pièce de viande dans un grand plat de plastique, puis la couvrir des ingrédients indiqués (sauf les deux derniers). Masser la viande avec le mélange puis la laisser macérer au réfrigérateur pendant 1 semaine en la retournant chaque jour de manière qu'elle ait mariné de part en part.
- Au bout de ce temps, enlever la marinade de la pièce de viande et envelopper celle-ci dans de l'étamine. La suspendre ensuite 1 mois dans un lieu sec et frais au-dessus d'un plateau servant à recueillir le liquide qui s'en égouttera.
- La *bresaola* est à point quand elle est ferme au toucher. Une fois prête, laver la pièce de viande avec du vinaigre de vin rouge, puis l'assécher avec un linge. La *bresaola* se conserve 1 mois au réfrigérateur dans un plat hermétiquement fermé.

HERBES SÉCHÉES

Quand arrive l'automne, nos potagers sont envahis par l'estragon. Les plants de basilic y forment de gros buissons et la menthe y court partout. C'est le temps ou jamais d'en profiter.

Les herbes séchées ont un goût plus concentré que les herbes fraîches, du moins celles qui n'ont pas plus d'un an et qui ont été adéquatement préparées et emballées. Vous l'avez certainement constaté en vous servant d'herbes séchées au lieu de fraîches. Cela n'a rien d'étonnant : les huiles essentielles se concentrent davantage lorsque les herbes sèchent. C'est ce qui nous permet de les entreposer en quantité suffisante et de nous en servir toute l'année.

On peut faire sécher les herbes au soleil, sur tige ou au four (ou au micro-ondes). Grâce à leur polyvalence, on peut en agrémenter les sauces, les marinades et les mélanges d'assaisonnements dont les célèbres bouquets garnis et les herbes de Provence.

SÉCHAGE EN SACS

Cette méthode est utilisée pour faire sécher les plants entiers ou les grosses brassées d'herbes. Ne laver les herbes que si c'est absolument nécessaire, puis les égoutter à fond sur de l'essuie-tout. Les mettre, tête en bas, dans un sac de papier, en laissant dépasser les tiges. Attacher l'ouverture du sac avec de la ficelle, puis suspendre le tout dans un lieu tiède et bien ventilé. La gravité se chargera de répartir dans les feuilles les huiles essentielles contenues dans les plants. Une fois les feuilles parfaitement séchées, au bout de 3-5 jours, enlever les tiges et conserver les feuilles dans des contenants hermétiques.

SÉCHAGE SUR CLAIES

Enlever les feuilles des tiges et les faire sécher à l'abri de la lumière sur une claie à mailles fines. Les entreposer dans des sacs, comme les herbes séchées.

SÉCHAGE AU MICRO-ONDES

Tapisser une assiette de papier essuie-tout, y déposer les herbes et régler le micro-ondes à « Décongeler ». Faire sécher les herbes 5 minutes environ. Si elles ne sont pas parfaitement sèches, les mettre 1 ou 2 minutes de plus au micro-ondes. Les herbes peuvent se garder un an dans un contenant hermétiquement fermé.

HERBES DE PROVENCE

Il s'agit du mélange d'herbes probablement le plus célèbre du monde. Broyer ensemble thym, marjolaine, origan, romarin, sarriette, basilic et estragon séchés. Pour faire du poulet rôti, nous vous recommandons 30 ml (2 c. à soupe) d'herbes de Provence, 15 ml (1 c. à soupe) de paprika, 15 ml (1 c. à soupe) de sel marin, 15 ml (1 c. à soupe) de poivre noir frais moulu, 15 ml (1 c. à soupe) de moutarde sèche et 10 ml (2 c. à thé) de poudre d'ail mélangés et gardés dans un pot. Pour un petit voyage rapide dans le sud de la France, saupoudrer le poulet de ce mélange, l'arroser d'huile d'olive puis de jus de citron avant de le faire rôtir le temps requis.

BOUQUETS GARNIS

Avec de la ficelle, attacher ensemble une petite branche de laurier frais, 4 rameaux de thym, 2 petites branches de romarin et du persil. Il est possible de préparer à l'avance plusieurs bouquets garnis et de les faire sécher en se servant de la méthode de « séchage en sacs » (voir plus haut). Ils font des cadeaux appréciés.

ROMARIN FUMÉ

Le romarin fumé donne un goût très particulier à l'agneau et aux pommes de terre. Fumer le romarin à froid pendant 1 heure puis le faire sécher en se servant d'une des méthodes décrites plus haut.

CHAMPIGNONS SÉCHÉS

C'est vers la fin de l'été et en automne, mais avant les grandes gelées et au lendemain d'une grosse pluie, quand l'air est chargé d'humidité, que les champignons apparaissent par millions dans les bois et les champs des régions tempérées du globe. (La morille est une des rares exceptions à cette règle, car elle apparaît là où elle le veut bien, à la fin du printemps). Il faut alors se dépêcher de les récolter et de les faire sécher car ils se conservent peu de temps.

Heureusement, la majorité des espèces (sauf les vesses-de-loup, les truffes et les coprins) se sèchent très facilement. Certaines, comme les bolets (cèpes), les shiitakes et les morilles, acquièrent lors de leur séchage de nouvelles saveurs et textures. Rien de mieux que des pots de champignons séchés pour donner de l'atmosphère à une cuisine! Leur préparation a, en soi, quelque chose de noble et même de royal; ne rapporte-t-on pas que sur son lit de mort, Louis XIII enfilait des morilles?

Tous les champignons doivent être délicatement brossés — mais non lavés — afin d'en éliminer les saletés et les insectes. Ces derniers peuvent se cacher dans les endroits les plus invraisemblables. Dans le cas des morilles, il faut les couper en deux de manière à en nettoyer l'intérieur.

SÉCHAGE EN CHAPELETS

Cette méthode est tout indiquée pour les morilles et les chanterelles (*Cantharellus cibarius*). Prendre une aiguille et y enfiler un mètre (3 pi) de gros fil de coton. Enfiler les champignons sur le fil en s'assurant de garder un petit espace entre chacun, ce qui les empêchera de moisir. Suspendre les chapelets dans un lieu chaud et bien ventilé, tel un placard-séchoir, ou le dessus d'une cuisinière Aga si vous en avez une, et les faire sécher 2-3 jours. Les conserver, à l'abri de la lumière, dans des pots hermétiquement fermés.

SÉCHAGE SUR CLAIES

Cette méthode s'applique bien aux cèpes, aux agarics, aux pleurotes, aux marasmes, aux trompettes de la mort (trop petites pour être enfilées) et à plusieurs autres espèces. Les gros champignons doivent être tranchés avant d'être séchés.

Il faut se servir à cette fin de claies assez grandes et à mailles fines pour empêcher les champignons de se toucher ou de passer à travers les mailles. Comme les champignons doivent être soumis à une bonne ventilation, éviter de les mettre sur du papier journal, qui pourrait déteindre sur eux ou en absorber les arômes précieux. Une grille utilisée pour faire refroidir un gâteau a la grosseur de mailles voulue, mais sera de peu d'utilité si votre récolte est abondante. En achetant ou en fabriquant soi-même des claies d'osier, ce problème est réglé.

La prochaine étape consiste à trouver une source de chaleur, mais pas trop intense. On peut se servir d'un séchoir domestique (voir page 14), du dessus d'un radiateur ou d'un four à feu doux dont on gardera la porte entrouverte. Les temps de séchage varient, bien sûr, selon l'espèce et la grosseur des champignons. En général, le séchage dure entre 12 et 24 heures (ou plus). Comme les champignons ne sèchent pas tous en même temps, il faut enlever ceux qui sont prêts au fur et à mesure, c'est-à-dire dès qu'ils sont secs au toucher.

ENTREPOSAGE ET UTILISATION

Plus vite on fait sécher les champignons après leur cueillette, meilleurs ils sont. Même si les pots de champignons sont très décoratifs, il faut les garder à l'abri de la lumière dans des pots stérilisés parfaitement secs. Ils se conservent ainsi 18 mois.

Dans certaines soupes et ragoûts, il faut se servir de champignons entiers; de manière à ne rien perdre de leurs précieuses saveurs, on ajoute alors à ces plats le liquide — eau ou lait — dans lequel on les a fait tremper (pour les réhydrater). On peut aussi se servir de champignons moulus dans les soupes et les sauces.

TOURTES AUX BOLETS SÉCHÉS ET AU GRUYÈRE

On peut, dans cette recette, remplacer les bolets par des morilles ou des marasmes séchés. **Donne 4 portions.**

PÂTE À TARTE :

225 g (8 oz) de farine tout usage
2,5 ml (½ c. à thé) de sel
5 ml (1 c. à thé) de sucre
100 g (3 ½ oz) de beurre non salé froid, coupé en petits morceaux

GARNITURE :

200 g (7 oz) de champignons frais tranchés (petits portobellos, par exemple)
50 g (2 oz) de beurre non salé
25 g (1 oz) de bolets séchés (voir page 21), coupés en petits morceaux
2 échalotes, émincées
1 tête d'ail rôtie (voir page 127)
50 ml (⅕ de tasse) de sherry sec
100 g (3 ½ oz) de crème fraîche
125 g (4 ½ oz) de gruyère, râpé
5 œufs moyens
Paprika
Sel et poivre

- **Pâte :** tamiser tous les ingrédients secs dans un bol. Incorporer le beurre et travailler la pâte avec les doigts jusqu'à ce qu'elle soit grumeleuse et molle. Ajouter de l'eau jusqu'à ce que tous les ingrédients forment une pâte ferme. Couvrir la pâte d'une pellicule plastique et la garder au réfrigérateur jusqu'au moment de s'en servir.
- Préchauffer le four à 180 °C/350 °F/Gaz 4. Abaisser la pâte et la mettre dans une assiette à tarte de 20-25 cm (8-10 po) de diamètre. Presser la pâte dans l'assiette en la laissant dépasser sur le pourtour.
- Piquer la pâte avec une fourchette, puis la couvrir d'une rondelle de papier sulfurisé et de haricots secs ou de riz.
- Faire cuire 15 minutes, enlever les haricots (ou le riz) et le papier sulfurisé. Accroître la chaleur du four à 190 °C/375 °F/Gaz 5 et faire cuire la croûte 15 minutes de plus, jusqu'à ce qu'elle soit dorée. Tailler le surplus de pâte avec un couteau coupant.
- **Garniture :** faire frire les champignons frais dans le beurre, à feu modéré, avec les bolets séchés, les échalotes et l'ail rôti pendant quelques minutes. Ajouter le sherry et réduire jusqu'à ce qu'il soit presque entièrement évaporé.
- Dans un bol assez grand, mélanger à fond la crème fraîche, le gruyère, les œufs, un peu de sel et de poivre et les champignons.
- Verser ce mélange dans la croûte et saupoudrer de paprika. Faire cuire 30-40 minutes au four, à 180 °C/350 °F/Gaz 4. On peut aussi fumer les tourtes à chaud pendant 1 heure à 100 °C/212 °F.

SOUPE AU PORC, AUX SHIITAKES ET AUX ANCHOIS SÉCHÉS

Certaines personnes préfèrent les shiitakes séchés aux frais parce qu'ils ont un goût plus prononcé et une texture caoutchouteuse. Si vous adorez ces champignons (*Lentina edodes*), vous pouvez acheter des souches inoculées de spores et les faire pousser chez vous (voir « Adresses utiles », page 218). Les anchois salés et fumés ont un goût piquant, mais comme ils dégagent une mauvaise odeur durant leur préparation, sans doute préférerez-vous les acheter déjà préparés dans les épiceries orientales. Ces deux ingrédients entrent dans la composition de cette soupe nutritive et très goûteuse. Donne 4 portions.

400 g (14 oz) de filets de porc, marinés dans le jus de 1 lime, 5 ml (1 c. à thé comble) de miel et 15 ml (1 c. à soupe) de sauce soja foncée
2 litres (8 tasses) de bouillon de poulet et de porc
2 petites poignées d'anchois séchés
100 ml (⅖ de tasse) d'huile végétale (et plus)
10 shiitakes séchés
Huile de sésame
10 ml (2 c. à thé) de gingembre, émincé
3 piments rouges semi-forts séchés (voir page 26)
300 g (10 ½ oz) de petits pak-choi (ou épinards, ou brocoli)
Nouilles de riz
Sauce soja
Un peu de vin de riz
10 ml (2 c. à thé) de graines de sésame, rôties à sec 2 minutes à feu modéré

- Faire mariner les filets de porc plusieurs heures avant de les faire cuire.
- Pour faire 2 litres (8 tasses) de bouillon de poulet et de porc, faire d'abord cuire au four, à 220 °C/425 °F (Gaz 7), des os et des restes de poulet et de porc pendant 40 minutes. Mettre le tout dans une grande casserole en prenant soin de récupérer le fond de cuisson.
- Ajouter 2 carottes moyennes grossièrement hachées, 1 oignon moyen coupé en deux, 4 gousses d'ail coupées en deux et 2 badianes entières. Couvrir d'eau et laisser mijoter le tout durant 2 ½ heures en enlevant le gras à plusieurs reprises. Filtrer ensuite le bouillon et réserver. Allonger d'un peu d'eau au besoin (de manière à obtenir 2 litres).
- S'assurer que les anchois ont été étêtés et bien éviscérés pour éviter qu'ils donnent un mauvais goût à l'ensemble. Faire frire et dorer les poissons dans l'huile végétale à feu modéré, puis les laisser s'égoutter sur de l'essuie-tout et les réserver.
- Couvrir les shiitakes séchés de bouillon brûlant et les laisser tremper pendant 1 heure. On peut les trancher si on le désire.
- Dans un peu d'huile de sésame et d'huile végétale, faire sauter et dorer le porc de tous les côtés jusqu'à ce qu'il soit parfaitement cuit. On peut aussi le faire cuire au gril.
- Faire chauffer le bouillon dans une grande casserole et y ajouter la moitié des anchois. Faire mijoter le bouillon 5 minutes, puis retirer les poissons avec une écumoire et les jeter. Ajouter les champignons, le gingembre, les piments et laisser mijoter 5 minutes.
- Pendant ce temps, blanchir le pak-choi (ou le légume utilisé) 2 minutes puis le plonger dans l'eau froide pour en arrêter la cuisson et le garder bien vert.
- On peut maintenant faire cuire les nouilles de riz en suivant les indications du fabricant.
- Assaisonner la soupe avec la sauce soja et le vin de riz puis ajouter le pak-choi.
- Verser le bouillon sur les nouilles et disposer le porc tranché dessus. Garnir avec le reste des anchois et les graines de sésame.

PIMENTS SÉCHÉS

Au Nouveau-Mexique, dans le sud-ouest américain, on a pour les piments séchés le même respect que les Français ont pour le vin. On débat des mérites relatifs des différentes variétés avec une passion féroce. Partout on trouve des chapelets ou des tresses de piments séchés appelés « ristras ». Tout en servant à la préparation des plats, ceux-ci ont une grande valeur décorative. Dans les dernières années, les habitants du nord de l'Europe se sont engoués des piments séchés et dans les boutiques haut de gamme, les arbres de Noël sont aujourd'hui décorés de piments séchés bourgogne foncé.

La plupart des variétés de piments peuvent être facilement séchés à la maison excepté les variétés à chair épaisse comme les jalapeños. Toutefois, ces piments sont excellents, une fois fumés; ils sont alors connus sous le nom de « chipotles » (voir page ci-contre).

Avec les autres variétés, on obtiendra les meilleurs résultats en se servant de piments bien mûrs (rouges). Les piments sont séchés à point quand ils cassent au lieu de se plier sous les doigts. Ils peuvent se conserver pendant un an.

SÉCHAGE SUR GRILLES

La façon la plus simple et la plus efficace de faire sécher les piments est de se servir d'un déshydrateur, un appareil qui vous deviendra indispensable si vous avez l'intention de faire beaucoup de séchage (voir page 218 pour les fournisseurs). On peut aussi se servir d'un séchoir domestique (voir page 14). On peut enfin utiliser un four dont on laisse la porte légèrement entrouverte. Toutefois, cette méthode n'est ni très économique ni pratique en plus d'empêcher une autre personne d'utiliser le four.

Pour vous servir d'un déshydrateur, suivez les indications du fabricant. Pour les deux autres méthodes, il est recommandé de couper les piments en deux sur le long, puis de les épépiner (en prenant soin de bien se laver les mains après chaque manipulation). La température du four devrait être de 60-70 °C/140-160 °F et le séchage devrait durer 24 heures ou plus. Il faut compter deux fois plus de temps si on se sert d'un séchoir.

SÉCHAGE EN CHAPELETS OU EN TRESSES

La façon la plus facile de faire un chapelet consiste à enfiler les piments avec une aiguille et du fil. Peut-être voudrez-vous plutôt en faire une tresse (*ristra*) bien fournie. Dans ce cas, commencer par attacher les piments par groupes de trois avant de les tresser le long d'une tige de métal. Ce sont les piments du Nouveau-Mexique qui se prêtent le mieux à ce traitement. Voici comment procéder:

- Pour faire une *ristra* de 45 cm (18 po) de long, il vous faudra utiliser 3,5 kg (7-8 lb) de piments frais et plusieurs longueurs de 1,5 m (5 pi) de fil de coton.
- Prendre 3 piments et les tenir ensemble par leurs pédoncules. De l'autre main, tourner deux fois le fil de coton autour des pédoncules, puis le ramener deux fois entre les piments en le serrant bien.
- Faire une boucle assez lâche autour de la main qui tient les piments, puis la faire glisser sur les pédoncules et, en laissant pendre le bout du fil dedans, bien serrer la boucle. (Les scouts, les guides et les marins auront reconnu là le nœud demi-clef.)
- Poursuivre le montage des fils de coton en y faisant des groupes de trois piments tous les 7,5 cm (3 po). Poursuivre l'opération jusqu'à ce que tous les piments aient été utilisés.
- Accrocher une longueur de fil de métal ou un cintre de métal redressé sur un clou, une poignée de porte ou un autre endroit qui convient. Faire une petite boucle au bout du fil ou du cintre pour empêcher les piments de glisser.
- Commencer à monter la tresse au bout du fil de métal avec un premier groupe de trois piments situé au bout d'une longueur de fil de coton. Un peu comme on le fait lorsqu'on tresse des mèches de cheveux, le fil de métal sert de brin 1 et deux des trois piments du groupe servent de brins 2 et 3. On tresse d'abord un des piments (brin 2) autour du fil puis l'autre piment (brin 3). Procéder ensuite avec un autre groupe de piments et ainsi de suite jusqu'à ce que la *ristra* soit entièrement montée. Afin que la tresse soit tridimensionnelle, orienter les piments dans toutes les directions. Pour s'assurer que la tresse soit bien fournie, y pousser à mesure chaque groupe de piments tressés vers le centre.

Pour faire sécher un chapelet ou une *ristra*, on peut se servir d'une des méthodes déjà décrites ou, si on a la chance de vivre dans une région très chaude, les exposer au soleil, mais en s'assurant de les rentrer la nuit afin qu'ils ne prennent la rosée. Pour qu'ils soient uniformément séchés, séparer et retourner les piments de temps à autre.

CHIPOTLES

Au Mexique on donne le nom de *chipotles* aux piments fumés et séchés. Ils sont faciles à faire dans un fumoir à chaud (voir pages 73-74).

Prendre 40 piments jalapeños rouges et en inciser un côté. Les mettre sur une grille du fumoir à chaud pendant 3-4 heures à 100 °C/212 °F. Il faudra ensuite achever le séchage dans un four réglé à 80-90 °C/180-200 °F/Gaz ¼. Les *chipotles* donnent un merveilleux goût fumé aux ragoûts et aux sauces et sont un des ingrédients essentiels de l'Adobo (voir recette page 130).

TOMATES SÉCHÉES

Au cours des dernières décennies, les tomates séchées ou semi-séchées au soleil sont devenues un ingrédient indispensable dans la cuisine. Malheureusement, à moins de pouvoir compter sur plusieurs jours de grand vent où la température dépasse 32 °C/90 °F, il faut renoncer à faire sécher ses tomates au soleil et se servir de méthodes de séchage artificielles. On peut procéder avec un déshydrateur, un four à faible température dont on laisse la porte entrouverte ou un séchoir à chaud. Une façon plus originale consiste, un jour de grand soleil, à placer des tomates sur un grillage qu'on dépose à l'intérieur d'une auto, sous la fenêtre arrière.

TOMATES SÉCHÉES

Les temps de séchage varient selon la grosseur des tomates, mais généralement il faut 15 heures dans un four à feu très doux ou 30 heures dans le séchoir pour obtenir le résultat désiré. Toutefois, comme les tomates ne sèchent pas toutes en même temps, il faut enlever celles qui sont prêtes au fur et à mesure. Elles seront alors fermes et desséchées.

Quelle que soit la méthode utilisée, on peut procéder de deux façons. Soit couper les tomates en deux, les mettre sur un grillage à mailles fines et en saupoudrer la chair exposée d'un peu de sel, soit les faire sécher en grappes. Dans ce cas, placer les tomates sur le grillage puis inciser le sommet de chacune de manière à pouvoir y glisser une pincée de sel.

Une fois séchées, les tomates se conservent à la température ambiante dans des contenants hermétiques jusqu'à 6 mois. Avant de les utiliser, on doit les réhydrater dans l'eau tiède pendant une demi-heure. On doit toujours les faire cuire avant de les consommer.

TOMATES SEMI-SÉCHÉES

Comme leur nom l'indique, les tomates semi-séchées sont éloignées de la source de chaleur servant à les déshydrater au beau milieu du processus de séchage. Elles sont ensuite déposées dans des pots stérilisés et recouvertes d'huile d'olive (voir page 164). Elles se conservent ainsi 6 mois au réfrigérateur. Comme elles demeurent aqueuses, on peut les incorporer telles quelles aux ragoûts, aux sauces. Nous avons obtenu les meilleurs résultats en utilisant diverses variétés de tomates cerises.

PISSALADIÈRE AUX TOMATES SEMI-SÉCHÉES

La pissaladière est la version provençale de la pizza. Alors qu'en Italie on utilise souvent de la sauce tomate concentrée comme ingrédient de base de la pizza, on se sert, dans le Sud de la France, de tranches d'oignons longuement cuites dans de l'huile d'olive. Au marché de Saint-Tropez, on vend plusieurs sortes de pissaladières, garnies, selon les combinaisons choisies, de courgettes, de fromage de chèvre, de pignons ou de poivrons rouges. **Donne 2-3 portions.**

PÂTE :

450 g (1 lb) de farine à pâtisserie extra-fine
10 ml (2 c. à thé) de sel
5 ml (1 c. à thé) de levure sèche
30 ml (2 c. à soupe) d'huile d'olive
300 ml (1 ⅕ tasse) d'eau presque chaude

GARNITURE :

1 kg (2 ¼ lb) d'oignons, tranchés
100 ml (⅖ de tasse) d'huile d'olive
Romarin et thym, frais (ou séchés)
15 anchois (s'ils sont salés, voir page 45 ; s'ils sont dans l'huile, les utiliser tels quels)
15-20 petites olives noires
20-30 moitiés de tomates cerises semi-séchées (voir page 28)
100 g (3 ½ oz) de fromage de chèvre, émietté (facultatif)

- **Pâte :** on peut préparer celle-ci à la main ou dans un robot culinaire.
- Tamiser la farine dans un grand bol. Incorporer le sel et la levure, puis l'huile d'olive et l'eau avec une grande cuiller.
- Mettre ensuite la pâte sur une surface enfarinée et la pétrir jusqu'à ce qu'elle soit lisse.
- Remettre la pâte dans le bol et couvrir d'un linge humide. Placer le bol dans un lieu chaud et laisser lever la pâte 1 heure.
- Une fois la pâte levée, la pétrir 1 minute puis la diviser en deux boules. Il n'en faut qu'une pour faire la pissaladière (on peut congeler l'autre).
- **Garniture :** faire revenir les oignons, le romarin et le thym dans l'huile d'olive 30-40 minutes en les remuant fréquemment. Au bout de ce temps, ils devraient être tendres et sucrés mais encore blonds.
- Préchauffer le four à 230 °C/450 °F/Gaz 8. Abaisser la pâte peu à peu, en se servant d'un peu de farine pour l'empêcher de coller. On peut abaisser la pâte directement dans une plaque de cuisson rectangulaire correspondant à la grandeur de la grille du four. On peut aussi se servir d'une plaque à pizza ronde ou d'une plaque à biscuits ou même placer la pissaladière directement sur la grille d'un four à bois.
- Avant d'ajouter la garniture, relever le pourtour de la pâte en le pinçant entre le pouce et l'index.
- Répartir les oignons sur la pâte puis y disposer les anchois, les olives, les tomates et le fromage de chèvre (si on s'en sert).
- Mettre la plaque de cuisson dans l'endroit le plus chaud du four et faire cuire la pissaladière 15-20 minutes environ. Servir aussitôt.

FRUITS SÉCHÉS

Quand on fait sécher des fruits, leur saveur s'accroît et leurs sucres sont plus concentrés de sorte qu'il est tout indiqué de se servir de fruits parfaitement mûrs. Si on vit sous un climat ensoleillé, on peut faire sécher les fruits au soleil pendant 4 à 5 jours. Autrement, il faut se servir d'un déshydrateur à plusieurs plateaux ou encore faire sécher les fruits au four à feu doux ou dans un séchoir (voir page 14). En ce qui concerne les claies, on peut se servir de grillages ou de claies d'osier qu'on fabrique soi-même. Si on fait sécher des petits fruits, on couvrira les grillages ou les claies d'étamine avant d'y déposer les fruits. Il est alors indispensable de tremper d'abord l'étamine dans l'eau bouillante pour l'empêcher de prendre feu et de communiquer son goût aux fruits.

Pour bien réussir le séchage des fruits, il faut procéder lentement mais sûrement. Si on les fait sécher trop rapidement, les fruits durciront, se ratatineront ou se fendront. Si on les sèche trop lentement, ils pourriront. Il faut que chacun des fruits soit parfaitement séché avant d'être entreposé, car un seul peut gâter tous les autres. Les fruits sont prêts quand ils ont la consistance du cuir et qu'ils ne libèrent plus d'humidité quand on les presse.

Les fruits séchés peuvent être mangés tels quels ou réhydratés dans de l'eau tiède ou du vin pendant 24 heures environ.

FRUITS TENDRES

À cause de leur forte teneur en eau, il est normal que les fruits tendres prennent plus de temps à sécher que les fruits durs. Pour empêcher leur surface de durcir, il faut garder les températures sous les 70 °C/160 °F, du moins au cours de la première heure de séchage.

Prunes et prunes de Damas

Comme chacun le sait, les pruneaux sont des prunes séchées. On peut faire sécher les prunes en tranches, en moitiés ou entières (après les avoir dénoyautées en en incisant la peau).

Les prunes entières peuvent exiger 2 ou 3 jours de séchage tandis que les tranches ou les moitiés ne requièrent que de 12 à 24 heures. On peut sucrer légèrement les fruits avant de les faire sécher, mais ce n'est pas nécessaire.

Les prunes fumées sont aussi très savoureuses. Il faut les fumer à chaud 12 heures, à 100 °C/212 °F, en utilisant du bois de cerisier, de pommier ou de prunier. On termine le fumage à four très doux.

Les prunes de Damas sont des prunes sauvages qui peuvent être séchées de la même manière que les prunes cultivées.

Nectarines et pêches

Même si elles auront moins belle apparence que les prunes, on peut les faire sécher de la même manière.

Figues

Les trancher, les saupoudrer d'un peu de sucre et les faire sécher comme les prunes.

Raisin

Se servir de raisins rouges ou noirs sans pépins. Blanchir les raisins quelques secondes, puis les passer en eau froide de manière à en briser la peau et ainsi pouvoir les faire sécher plus rapidement. Étendre les raisins en une seule couche sur un grillage à mailles assez fines pour les empêcher de glisser au travers une fois séchés. Les raisins exigent une période de séchage de 48 heures à four doux (80 °C/176 °F/Gaz ¼).

Bleuets (myrtilles) et canneberges (airelles)

Procéder comme pour les raisins. De manière à en réduire l'acidité, il est préférable de faire tremper les canneberges dans un mélange de 15 ml (1 c. à soupe) de miel diluée dans 250 ml (1 tasse d'eau).

Bananes

Couper les bananes en tranches d'environ 1 cm (½ cm) d'épaisseur et les faire tremper pendant 3 minutes dans une solution contenant 30 % de jus de citron et 70 % d'eau. L'acide citrique du jus de citron les empêchera de se décolorer. Faire sécher les tranches de banane au four, à 80 °C/176 °F/Gaz ¼, 20 heures environ, jusqu'à ce qu'elles soient croquantes.

Fraises
Les couper en tranches d'environ 5 mm (¼ po) d'épaisseur et les disposer sur une grille de séchage, en un seul rang. Les retourner une fois durant le séchage, qui prend 12 heures environ.

Kiwis
Trancher les kiwis et les faire sécher 12 heures environ.

Ananas
Procéder comme pour les kiwis. Les tranches d'ananas prennent cependant plus de temps à sécher.

Cerises
Elles doivent être dénoyautées et placées sur une grille à mailles fines, en un seul rang. Elles seront prêtes en 18-24 heures.

FRUITS DURS
Les fruits durs séchés sont excellents comme collation ou utilisés dans les granolas ou mueslis faits à la maison.

Pommes et poires
Pour faire des rondelles de pomme ou de poire croquantes, il faut d'abord en enlever tout le cœur. On peut garder les pelures ou non. Les couper en rondelles d'environ 5 mm (¼ po) d'épais et les faire tremper 3 minutes dans une solution composée de 100 ml (⅖ de tasse) de jus de citron, 200 ml (⅘ de tasse) d'eau et 5 ml (1 c. à thé) de sucre. On peut ensuite les faire sécher au déshydrateur, à four lent (pendant 12-18 heures), au micro-ondes ou même sur un radiateur chaud. Le séchage au micro-ondes réglé à « Décongeler » n'exige que 3 à 5 minutes.

MILLEFEUILLES AUX PRUNEAUX ET AUX FIGUES SÉCHÉES

En préparant ce luxueux dessert, vous vous féliciterez d'avoir pris la peine de faire sécher des figues et des prunes à la fin de l'été. On peut acheter les langues-de-chat déjà préparées dans une pâtisserie ou mieux encore les faire soi-même.

Donne 4 portions.

LANGUES-DE-CHAT :

100 g (3 ½ oz) de beurre

100 g (3 ½ oz) de sucre glace

2 œufs moyens, légèrement battus

125 g (4 ½ oz) de farine tout usage

PURÉE DE PRUNEAUX :

100 g (3 ½ oz) de pruneaux, dénoyautés

300 ml (1 ⅕ tasse) de porto

30 ml (2 c. à soupe) de sucre

40 tranches de figues séchées (voir page 32)

200 ml (⅘ de tasse) de crème très épaisse ou ricotta

- **Langues-de-chat :** préchauffer le four à 190 °C/375 °F/Gaz 5.
- Mettre le beurre en crème avec le sucre.
- Incorporer les œufs et la farine au beurre, par petites quantités à la fois, en battant continuellement la pâte.
- Sur une plaque à cuisson graissée, étendre le mélange en bandes d'environ 6 cm (2 ½ po) chacune. Mettre la plaque au four et faire cuire les biscuits 8 minutes ou jusqu'à ce qu'ils soient légèrement dorés. Les laisser refroidir, puis les mettre dans un contenant hermétique. Ces biscuits peuvent être préparés longtemps d'avance.
- **Purée de pruneaux :** mijoter les pruneaux, le porto et le sucre dans une casserole jusqu'à ce que le mélange ait réduit d'un peu plus de la moitié. Traiter le mélange au robot culinaire jusqu'à consistance lisse et réserver.
- **Montage des millefeuilles :** mettre 2 langues-de-chat côte à côte sur une assiette à dessert. Étendre une couche de purée de pruneaux puis une de crème sur les biscuits. Ajouter ensuite une couche de tranches de figue. Étendre une autre couche de purée, une autre couche de crème puis garnir d'autres langues-de-chat. Garnir les assiettes de quelques tranches de figues puis de crème épaisse ou de crème anglaise. On peut aussi servir ce dessert avec de la crème Chantilly en ajoutant 30 ml (2 c. à soupe) de sucre et 2,5 ml (½ c. à thé) d'extrait de vanille (ou les graines d'une demi-gousse de vanille) à 200 ml (⅘ de tasse) de crème épaisse et en battant le tout jusqu'à l'obtention d'une crème fouettée bien ferme.

LOUP DE MER AUX PRUNES DE DAMAS

Voici une façon originale de créer un plat nouveau en se servant d'un grand classique de la gastronomie et en l'adaptant à des produits régionaux. En Chine, on ferait ce plat avec des prunes marinées, qui ont un goût très aigre que beaucoup d'Occidentaux trouvent intolérable. Ils seront mieux servis avec des prunes de Damas qui, tout en étant piquantes au goût sont quand même plus sucrées que les prunes marinées. Donne 2 portions.

10 prunes de Damas séchées (voir page 32) ou 3 prunes marinées
1 loup de mer d'environ 600-800 g (1 ¼-1 ¾ lb), paré
3 oignons verts, émincés
10 ml (2 c. à thé) de gingembre frais, haché
3 piments rouges semi-forts séchés (voir page 26)
Le jus de ½ lime
Un peu de sauce soja
Un jet de sauce au poisson
5 ml (1 c. à thé) d'ail, haché
5 ml (1 c. à thé) de graines de sésame
30 ml (2 c. à soupe) d'huile de sésame
15 ml (1 c. à soupe) d'huile végétale

- Couvrir les prunes d'eau bouillante, les laisser tremper 1 heure, puis les dénoyauter et les hacher grossièrement.
- Placer le loup de mer sur la plus grande assiette que vous pouvez déposer dans la partie supérieure de votre étuveuse, coupant la tête du poisson au besoin.
- Mettre les autres ingrédients sur le poisson excepté 15 ml (1 c. à soupe) d'huile de sésame et l'huile végétale.
- Faire cuire le poisson à la vapeur 12-15 minutes, pas plus. Le poisson est cuit lorsque, après en avoir percé délicatement la chair jusqu'aux arêtes, il s'en échappe un jus clair et ambré.
- Faire chauffer l'huile réservée dans une poêle jusqu'à ce qu'elle commence à fumer, puis en arroser le poisson qui grésillera alors de façon spectaculaire.
- Arroser le poisson de sauce aux huîtres avant de le servir avec du riz blanc et un légume vert.

GIBIER AUX CANNEBERGES (AIRELLES) SÉCHÉES

Pour faire cette recette, il faut d'abord préparer une authentique demi-glace au bœuf (si vous en avez trop, ne vous en faites pas, elle se congèle bien). Les canneberges ne sont ajoutées au plat qu'en fin de cuisson. **Donne 4 portions.**

DEMI-GLACE :

2 kg (4 ½ lb) d'os de bœuf coupés, en petits morceaux
500 g (1 lb 2 oz) d'os de veau, coupés en petits morceaux
4 gousses d'ail
2 carottes
50 g (2 oz) de champignons frais
1 gros oignon, coupé en deux
3 branches de céleri
100 g (3 ½ oz) de poireau
80 g (4 oz) de farine de blé
Un rameau de thym
160 g (5 ½ oz) de purée de tomate
Une branche de persil
Une branche de romarin
4 feuilles de laurier
10 g (½ oz) de bolets séchés (voir page 21)
2,5 ml (½ c. à thé) de grains de poivre noir
Sel
100 ml (⅖ de tasse) de porto

INGRÉDIENTS PRINCIPAUX :

125 g (4 ½ oz) de canneberges (airelles) séchées (voir page 32)
Environ 450 g (1 lb) de filet de gibier
Sel et poivre
Un peu d'huile d'olive
Aneth frais pour garnir

- **Demi-glace :** préchauffer le four à 200 °C/400 °F/Gaz 6, mettre les os de bœuf et de veau, les carottes, les champignons frais, l'oignon, le céleri et le poireau dans un plat allant au four et les faire rôtir 1 heure ou jusqu'à ce qu'ils soient brunis. Saupoudrer de farine et rôtir 10 minutes de plus.
- Mettre les os et les légumes rôtis dans une grande casserole, déglacer le fond du plat avec de l'eau bouillante et ajouter le jus de cuisson. Ajouter le thym, la purée de tomate, les herbes, les bolets et les grains de poivre.
- Couvrir d'eau (à 4 cm/1 ½ po au-dessus des os) et amener à ébullition. Mijoter pendant 8 heures au moins. Écumer souvent la demi-glace pour en retirer le gras et les impuretés.
- Filtrer la demi-glace dans un chinois placé au-dessus d'une casserole propre. Faire ensuite réduire le liquide à 1,5 litre (6 tasses) et le saler au goût.
- Enlever 1 litre (4 tasses) de demi-glace et congeler pour usage ultérieur.
- Faire réduire le porto de moitié dans une casserole et y ajouter le reste de la demi-glace (500 ml/2 tasses). Ajouter la moitié des canneberges et faire mijoter 40 minutes. Passer le tout au chinois en écrasant bien les canneberges et remettre le tout dans la casserole. Ajouter le reste des canneberges et laisser mijoter la sauce pendant la préparation du gibier.
- Assaisonner la pièce de gibier et la badigeonner d'un peu d'huile d'olive. La saisir et rôtir de tous les côtés dans une poêle à frire, puis la faire cuire à feu très doux jusqu'au degré de cuisson désiré.
- Garnir le fond de chaque assiette de demi-glace puis de quelques canneberges et disposer des tranches de gibier dessus. Garnir la viande d'aneth frais et servir.

PÂTES DE FRUITS

Les pâtes de fruits sont essentiellement des purées de fruits concentrées, séchées et roulées en feuilles. Les couleurs en sont vives et le goût très intense. Les enfants adorent ces pâtes qui sont excellentes pour la santé.

On peut s'amuser à créer ses propres recettes de pâtes avec ses fruits préférés. Les deux recettes qui suivent en sont de bons exemples. La première est d'un beau jaune engageant, la deuxième d'un pourpre appétissant. Si vous vous servez de fruits qui ont tendance à se décolorer, n'oubliez pas d'y ajouter du jus de citron. Pour empêcher qu'elles deviennent cassantes et incrustées dans le papier d'aluminium ou la pellicule plastique, il faut éviter d'y mettre trop de sucre ou de miel et ne pas trop faire cuire les feuilles de pâte.

PÂTE DE MANGUE ET DE PRUNES JAUNES

Donne 1 feuille de pâte.

1 mangue moyenne bien mûre et bien sucrée
4 prunes jaunes moyennes
80 ml (5 c. à soupe) de miel

- Peler et dénoyauter la mangue et les prunes puis les couper en dés.
- Mettre les fruits et le miel dans une casserole et les faire mijoter 5 minutes.
- À l'aide d'un mélangeur manuel, réduire le tout en purée lisse.
- Tapisser une plaque à cuisson rectangulaire moyenne de papier d'aluminium ou d'un papier résistant à la chaleur et y verser le mélange jusqu'à ce qu'il atteigne les bords de la plaque.
- Mettre la plaque dans le four préchauffé à 70 °C/160 °F/ Gaz ¼ et l'y laisser 6 heures environ. La pâte est prête lorsqu'elle est encore humide, mais non collante.
- Laisser refroidir la pâte et la rouler dans une pellicule plastique ou la couper en bandes. Garder la pâte dans un contenant hermétique et dans un lieu frais. Elle se conserve 2 mois à la température ambiante (dans l'obscurité), 4 mois au réfrigérateur ou un an au congélateur.

PÂTE DE PETITS FRUITS

Donne 2 feuilles de pâte.

200 g (7 oz) de framboises
300 g (10 ½ oz) de fraises
150 g (5 oz) de bleuets (myrtilles)
Le jus de 1 citron
100 g (3 ½ oz) de miel

- Faire cuire les framboises dans une casserole puis les passer dans un moulin à légumes ou un chinois. Mettre le coulis de framboise dans la casserole et ajouter les autres fruits. Ajouter le jus de citron et le miel et laisser mijoter 5 minutes.
- Mélanger le tout avec un mélangeur manuel jusqu'à consistance lisse.
- Tapisser une plaque de cuisson moyenne d'un papier résistant à la chaleur ou d'une feuille d'aluminium et y verser une partie du mélange, jusqu'à ce qu'il atteigne les bords de la plaque.
- Mettre la plaque dans le four préchauffé à 70 °C/160 °F/Gaz ¼ et l'y laisser 6 heures environ. La pâte est prête quand elle est encore humide mais non collante.
- Laisser refroidir la pâte puis la rouler dans la pellicule plastique ou la couper en bandes. Garder la pâte dans un contenant hermétique et dans un lieu frais. Pour les durées de conservation, voir la recette précédente.

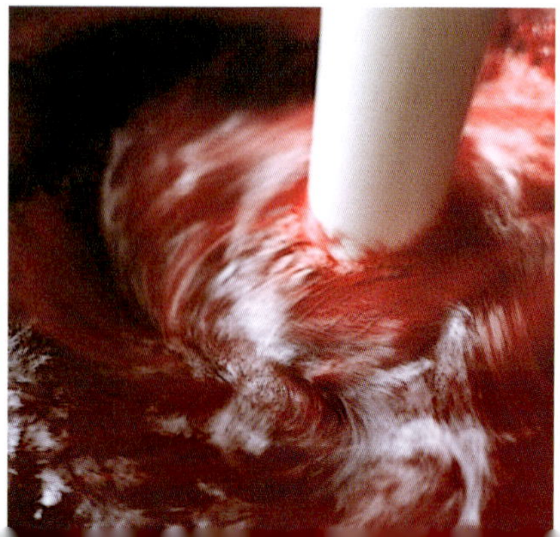

CREVETTES SÉCHÉES

Les petites crevettes, peu goûteuses à l'état frais, deviennent savoureuses une fois séchées. On peut s'en servir entières dans un plat de poisson méditerranéen après les avoir réhydratées 12 heures en eau tiède. Les crevettes séchées moulues sont un des ingrédients essentiels du *Pad thai* (voir ci-contre).

SÉCHAGE DES CREVETTES

Utiliser de très petites crevettes (200 ou plus au kilo/90 à la livre). Les blanchir 3 minutes puis les étendre, laisser refroidir et éliminer les têtes.

Si on désire utiliser les crevettes entières, il faut les peler avant de les faire sécher. Toutefois, cette opération n'est pas nécessaire si on a l'intention de les réduire en poudre.

Faire sécher les crevettes sur une grille à mailles fines 12 heures ou plus, à four doux (80 °C/175 °F/Gaz ¼). Une fois bien séchées, garder les crevettes dans un contenant hermétique. Elles se conservent jusqu'à 6 mois dans un garde-manger, à l'abri de la lumière, ou un an au réfrigérateur.

PAD THAI AUX CREVETTES SÉCHÉES

Les crevettes séchées donnent beaucoup de goût et de croquant à ce délicieux plat thaïlandais. Donne 3-4 portions.

30 ml (2 c. à soupe) d'arachides, blanchies
Sauce soja
Miel
250 g (9 oz) de porc, haché
15 ml (1 c. à soupe) d'huile de sésame
30 ml (2 c. à soupe) d'huile végétale
8 épis de maïs miniatures, finement tranchés
½ poivron rouge, finement tranché
10 shiitakes frais, émincés
1 piment rouge, finement haché
1 morceau de gingembre, haché
2 gousses d'ail, hachées
2 échalotes, émincées
30 ml (2 c. à soupe) de petites crevettes séchées (voir ci-contre)
30 ml (2 c. à soupe combles) de beurre d'arachide lisse
Le jus de 1 lime
180 g (6 ½ oz) de chou, haché, brièvement blanchi puis jeté en eau froide
500 g (1 lb 2 oz) de nouilles de riz, cuites
Sauce au poisson (*nam pla*)
3 oignons verts, tranchés

- Mélanger la sauce soja et le miel, en enrober les arachides et les faire dorer 10 minutes au four, à 190 °C/375 °F/Gaz 5.
- Dans un grand wok, faire frire le porc à feu vif en le remuant constamment. Retirer le porc du wok et le réserver. Mettre les graines de sésame et les huiles dans le wok, puis y faire frire le maïs, le poivron rouge et les shiitakes 5 minutes.
- Ajouter le piment, le gingembre, l'ail, les échalotes et les crevettes, et faire frire à feu modéré 5-8 minutes, en remuant continuellement.
- Remettre le porc dans le wok avec le beurre d'arachide, le jus de lime, le chou haché et les nouilles cuites. Mélanger délicatement le tout puis assaisonner de sauce soja et de *nam pla*. Garnir le plat d'oignon vert et d'arachides rôties au miel.

SALAGE

Si vous avez déjà assisté à un match de lutte sumo, vous avez sans doute remarqué que les lutteurs lançaient des poignées de sel par-dessus le ring avant de se foncer dedans avec la grâce de deux éléphants. De tout temps, le sel a été associé à la pureté et ce geste des lutteurs est destiné à éloigner les esprits malins.

Pour bien fonctionner, le métabolisme a besoin d'une certaine quantité de sel et c'est pourquoi le sang a un goût de sel. Mais la vraie raison pour laquelle le sel a joué un rôle si important dans l'histoire humaine se retrouve ailleurs, dans ce qu'on pourrait appeler le miracle de l'osmose. Ce phénomène se produit lorsque les liquides contenus dans les membranes semi-perméables comme celles des parois des cellules végétales et animales se synchronisent avec tout ce qui se trouve à côté d'elles. Ainsi, lorsqu'on frotte un poisson avec une substance soluble comme le sel, ses cellules internes éliminent l'eau et diluent le milieu dans lequel elles baignent, de sorte qu'il n'est pas plus salé qu'à l'origine. C'est la raison pour laquelle un concombre frotté de sel dégorge autant d'eau. Bien sûr, si des aliments frais sont empaquetés avec du sel ou immergés dans un grand bain de saumure concentrée, leurs cellules mènent un combat perdu d'avance et finiront par se dessécher. C'est ce qui en éloigne les bactéries qui sont repoussées par l'eau salée parce que, selon le même phénomène d'osmose, cette eau salée a tendance à les dessécher. C'est la raison pour laquelle la mer Morte, qui contient 30% de sel, ne tolère aucune vie marine.

Tout cela nous aide à comprendre pourquoi, jusqu'à récemment, le sel a été un bien très précieux qui a donné lieu à de nombreux combats. Son pouvoir de déshydratation sur les aliments, qui décourage les bactéries, s'avère très utile pour nous. Le fait que les soldats romains étaient parfois payés en sel (d'où le mot salaire) est un exemple éloquent de l'importance historique du sel. Dans les pays humides où les conditions ne se prêtaient pas au séchage, le salage des aliments fut souvent la seule méthode de conservation qui permit à nos ancêtres de survivre à l'hiver. Pour des millions de paysans occidentaux, le rituel automnal annuel d'abattage et de salage du porc fut pendant plusieurs siècles une question de survie. N'oublions pas que Gandhi a commencé sa révolution pacifiste par la production de sel, un commerce lucratif que les Anglais avaient jusque-là jalousement monopolisé.

Avec l'avènement de la réfrigération, le sel a perdu, quoique partiellement seulement, son importance dans nos vies. Ce n'est que maintenant que nous pouvons nous offrir le luxe de nous inquiéter de la quantité de sel présente dans nos diètes (en permettant aux gens qui s'étaient empiffrés de viandes salées durant plusieurs mois d'affilée de nettoyer leur organisme à la fin de l'hiver, le jeûne du Carême prescrit par la religion chrétienne jouait autrefois ce rôle de prévention). Aujourd'hui, nous considérons le sel surtout comme un condiment, bien qu'il joue encore un grand rôle dans nombre de méthodes de conservation des aliments. En éliminant une grande partie de l'eau que ceux-ci contiennent, le sel a aussi le grand avantage de les rendre beaucoup plus savoureux.

ANCHOIS SALÉS ET SÉCHÉS

L'anchois, un petit poisson argenté qui se déplace en bancs compacts dans les eaux tempérées de la Méditerranée et près des côtes du Pérou et de la Californie, a joué un rôle important dans l'histoires des conserves. Cela est dû en partie au fait que sa délicate chair blanche se détériore si rapidement une fois qu'elle est exposée à l'air que bien peu de gens ont la chance de la manger fraîche. C'est la raison pour laquelle on les fait saler ou les met en conserve dans le sel ou l'huile d'olive en quantités industrielles.

Les Romains étaient fous des anchois dont ils faisaient leur célèbre *garum*. Ce condiment fermenté, ancêtre de la sauce Worcestershire et proche parent des sauces au poisson du sud-est de l'Asie, était fabriqué à partir de la saumure dans laquelle on faisait macérer les anchois. Aujourd'hui encore, les Italiens, surtout dans les régions du sud, se servent des anchois de toutes les manières imaginables — avec l'agneau rôti, par exemple. Les anchois sont aussi un des ingrédients essentiels de la Salade César.

Les anchois salés ont plus de corps que ceux conservés dans l'huile d'olive. Il faut les faire tremper 5 minutes en eau froide avant de les utiliser, puis retirer les grosses arêtes et la queue, mais l'effort en vaut la peine.

COMMENT SALER LES ANCHOIS

1 kg (2 ¼ lb) d'anchois frais
1 kg (2 ¼ lb) de sel gemme

- Nettoyer et parer les anchois.
- Couvrir le fond d'un plat de terre cuite de sel gemme, puis y alterner les rangs d'anchois et de sel. Achever de le remplir avec une couche de sel.
- Mettre une rondelle de bois sur la dernière couche de sel, puis presser celle-ci et la maintenir en place à l'aide d'un poids. Ce poids permet à l'eau de remonter à la surface du plat. Il faut enlever ce liquide avec un linge propre à intervalles réguliers. Les anchois seront prêts en 2-3 semaines, temps au bout duquel le sel leur aura donné une texture presque « cuite ». Si vous pouvez résister à la tentation de manger tous vos anchois d'un seul coup, empaquetez-les dans de petits pots stérilisés (voir page 164) avec plus de sel ou une huile d'olive de première qualité et gardez-les au réfrigérateur (voir page 46).

Anchois salés et séchés

Câpres salées
(voir page 52)

MORUE SALÉE

On peut le dire franchement, les étals de morue salée des poissonneries et des marchés méditerranéens sont peu avenants. Mais quand, après avoir longuement fait tremper et moult fois rincé de la morue salée vous l'aurez fait cuire, peut-être à l'espagnole (avec des oignons, des tomates et de l'ail), vous découvrirez que son goût et sa texture sont complètement différents de ceux du produit d'origine. La morue salée s'imprègne très facilement des saveurs et des arômes des produits avec lesquels on l'apprête.

Préparée avec art, la morue salée ne goûte plus le sel. Elle a alors un goût intense et profond, et une consistance ferme et caoutchouteuse qui rappelle plus la viande que le poisson. Partout dans le monde, des populations entières ont longtemps dépendu de la morue salée pour leur survie, qu'il s'agisse des Jamaïcains dont le plat national est constitué de poisson salé et d'*akee* (*Blighia sapida*) (un fruit qui, une fois cuit, a la texture des œufs brouillés) ou des Portugais qui seraient perdus sans leur ration hebdomadaire de *bacalhua*. En espagnol, la morue salée s'appelle « bacalao », en italien « baccala ». Dans la région de Naples, on détourne fréquemment des poids lourds norvégiens chargés de morue salée pour satisfaire aux besoins locaux. Si tous les gens qui goûtent à de la morue salée pour la première fois n'en raffolent pas, ce n'est certes pas le cas des millions de gens qui ont aujourd'hui ce goût inscrit dans leurs gènes.

La morue salée industriellement est traitée dans d'immenses cuves de sel pendant 2 semaines environ, puis séchée à chaud pendant 24 heures. Si vous décidez de la faire vous-même, vous pourrez sauter l'étape de séchage.

COMMENT SALER LA MORUE

Procurez-vous plusieurs filets de morue de l'Atlantique et un gros sac de gros sel marin. Il faut alors procéder à peu près comme pour les anchois (voir page 45).

Se servir à cette fin d'un grand plat de matériel non réactif (en grès ou en plastique blanc). Y alterner les couches de sel et de poisson, en pressant bien ce dernier sur la couche de sel. La morue sera prête au bout de 3 jours, mais il vaut mieux la laisser dans le sel durant 7 à 10 jours (selon son épaisseur). Au bout d'un jour ou deux, pour empêcher que des poches d'air ne se forment autour des poissons, casser les croûtes de sel qui se sont formées. Le poisson doit constamment rester en contact direct avec le sel.

Au moment d'utiliser le poisson, retirer du sel la quantité requise, la rincer à fond et la faire tremper 2 ou 3 jours dans de l'eau fraîche en changeant l'eau de trempage au moins deux fois par jour. N'oubliez pas que le poisson doublera probablement de volume durant le trempage.

Entreposez la morue salée dans un lieu frais (un cellier ou une resserre). Elle se conserve au moins un an.

PORC SALÉ

Quand nous lisons aujourd'hui des récits de voyages où l'on raconte que des marins ne se nourrissaient en mer que de porc salé durant des mois, nous avons tendance à les plaindre. En fait, nous devrions les plaindre bien plus pour la monotonie de leur régime que pour avoir à manger un plat somme toute délicieux. Comme l'ont déjà découvert les Chinois et les Jamaïcains, il ne suffit que d'un peu de porc salé pour transformer le ragoût le plus fade en un plat savoureux.

Le porc salé est habituellement préparé à partir de ventre de porc ou des zones adipeuses qui l'entourent. On peut le faire saler/sécher ou le mettre en saumure.

PRÉPARATION DU PORC SALÉ

- Se procurer 5 kg (11 lb) de ventre de porc et le couper en larges bandes d'environ 1 kg (2 ¼ lb) chacune.
- Désosser la viande et en inciser la peau à intervalles réguliers.
- Couvrir le fond d'une boîte de bois de sel marin.
- Mettre une couche de viande sur le sel, puis une autre couche de sel. Masser délicatement la viande avec le sel puis répéter l'opération jusqu'à ce que tous les ingrédients aient été utilisés, en finissant par une couche de sel.
- Couvrir la boîte d'un couvercle, puis laisser reposer le tout pendant 4 semaines dans un lieu frais. À mesure que, par osmose, le sel extraira le liquide de la viande, celle-ci aura dégorgé abondamment. Il est donc tout indiqué de mettre sous la boîte un récipient où recueillir le liquide.
- Il faut s'assurer de temps à autre que le porc est toujours bien couvert de sel et en ajouter au besoin.
- Quand on enlève enfin le porc de la boîte, l'essuyer à fond avec un linge, puis l'envelopper dans de l'étamine ou le mettre dans un sac de papier et le suspendre dans un lieu frais, bien aéré et à l'abri de la lumière. Le porc salé peut se garder ainsi durant plusieurs années même s'il durcira avec le temps. On peut alors, au bout d'un mois ou deux, ralentir ce processus naturel de dessiccation en mettant le porc dans un contenant hermétique et en le gardant au réfrigérateur.
- Si le porc salé est très sec, le faire tremper en eau froide avant de s'en servir. On peut aussi faire tremper (ou tout simplement rincer) le porc salé pour en éliminer une partie du sel.
- Coupé en petits morceaux, bien frit et croquant, le porc salé est délicieux. Il accompagne bien le riz, les pois et la morue salée.

NOUILLES AU PORC ET AU POISSON

Un plat oriental simple et délicieux. **Pour 2 adultes ou plusieurs enfants.**

GARNITURE :

3 échalotes
4 gousses d'ail
Sel
Un peu de farine de maïs
150 ml (3/5 de tasse) d'huile végétale

INGRÉDIENTS PRINCIPAUX :

50 g (2 oz) de poisson séché, coupé en petits cubes (maquereau séché à la maison ou filets de maquereau espagnol séché)
50 g (2 oz) de porc salé, coupé en dés (voir page 49)
15 ml (1 c. à soupe) d'huile végétale
2 échalotes, émincées
1 gousse d'ail, hachée
300 g (10 ½ oz) de nouilles de riz larges (poids de nouilles cuites)
100 g (3 ½ oz) de concombre, râpé
Le jus de 1 lime
Sauce tamari

- **Garniture croquante :** émincer les échalotes et l'ail, les saupoudrer d'un peu de sel et de deux pincées de farine de maïs, puis les faire frire à feu modéré 3-5 minutes jusqu'à ce qu'ils soient croquants. Égoutter sur de l'essuie-tout et réserver.
- Faire frire le poisson et le porc dans 15 ml (1 c. à soupe) d'huile végétale à feu doux ou modéré, en remuant constamment les viandes, jusqu'à ce qu'elles soient croquantes. Retirer la viande de la poêle et réserver.
- Dans la même huile de cuisson, faire frire les échalotes et l'ail à feu modéré 2-3 minutes puis ajouter les nouilles cuites. Dès qu'elles sont chaudes, incorporer le porc, le poisson, le concombre et le jus de lime. Assaisonner de tamari.
- Répartir le mélange dans les bols et garnir d'ail et d'échalote frits.

CROQUETTES DE POISSON ET DE POMMES DE TERRE AU *BACALAO*

Un plat espagnol simple et délicieux. **Donne 8 croquettes de poisson.**

2 échalotes, coupées en petits dés
2 gousses d'ail, finement hachées
200 g (7 oz) de filet de *bacalao* de première qualité (voir page 48), trempé 24-48 heures dans l'eau, égoutté et grossièrement haché
15 ml (1 c. à soupe) d'huile d'olive
25 g (1 oz) de beurre
450 g (1 lb) de pommes de terre farineuses, bien bouillies
5 ml (1 c. à thé) de *picante pimenton* (paprika brûlant moulu)
3-4 ml (¾ c. à thé) de sel
Poivre noir frais moulu
1 gros œuf
Une branche de persil hachée
35 ml (2 ½ c. à soupe) de farine tout usage
Chapelure
Huile (pour la friture)

- Faire frire les échalotes, l'ail et le *bacalao* dans l'huile d'olive et le beurre 5 minutes, à feu modéré, en remuant souvent.
- Ajouter le mélange aux pommes de terre cuites et ajouter le *pimenton*, le sel, le poivre, l'œuf, le persil et la farine. Bien mélanger le tout avec un presse-purée.
- Mettre la chapelure dans une assiette. Prendre ⅛ du mélange et le façonner en croquette. Rouler la croquette dans la chapelure, puis l'aplatir en galette. Préparer toutes les croquettes d'avance.
- Dans une poêle peu profonde, faire frire les croquettes dans l'huile 4-5 minutes jusqu'à ce qu'elles soient bien dorées des deux côtés.
- Servir avec des poivrons rôtis, de l'huile d'olive et du jus de citron.

RIZ FRIT AU POISSON SALÉ

Très utilisé en cuisine malaise, le gourami est un poisson qui se sèche très facilement. Le *belachan sambal* est une sauce fermentée à base de crevettes et de piment. Donne 2 portions.

BELACHAN SAMBAL :

20 g (¾ oz) de *belachan* (vendu dans les épiceries orientales)
15 ml (1 c. à soupe) d'huile végétale
5 piments rouges semi-forts, épépinés et finement hachés
Le jus de 1 lime
10 ml (2 c. à thé) de sucre

INGRÉDIENTS PRINCIPAUX :

50 g (2 oz) de gourami, maquereau espagnol ou autre poisson séché coupé en petits morceaux
Huile (pour la friture)
100 g (3 ½ oz) de thon frais, coupé en petits morceaux
500 g (1 lb 2 oz) de riz basmati, cuit
4 oignons verts, émincés
Les feuilles de deux branches de coriandre
2 pak-choi moyens, cuits 4 minutes en eau bouillante, jetés en eau froide, égouttés puis hachés
Sauce au poisson (pour assaisonner)

- ***Sambal*** : faire frire le *belachan* à sec 2 minutes, puis ajouter l'huile végétale et les piments. Faire frire doucement quelques minutes de plus, ajouter le jus de lime et le sucre, et laisser refroidir. Le *sambal* se conserve 1 mois au réfrigérateur.
- **Ingrédients principaux :** faire frire 3 morceaux de poisson séché dans un peu d'huile jusqu'à ce qu'ils soient croquants (5 minutes environ). Faire frire le thon, puis ajouter le reste des ingrédients. Faire frire le tout à feu modéré jusqu'à ce que le plat soit bien chaud.
- Servir avec le *sambal*.

SALADE NIÇOISE

Un grand classique de la gastronomie française. Donne 2 portions.

VINAIGRETTE :

60 ml (4 c. à soupe) d'huile d'olive
15 ml (1 c. à soupe) de vinaigre balsamique
10 ml (2 c. à thé) de moutarde de Dijon
5 ml (1 c. à thé) de miel
Le jus de ½ citron
Sel et poivre

INGRÉDIENTS PRINCIPAUX :

75 g (3 oz) de haricots verts, parés
Mesclun
150 g (5 oz) de thon en conserve de bonne qualité
15 olives noires aux Herbes de Provence (page 20)
6 œufs de caille bouillis 1 minute, laissés à refroidir dans l'eau puis écalés et coupés en deux
6 anchois salés, rincés
15 ml (1 c. à soupe) de câpres salées, rincées (voir page 52)
4 tomates semi-séchées dans l'huile d'olive, tranchées (ou tomates fraîches)

- Mettre tous les ingrédients indiqués pour la vinaigrette dans un petit contenant de plastique, fermer celui-ci et bien brasser le tout.
- Jeter les haricots dans de l'eau bouillante, les faire cuire 5 minutes, puis les jeter en eau glacée, égoutter et réserver.
- Tapisser les assiettes de mesclun et y répartir le reste des ingrédients de façon esthétique.
- N'arroser la salade de vinaigrette qu'au moment de servir.
- Servir avec une baguette de pain et un rosé de Provence.

CÂPRES SALÉES

On peut soit faire mariner les câpres, soit les saler. Comme les câpres salées gardent mieux leur goût et leur texture, c'est cette recette que nous avons décidé de vous proposer ici. Les pizzas ne seraient pas les mêmes sans elles, qu'elles soient marinées ou salées, et la sauce tartare n'existerait tout simplement pas.

Les câpres sont les boutons floraux de *Capparis spinosa*, un arbuste qui ressemble à un rosier, mais qui fait partie de la famille des légumineuses. Tout autour de la Méditerranée, les bourgeons sont cueillis à la main très tôt le matin, entre mai et juillet, juste avant leur épanouissement. On les laisse ensuite se faner au soleil pendant 2 jours, puis on les met en conserve dans le sel ou dans une saumure de vinaigre de vin concentrée. C'est ce qui leur donne leur goût acide et piquant. Les câpres crues ne goûtent rien.

Si on adore les câpres et qu'on a la chance de pouvoir en cultiver chez soi (on ne peut le faire au Québec ni dans la majeure partie de la France), on peut se servir des méthodes de conservation mises au point par les habitants de l'île sicilienne de Panteleria dont les câpres sont probablement les meilleures au monde (voir page 47).

CÂPRES SICILIENNES SALÉES

Après la récolte, couvrir les boutons de sel marin. Les laisser reposer une semaine ou plus. Pendant ce temps, le liquide qu'elles contiennent dissoudra une partie du sel, formant ainsi une saumure. Une fois cette saumure obtenue, égoutter à fond les câpres et les saler de nouveau.

Répéter cette opération deux fois puis mettre les câpres dans des pots stérilisés en comptant 85 % de câpres pour 15 % de sel marin. Les rincer à fond avant de les utiliser (sinon elles seront immangeables). Pour ce faire, on les met dans une passoire et les rince longtemps sous l'eau froide courante.

Les câpres se conservent ainsi 2 ans.

BOUTONS DE CAPUCINE MARINÉS

Si la culture du câprier vous semble trop compliquée, vous pouvez vous servir de vos plants de capucine. Une fois les fleurs tombées, cueillez les boutons verts semi-mûrs et mettez-les dans le mélange suivant que vous aurez fait bouillir puis laissé refroidir avant de vous en servir :

1,2 litre (5 tasses) de vinaigre de vin blanc
10 ml (2 c. à thé) de sel
1 oignon moyen, émincé
½ citron, émincé
5 ml (1 c. à thé) d'épices à marinade
1 gousse d'ail, broyée
4-6 grains de poivre noir
2,5 ml (½ c. à thé) de graines de céleri

Comme les boutons de capucine ne mûrissent pas tous en même temps, on peut les garder au réfrigérateur jusqu'à ce qu'on en ait assez pour faire une recette. Une fois préparés, il faut les mettre avec leur saumure dans des pots stérilisés et les garder au réfrigérateur. On s'en sert comme les câpres. Il faut les consommer en l'espace d'un an.

SAUMON FUMÉ À LA SCANDINAVE (GRAVLAX)

Traditionnellement, on sert le gravlax en tranches plus épaisses que le saumon fumé. On peut traiter de la même manière le loup de mer, la truite de mer ou la truite arc-en-ciel.

1 filet de saumon (avec la peau)

POUR CHAQUE KILO (2 ¼ LB) DE POISSON, IL FAUT :
50 g (2 oz) de gros sel marin
50 g (2 oz) de sucre
2,5 ml (½ c. à thé) de poivre noir, frais moulu
Les zestes de 2 citrons
50 g (2 oz) d'aneth, grossièrement haché

PRÉPARATION DU GRAVLAX

- Parer le poisson et en enlever l'arête centrale et les arêtes latérales. Si vous ne pouvez les voir, palpez le poisson pour les repérer. Utilisez des pinces pour les enlever.
- Mettre le saumon dans un plat peu profond, la chair vers le bas. Couvrir le saumon du mélange à saumurage, puis l'en frotter énergiquement. Couvrir le plat d'une pellicule plastique. Mettre une planche à découper très lourde (ou une planche plus petite sur laquelle on déposera une pile d'assiettes) sur le poisson et mettre le tout au réfrigérateur. En comprimant ainsi le saumon, on obtiendra un gravlax plus ferme et plus sec.
- Au bout de 24 heures, jeter le liquide obtenu et retourner le saumon. Le couvrir d'un poids et le remettre 24 heures au réfrigérateur.
- Le gravlax est maintenant prêt. La pièce entière peut se garder 5 jours au réfrigérateur. Au moment de servir, il faut couper le poisson en diagonale, à partir de la queue. On obtient de meilleurs résultats en huilant légèrement la lame d'un couteau très coupant. Le gravlax est délicieux servi avec des blinis et de la crème fraîche mélangée de moutarde.

CORNED-BEEF ET BŒUF SALÉ

Comme il existe un nombre infini de recettes de bœuf salé, nous avons décidé de vous proposer deux des plus célèbres.

CORNED-BEEF À L'ANCIENNE

Ce produit n'a rien à voir avec l'horrible corned-beef sud-américain vendu en conserve. Il est de tradition pour les Irlandais de manger du corned-beef et du chou le jour de la Saint-Patrick. Une fois cuit, le corned-beef est d'une grande tendreté.

750 ml (3 tasses) de sel marin
3,3 litres (13 tasses) d'eau
4 gousses d'ail
1 gros oignon, grossièrement haché
30 ml (2 c. à soupe) de graines de moutarde entières
30 ml (2 c. à soupe) de graines de coriandre entières
15 ml (1 c. à soupe) de clous de girofle entiers
45 ml (3 c. à soupe) de grains de poivre entiers
2 grosses feuilles de laurier
15 ml (1 c. à soupe) de thym
1 poitrine de bœuf d'environ 2 ¼-3 ½ kg (5-8 lb)

- Il faut se servir pour cette recette d'un contenant non métallique. Une baratte émaillée ou un bac à glace en plastique ou en polystyrène peut faire l'affaire. Bien mélanger le sel marin et l'eau jusqu'à ce que le sel soit complètement dissous.
- La saumure a la densité voulue quand on peut y faire flotter un œuf cru. Ajouter ¼ de tasse de sel à la fois jusqu'à ce que l'on obtienne cette densité. Mettre alors la viande et les autres ingrédients dans la saumure. La viande doit en tout temps être submergée de sorte qu'il est indiqué de la couvrir d'une assiette maintenue en place avec une grosse pierre.
- Couvrir le récipient et le réfrigérer 10 jours environ en retournant la pièce de viande de temps à autre. Plus elle est épaisse, plus il lui faudra de temps pour être prête. Une fois bien salée, on peut la servir tout de suite, la réfrigérer (jusqu'à 2 semaines) ou la congeler (jusqu'à 6 mois).

Pour préparer le traditionnel repas de la Saint-Patrick, prendre 2 kg (4 ½ lb) de corned-beef, mettre le morceau dans une marmite à fond épais et le couvrir d'eau. Ajouter 15 ml (1 c. à soupe) de persil frais haché, 5 ml (1 c. à thé) de graines de moutarde moulues, deux feuilles de laurier, 4 gousses d'ail et environ 10 grains de poivre noir. Porter à ébullition, couvrir, réduire le feu puis mijoter 3 heures. Au bout de ce temps, dégraisser la surface du liquide et jeter la moitié de l'eau de cuisson. Mettre alors dans la marmite un gros chou vert coupé en quartiers, une douzaine de petits oignons pelés et la viande sur ceux-ci et faire cuire le tout une demi-heure de plus.

BŒUF SALÉ À LA JUIVE

Si les Européens et les Américains salent le bœuf depuis des temps immémoriaux, ce sont les cuisiniers juifs qui le réussissent le mieux. Est-ce parce que le porc salé leur est interdit qu'il en est ainsi ?

On se sert de salpêtre (ou de nitrate de potassium) dans cette recette. Ce dernier a déjà joué un rôle important dans l'histoire militaire où l'on s'en servait à la fois comme anaphrodisiaque et comme explosif. Dans le cas présent, on l'emploie pour conserver à la viande sa belle couleur rose, pour lui donner plus de goût et la protéger contre les attaques de bactéries nuisibles.

Comme on peut s'en servir pour faire des explosifs, il peut être assez difficile de se procurer du salpêtre. On peut toujours remplacer ce dernier par du nitrite de sodium, vendu en pharmacie. D'une manière ou d'une autre, on obtient un excellent bœuf salé sans se servir de ces produits.

INGRÉDIENTS REQUIS :

15-20 ml (1 c. à soupe comble) de sel
15-20 ml (1 c. à soupe comble) de salpêtre ou de nitrite de sodium (facultatif)
2 kg (4 ½ lb) de poitrine de bœuf roulée
2 litres (8 tasses) de bouillon de bœuf ou d'eau
5 ml (1 c. à thé) de grains de poivre noir
4 feuilles de laurier
5 ml (1 c. à thé) de sel
2,5 ml (½ c. à thé) de graines de carvi
2 carottes
1 oignon, coupé en deux

- Dissoudre le sel et le salpêtre dans une tasse d'eau chaude.
- Mettre la viande dans un plat juste assez grand pour la contenir, la couvrir d'eau puis ajouter le sel et le salpêtre dissous.
- Couvrir le plat et le laisser 3 jours dans un lieu frais.
- Au bout de ce temps, l'eau sera rosée et la viande sera d'un rouge terne. Retirer le bœuf de la saumure et bien le rincer.
- Faire mijoter ensuite le bœuf avec le bouillon de bœuf ou l'eau et tous les autres ingrédients 3 heures environ, ou jusqu'à ce que le bœuf soit bien tendre (on peut se servir du bouillon obtenu pour faire une sauce ou du bortsch).
- Laisser refroidir la viande dans le liquide de cuisson pour qu'elle reste juteuse puis l'en retirer et la garder au réfrigérateur (pendant 1 semaine) ou au congélateur (pendant 6 mois). On peut en faire d'excellents sandwiches (voir recette suivante).

SANDWICHES AU BŒUF SALÉ ET AUX CONCOMBRES À L'ANETH

Voici la recette de sandwiches au bœuf salé telle que la préparent les cuisiniers juifs de Montréal (où on appelle cette viande « smoked meat » et où on la sert avec de gros cornichons à l'aneth au lieu de concombres) et de New-York. L'acidité des concombres marinés relève à merveille le goût de la viande. **Pour 4 sandwiches.**

CONCOMBRES À L'ANETH :

6 gros concombres à mariner, tranchés et épépinés
2 branches d'aneth
4 gousses de cardamome
6 clous de girofle
12 grains de poivre noir
2 bocaux de 800 ml (3 ⅕ tasses)
Tranches de pain de seigle (aux graines de carvi si possible) rôties
Plusieurs tranches épaisses de bœuf salé

- Mélange de 50% de moutarde de Dijon et 50% de mayonnaise
- On peut acheter des concombres (ou des cornichons) à l'aneth ou en faire soi-même à la maison. Les concombres à l'aneth se préparent comme les Concombres marinés (voir page 115) excepté qu'on y remplace l'estragon par de l'aneth et qu'on omet le laurier et le carvi. Il faut d'abord préparer une saumure avec de l'eau, du sel, du vinaigre de cidre. Mettre ensuite les concombres épépinés et tranchés dans les pots stérilisés et ajouter dans chaque pot une branche d'aneth, 2 gousses de cardamome, 3 clous de girofle et 12 grains de poivre noir. Couvrir le tout de saumure jusqu'au bord des pots et garder au réfrigérateur au moins 1 mois avant de consommer.
- Prendre 4 tranches de pain de seigle rôties et les badigeonner généreusement du mélange de moutarde et de mayonnaise. Couvrir chaque tranche d'une pile de tranches de viande puis d'une de concombres marinés. Fermer les sandwiches, les couper en deux et servir.

JAMBON SALÉ-SUCRÉ

Ce jambon ressemble un peu au jambon de Parme ou au jambon espagnol appelé « jamon serrano ». La ressemblance est plus frappante lorsqu'on coupe le jambon en tranches fines comme une feuille de papier et qu'on le sert avec du melon ou des figues fraîches.

Il est recommandé, pour cette recette, de se servir de viande de porc organique qui sera plus grasse et... meilleure au goût.

1,8-2,7 kg (4-6 lb) de gros sel
900 g (2 lb) de sucre
5 ml (1 c. à thé) de salpêtre ou de nitrite de sodium (facultatif)
1 jambon frais avec la peau d'environ 9 kg (20 lb)
½ bouteille de vin rouge
100 ml (⅖ de tasse) de vinaigre balsamique
60 ml (¼ de tasse) de gras de porc
1 tête d'ail, pelée et finement hachée ou broyée
15 ml (1 c. à soupe) de poivre noir, frais moulu
15 ml (1 c. à soupe) de gros sel (pour frotter la pièce de viande)
Étamine
Un grand sac de papier

- Mélanger le sel, le sucre et le salpêtre. En frotter la pièce de viande surtout autour des os exposés.
- Mettre le jambon dans une boîte de bois et l'entreposer dans un lieu frais en comptant 5 jours de traitement pour chaque kilo (2 ¼ lb) de viande. Vérifier la viande tous les deux jours pour s'assurer qu'elle reste bien couverte du mélange. Au besoin, couvrir de nouveau la viande du saumurage.
- Au bout de la période de traitement, retirer le jambon de la boîte, le rincer à fond puis l'essuyer avec un linge.
- Mélanger le vin et le vinaigre balsamique et les faire bouillir jusqu'à ce qu'ils aient réduit de moitié. Laver le jambon avec ce mélange puis faire une boucle de ficelle autour du jarret et suspendre le jambon tel quel dans un lieu bien aéré pendant 24 heures.
- Envelopper le jambon dans de l'étamine et le mettre dans le sac de papier (sans refermer le sac). Accrocher le tout dans un lieu frais et bien ventilé pendant 3-6 mois ou plus longtemps si vous pouvez patienter jusque-là.
- Avec le temps, le jambon gagnera en saveur. Si vous avez envie d'en couper une tranche, en enlever d'abord la partie extérieure à l'aide d'un long couteau bien coupant. Il faut ensuite recouvrir le jambon comme avant et le suspendre de nouveau. En autant qu'il reste sec, le jambon peut se garder ainsi pendant 6 mois.

FUMAGE

Qu'on dise ce qu'on voudra, les aliments fumés sont délicieux. Le fumage d'un poisson, d'une volaille ou d'une pièce de viande imprègne ses chairs de la fumée du bois, concentre ses saveurs et transforme agréablement ses couleurs et ses textures. En fait, les auteurs de ce livre ne sont pas loin de croire qu'il n'existe aucun des aliments fumés classiques qui ne gagne à être ainsi traité.

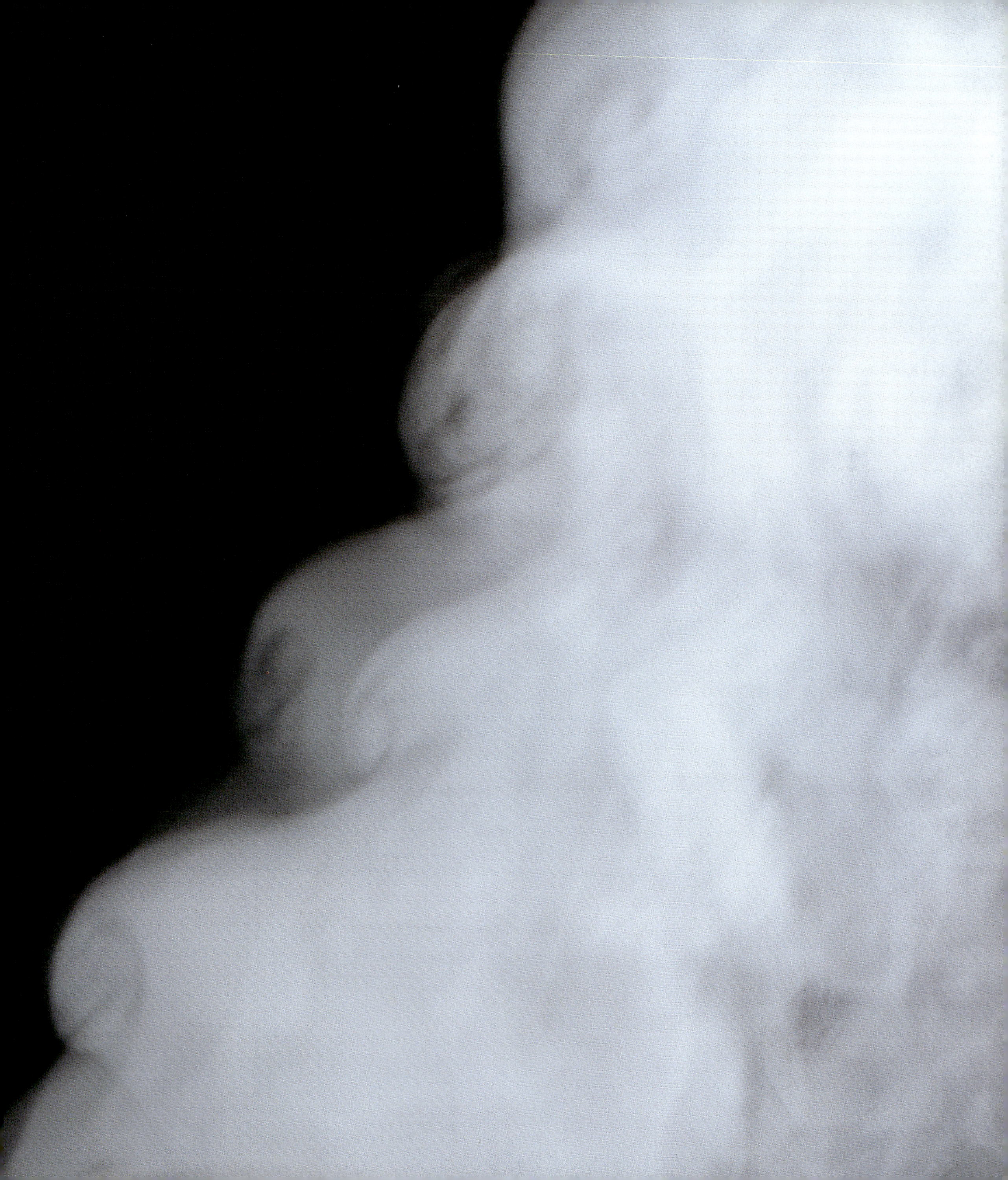

Comme la plupart des techniques décrites dans ce livre, le fumage a fort probablement été découvert par accident. Un jour, il y a très longtemps (les archéologues croient qu'on se sert du feu depuis 400 000 ans), un de nos lointains ancêtres découvrit que les pièces de viande qu'il gardait suspendues dans sa caverne enfumée restaient comestibles beaucoup plus longtemps qu'elles n'auraient dû normalement le faire. Ces viandes avaient aussi très bon goût. Il communiqua aussitôt sa découverte aux membres de sa tribu et c'est ainsi qu'on se rendit compte qu'en fumant les aliments on pouvait les garder très longtemps et sauver ainsi beaucoup de vies durant les périodes de disette.

Déjà, au Moyen Âge, les foyers de bon nombre de fermes du nord de l'Europe étaient équipés d'étagères-séchoirs et le fumage des poissons était, sur toutes les côtes de l'Europe, pratiqué sur une vaste échelle.

UN PEU DE SCIENCE

Si la fumée peut conserver les aliments, c'est qu'elle contient divers produits antioxydants comme l'hydroxyanisole butylé de même que divers alcools et phénols. Même si ces produits ne sont présents dans la fumée qu'en quantités infinitésimales, ils ne sont pas très bons pour la santé de sorte qu'il serait peu sage de ne consommer que des aliments fumés. De manière à en assurer une conservation ultérieure parfaite, la plupart des aliment fumés sont salés/séchés ou mis dans une saumure pour un temps avant d'être fumés. Ce traitement les déshydrate partiellement et affermit leurs chairs tout en les assaisonnant. Aujourd'hui, avec l'avènement de la congélation et de l'emballage sous vide, la saveur des aliments ainsi traités passe avant leur longévité de sorte qu'ils sont salés et fumés moins longtemps qu'autrefois.

FUMAGE À CHAUD ET FUMAGE À FROID

Il y a une grande différence entre le fumage à chaud et le fumage à froid. Dans ce dernier cas, la température du fumoir ne doit jamais dépasser celle d'une pièce ordinaire et doit sécher les aliments mais sans les cuire. Les produits les plus souvent fumés à froid sont le saumon et le filet de bœuf. Si la température dépasse 29 °C/85 °F durant le fumage, il est temps de s'inquiéter. Le poisson en particulier commencera à se désintégrer et les microbes se mettront à proliférer. D'un autre côté, le fumage à chaud cuit partiellement les aliments traités et exige d'habitude une température se situant entre 82 °C/180 °F et 93 °C/200 °F pour les poissons (tel le maquereau) et entre 82 °C/180 °F et 115 °C/240 °F pour les volailles et les viandes. Il faut éviter à tout prix les zones grises se situant entre ces degrés. Nous traitons en détail du fumage à chaud plus loin dans le livre (indiquons seulement au passage que la plupart des aliments fumés à chaud doivent être préalablement fumés à froid).

FUMAGE À FROID

On ne se sert pas du fumage à froid pour faire cuire les aliments, mais seulement pour leur donner du goût et une plus longue durée de conservation. Certains aliments fumés à froid, comme le saumon et le bœuf, sont meilleurs crus. D'autres, comme les kippers, doivent être cuits avant d'être consommés.

LES SIX ÉTAPES DU FUMAGE À FROID

1. Pesage. La meilleure façon de savoir si un produit a été suffisamment fumé consiste à le peser, puis à comparer ce poids avec celui du produit initial une fois que celui-ci a été paré, mais avant d'avoir été salé ou mis en saumure. De manière à ne pas l'oublier, il est préférable de noter par écrit le poids du produit. Généralement parlant, les poissons ont besoin de perdre moins de poids que les viandes. On trouvera sous chaque rubrique les pourcentages de réduction de poids indiqués pour chaque produit.

2. Mise en saumure ou séchage-salage. Cette opération est essentielle, car tout en déshydratant partiellement les aliments, elle les protège contre les bactéries. Comme la mise en saumure est suffisante pour la plupart des produits à fumer, le seul aliment où on se sert ici de sel est le bacon (et, comme on le verra plus loin, même son salage n'est pas nécessaire).

3. Séchage. Peu importe que les produits aient été ou non salés ou mis en saumure, il faut maintenant les suspendre et les faire sécher un certain temps sinon ils seront trop humides pour être adéquatement fumés.

4. Fumage. Tel qu'indiqué au début de ce chapitre, il faut s'assurer que la température du fumoir ne dépasse jamais 29 °C/85 °F durant le fumage.

5. Maturation. Une fois le fumage terminé, les agents de sapidité présents dans la fumée continueront de pénétrer la chair des produits traités pendant un certain temps. C'est pourquoi la plupart des produits fumés profiteront d'une journée additionnelle de maturation avant d'être consommés.

6. Entreposage. Les aliments fumés peuvent se conserver au moins 1 semaine au réfrigérateur (ou plus), mais on peut aussi les congeler après les avoir enveloppés dans du papier d'aluminium.

Les indications données pour le fumage du saumon (voir page 64) peuvent servir d'exemple de la suite des opérations nécessaires au fumage complet d'un produit.

CONSTRUCTION D'UN FUMOIR À FROID

Pour dire les choses simplement, tout ce dont vous avez besoin c'est d'un espace de fumage assez grand pour permettre d'y suspendre ou d'y étaler des poissons de bonne taille en gardant beaucoup d'espace autour, d'un (plusieurs trous de ventilation situés près du sommet du fumoir qui permettront à la fumée de s'échapper, d'un foy d'une plaque de métal où loger et faire se consumer la sciure de bois et d'un morceau de bois ou de métal perc plusieurs endroits et placé au-dessus du fumoir pour permettre une bonne répartition de la fumée qui s'en échappe. Voici une façon simple de construire un fumoir en bois ou en parpaing.

UNE QUESTION DE CHOIX

Il y a deux méthodes pour obtenir de la fumée. La première consiste à allumer un feu dans le fumoir lui-même, la seconde à produire de la fumée dans une unité située à part, puis à la faire entrer dans le fumoir. Afin d'éviter que le combustible n'accroisse trop la température du fumoir, on ne devrait se servir de la première méthode que si le fumoir est assez grand. Pour la deuxième méthode, il faudra se procurer un tube d'aluminium flexible de 10-15 cm (4-6 po) de diamètre et d'une longueur suffisante de manière à pouvoir diriger adéquatement la fumée dans le fumoir.

LE FUMOIR

Les dimensions les plus indiquées pour un fumoir domestique sont de 1,5 mètre (5 pi) de haut, 90 cm (3 pi) de large et 90 cm (3 pi) de profond. Si on se sert de parpaings, ce travail est un jeu d'enfant. Si on préfère se servir de bois, qui est plus agréable à l'œil mais aussi plus inflammable, il faut s'assurer que le bois n'a pas été traité avec des produits qui pourraient déteindre sur les aliments ou les contaminer. Si on prévoit installer une porte sur le fumoir, il faut acheter assez de planches de bois pour pouvoir construire 3 côtés et un plafond; si on prévoit plutôt se servir d'un couvercle, il faudra construire 4 côtés (voir photo). Le fumoir sera plus solide si on en renforce chacun des côtés avec trois madriers cloués en forme de Z.

CONSTRUCTION DE LA CHARPENTE

Pour construire la charpente, il vous faudra clouer ensemble: 4 planches de bois de 90 cm (3 pi) de long pour la base; 4 planches de bois de 90 cm (3 pi) de long pour le couvercle et 4 planches de 1,5 mètre (5 pi) de long pour les montants des quatre coins. La prochaine étape consiste à clouer les planches sur la charpente selon la méthode d'accès au fumoir que vous préférez. Si vous êtes habile de vos mains, peut-être voudrez-vous installer une porte sur le fumoir; dans le cas contraire, vous devrez vous servir d'un couvercle de bois, à charnières de préférence.

Ensuite, pour soutenir le foyer diffuseur de fumée, il faudra installer deux lattes de bois à environ 45 cm (18 po) du plancher du fumoir. Si vous avez l'intention d'installer le foyer dans le fumoir, il vous faudra placer deux autres lattes en dessous des deux premières, de manière à pouvoir y loger la plaque de métal sur laquelle vous ferez brûler la sciure de bois. De façon à en rendre l'allumage plus facile, il faudra laisser suffisamment de place sous la plaque de métal (voir prochain paragraphe). Si vous avez l'intention d'étaler vos viandes et vos poissons sur des grilles, installez d'autres lattes de bois dans le fumoir de manière à pouvoir les soutenir. Si, d'un autre côté, vous avez l'intention de les suspendre, vous pourrez : ou bien percer de petits trous dans les côtés du fumoir et y insérer des tringles, de part en part, ou bien, en faisant comme sur la photo, visser des crochets sous le couvercle à charnières. Dans ce dernier cas, il faudra voir à ne jamais ouvrir le couvercle dans un angle de 90 ou 180 degrés sinon les aliments que vous fumerez frapperont le couvercle et les crochets non utilisés.

PRODUCTION DE LA FUMÉE

Si vous décidez d'installer le foyer diffuseur de fumée dans le fumoir, percez quelques trous de ventilation sur les côtés du fumoir à environ 5-10 cm (2-4 po) du couvercle, de manière à aspirer la fumée et à lui permettre de s'échapper sans problème. Si vous préférez installer le foyer diffuseur de fumée dans une autre unité, percez un trou correspondant au diamètre du tube d'aluminium à

la base d'un des côtés du fumoir et fixez-le de la manière la plus solide possible. Dans le cas contraire, il vous faudra, pour mettre le feu à la sciure de bois, installer un petit brûleur à gaz sous la plaque de métal. Toutes ces opérations seront plus faciles si vous laissez un espace assez grand au fond du côté frontal du fumoir, en utilisant, de ce côté du fumoir, des planches de bois plus courtes que vous clouerez sur un madrier supplémentaire placé à quelques centimètres du plancher.

Ne vous laissez pas démonter. L'opération est plus facile qu'elle ne le paraît et si votre fumoir a quelques fuites, la chose est sans conséquence. En fait, la partie la plus difficile de l'opération consiste à trouver une source de combustible fiable. Le matériel le plus pratique à utiliser reste la sciure de bois (au besoin, achetez une scie circulaire pour en faire). Heureusement, la sciure de bois brûle longtemps et l'équivalent de deux boîtes à biscuits pourra durer 10 heures. Il faut éviter à tout prix la sciure de bois de conifères qui donnerait aux aliments un goût résineux et antiseptique désagréable. Servez-vous plutôt de bois de hêtre, de bouleau, de noyer ou d'un ou l'autre des arbres fruitiers ; ces derniers produisent beaucoup de fumée et chaque essence donne un petit goût différent aux produits fumés.

MESURES DE SÉCURITÉ

Au moment de mettre le feu à la sciure de bois, procédez avec prudence. Comme nous le mentionnions plus haut, la fumée produite, ou introduite, dans le fumoir risque peu de le surchauffer. Servez-vous d'un thermomètre de cuisine pour vérifier la température interne. Si la température extérieure est au-dessus de 26 °C/80 °F, il faut absolument éviter de vous servir du fumoir. Ce n'est pas pour rien que, traditionnellement, le fumage se fait en automne.

SAUMON FUMÉ

Une fois votre fumoir construit, peut-être désirerez-vous y fumer un saumon en tout premier. Le saumon est en effet le produit fumé le plus populaire dans le monde. Vous aurez aussi beaucoup de succès auprès de vos amis qui voudront tous s'en régaler. Autre avantage, le saumon que vous aurez fait fumer avec soin, amour et patience sera non seulement sublimement délicieux, mais il vous coûtera quatre à cinq fois moins cher que celui acheté en magasin.

FENDAGE/FILETAGE

On peut soit fendre partiellement le saumon en deux, soit le découper en filets. Le filetage est plus indiqué dans le cas d'un gros saumon ou d'un autre gros poisson qu'on veut fumer étalé sur les grilles et non suspendu. Votre poissonnier ne sera que trop heureux de faire ce travail pour vous. Pour fendre en deux un poisson (mais pas complètement), coupez-le avec un couteau bien coupant de la tête à la queue. Il faut ensuite l'éviscérer, en enlever les branchies puis les veines, surtout celle qui court le long de l'arête centrale. Il faut ensuite bien laver le poisson puis l'assécher à fond.

PESAGE

Une fois que vous avez paré le poisson, pesez-le. Cela vous permettra plus tard de savoir quand il sera prêt pour la consommation. Le saumon devrait perdre environ 17-18% de son poids durant le processus de fumage. C'est ainsi qu'un poisson frais nettoyé pesant 5 kg (11 lb) au départ devrait peser 4,125 kg (9 lb 1 oz) après le fumage.

MISE EN SAUMURE

Préparez une saumure à 80%, en comptant 1,2 kg (2 lb 10 oz) de sel marin (rien d'autre) pour chaque 4,5 litres (18 tasses) d'eau. Couvrez ensuite le poisson d'un poids pour l'empêcher de flotter dans la saumure. Selon sa taille et sa teneur en gras, laissez-le tremper de 1 à 3 heures (un saumon gras a besoin d'être saumuré plus longtemps qu'un maigre).

SÉCHAGE

À cette étape, servez-vous de ficelle pour suspendre le poisson, soit par la queue, soit par les cavités des yeux ou par les omoplates incisées. Après y avoir inséré la ficelle, faites une boucle. Pour garder les flancs du poisson ouverts, vous pouvez vous servir de bouts de brochettes de bois ou de petites branches de noisetier. Vous pouvez piquer celles-ci dans la chair du poisson sans dommage. Suspendez ensuite le poisson et laissez-le s'égoutter 24 heures dans le fumoir inactif sans en avoir enlevé la saumure.

FUMAGE

La durée idéale du fumage dépend de trois choses : votre goût personnel, la température ambiante et l'humidité. Plus le temps est froid ou humide, plus le processus exige de temps. Il faut en moyenne entre 24 heures et 2 ½ jours. Il faut commencer à peser le poisson et répéter le test jusqu'à ce qu'il ait perdu entre 17 et 18% de son poids initial.

MATURATION

Attendez au moins 24 heures avant d'entamer le saumon. Cela permettra à la fumée de surface d'en imprégner profondément la chair.

ENTREPOSAGE

Si vous le gardez au réfrigérateur, votre saumon fumé restera en parfaite condition pendant 5 jours et sera encore très bon au bout de 10 jours. Vous pouvez aussi le congeler dans du papier d'aluminium.

NOUILLES AU SAUMON FUMÉ ET À LA SAUCE AUX PIMENTS DOUX

La préparation de ce plat d'inspiration orientale constitue une bonne façon de mettre en valeur le saumon que vous venez, avec une légitime fierté, de fumer. Sa sauce aux piments doux rosée et partiellement gélifiée se marie parfaitement bien à la transparence des nouilles et du saumon couleur d'ambre. **Donne 2 portions.**

125 g (4 ½ oz) de nouilles de riz
110 g (4 oz) de légumes-feuilles ou d'épinards, hachés
Sel
10 ml (2 c. à thé) de graines de sésame
30 ml (2 c. à soupe combles) de Sauce aux piments doux (page 177)
100 g (3 ½ oz) de saumon fumé, coupé en lanières

- Préparer la Sauce aux piments doux tel qu'indiqué à la page 177.
- Faire cuire les nouilles en suivant les indications du fabricant, les jeter en eau froide puis les égoutter à fond.
- Blanchir les légumes en eau bouillante salée 1 minute, les jeter en eau froide et les égoutter à fond.
- Faire frire les graines de sésame à sec, dans une petite poêle, à feu modéré et jusqu'à ce qu'elles soient dorées (2 minutes environ).
- Mettre les nouilles, la sauce, le saumon et les légumes dans un grand bol et bien mélanger. On peut réchauffer légèrement la salade au micro-ondes si on désire la servir tiède.
- Répartir la salade dans les assiettes, garnir de graines de sésame rôties et servir.

KIPPERS (HARENGS)

Le petit déjeuner comprenant un kipper, de la marmelade et du pain grillé est si populaire en Angleterre qu'on pourrait croire qu'il s'agit là d'une tradition très ancienne. En fait, le kipper tel que nous le connaissons aujourd'hui ne fut inventé qu'en 1843. À cette époque, les harengs étaient très abondants dans la mer du Nord, mais la méthode utilisée pour les préparer était pour le moins inusitée: on les faisait fumer interminablement à chaud et entiers (c'est-à-dire avec les viscères). Inutile de dire que ce «plat de pauvre» connu sous le nom de «hareng rouge» perdit vite sa popularité.

À l'origine, le mot kipper servait à décrire un saumon qui vient de frayer et va bientôt mourir de sa belle mort. Les Écossais étaient friands de ce poisson qu'ils fendaient en deux et faisaient fumer pendant quelques heures avant de le manger (cette pratique est attestée depuis le XVe siècle). C'est un poissonnier du Northumberland appelé John Woodger qui, à la recherche d'une variété de poisson fumé moins salée que le hareng saur, eut l'idée d'appliquer cette technique aux harengs. En fendant les harengs, ceux-ci avaient besoin d'une période moins longue de salage. L'amélioration des moyens de transport et l'avènement de la réfrigération permirent alors de réduire aussi leur période de fumage. Le kipper moderne était né.

FENDAGE ET PESAGE

Pour préparer les harengs, qu'on achète bien sûr le plus frais possible, il faut les fendre presque complètement en séparant les arêtes latérales et l'arête centrale d'un côté du poisson et les retourner sur eux-mêmes. Il faut en même temps les éviscérer et en enlever les branchies. On place ensuite les poissons sur une surface de travail, puis on en presse fermement le dos avec une main. Une fois fendus, les poissons sont pesés et leur poids est inscrit sur une feuille de papier.

MISE EN SAUMURE

Préparez 3 litres (12 tasses) de saumure en comptant 220 g (8 oz) de sel par litre d'eau. Immergez les poissons dans la saumure entre 15 et 20 minutes selon que vous les voulez plus ou moins salés.

SÉCHAGE

La prochaine étape consiste à faire sécher les poissons. Ici on a une alternative. On peut, ou bien les faire sécher à plat sur des grilles (si on les place sur les grilles comme des livres ouverts retournés, leur propre poids les fera rester ouverts), ou bien les suspendre après avoir inséré des bouts de brochettes de bois ou des cure-dents entre leurs flancs de manière à ce qu'ils restent ouverts. On peut les suspendre par des crochets insérés dans leurs bouches. Placés sur les grilles ou suspendus, il faut ensuite les laisser s'égoutter 2 heures dans le fumoir inactif.

FUMAGE

Le fumage des kippers exige de 8 à 16 heures. La réduction de poids visée est de 14-18%. La température optimale de fumage est de 26 °C/80 °F. Il faut s'assurer que la température ne dépasse jamais ce degré excepté durant les 30 dernières minutes du fumage où on la fera monter à 35 °C/95 °F de manière à donner un beau fini brillant aux poissons.

ENTREPOSAGE ET CONSOMMATION

Les kippers peuvent se conserver 4-7 jours au réfrigérateur. Ils sont excellents grillés, mais on peut aussi les faire frire ou les faire cuire au four. Ils sont délicieux servis avec des petits haricots, des pommes de terre nouvelles et des œufs cuits durs, le tout accompagné d'une vinaigrette au miel et à la moutarde.

ŒUFS DE MORUE FUMÉS

Pour cette recette, vous pouvez vous servir d'œufs de morue frais ou congelés. Ceux-ci doivent être manipulés avec délicatesse. Pour obtenir de bons résultats, procurez-vous des sacs d'œufs de morue en parfaite condition (non tachés). Un sac d'œufs pèse en moyenne 250 g (9 oz). Manipulez très délicatement les sacs pour éviter qu'ils crèvent et deviennent inutilisables.

MISE EN SAUMURE

Lavez les œufs et faites-les tremper 1 ¼ heure dans une saumure à 70 % — 220 g (7,9 oz) de sel par litre (4 tasses) d'eau.

SÉCHAGE

Les sacs d'œufs sont si fragiles qu'il faut les manipuler avec délicatesse surtout quand on les attache (par couple) avec de la ficelle de manière à pouvoir les suspendre sur les crochets du fumoir. On peut aussi les étendre sur des grillages, mais les mailles laisseront des marques sur les œufs. Laisser s'égoutter et sécher les œufs 2 heures environ dans le fumoir.

FUMAGE

Les œufs doivent ensuite être fumés à froid, à 26-29 °C/80-85 °F, pendant 24 heures. Le produit fini aura perdu environ 25 % de son poids initial et sera ferme, sec et facile à trancher. Les œufs se conserveront 10 jours au réfrigérateur. Vous pouvez aussi les envelopper dans du papier d'aluminium et les conserver jusqu'à 6 mois au congélateur.

TARAMA

Voici une bonne façon de se servir des œufs de morue fumés :

100 g (3 ½ oz) d'œufs de morue fumés (membrane enlevée)
2 tranches de pain blanc, sans la croûte
150 ml (⅗ de tasse) d'huile d'olive
Le jus de 1 citron
Un peu d'eau chaude
Sel et poivre

- Traiter les œufs de morue et le pain dans le robot culinaire jusqu'à consistance lisse, puis les mettre dans un bol.
- Incorporer peu à peu l'huile d'olive et le jus de citron en battant constamment le mélange. On peut ajouter de l'eau pour obtenir une consistance plus liquide.
- Saler et poivrer au goût.

BŒUF FUMÉ

Comme la *bresaola*, le bœuf fumé se mange cru et c'est pourquoi il doit être fumé à froid. Il faut se servir ici d'une pièce de filet très épaisse. Il n'est pas nécessaire qu'elle soit de toute première qualité (on peut se servir de viande de vache de réforme). Cela coûtera moins cher que du filet de premier choix, même s'il faut, bien sûr, se servir de viande en parfaite condition.

PESAGE

Pour obtenir un produit fini délicieux, la viande devrait avoir été suspendue par le boucher chez qui on se la procure pendant au moins une semaine. Il faut d'abord enlever presque tout le gras, ce qui permettra une meilleure pénétration de la fumée (d'autant que le gras peut rancir). Peser ensuite le filet. Celui-ci devrait perdre environ 20-25 % de son poids durant le fumage. Afin de permettre une meilleure pénétration de la saumure, piquer profondément la pièce de viande à plusieurs reprises.

MISE EN SAUMURE ET SÉCHAGE

Pour préparer la saumure, il faut compter 1,2 kg de sel pour 4,5 litres d'eau. Faire bouillir un tiers de l'eau, y dissoudre le sel puis incorporer la saumure obtenue au reste de l'eau froide.

Couvrir le filet de saumure et le laisser macérer 3 heures environ (un peu plus si la viande est épaisse, un peu moins si la viande est maigre). Retirer la viande de la saumure et, à l'aide d'une ficelle, faire un nœud puis une boucle à quelques centimètres d'une de ses extrémités. Suspendre la viande sur un crochet et la laisser s'égoutter 24 heures avant de la fumer. Comme d'habitude, le fumoir est l'endroit indiqué pour cette opération.

FUMAGE

Selon le temps qu'il fait dehors, le fumage exigera de 5 à 8 jours. Au risque de voir la pièce de bœuf durcir, ce qui empêchera l'humidité de s'en échapper, il faut s'assurer que la température du fumoir ne dépasse pas 26 °C/80 °F. Au bout de 4 jours, on peut commencer à peser la viande. À ce stade, la pièce de bœuf aura complètement noirci. Une fois qu'elle aura perdu 20-25 % de son poids initial, il faudra vérifier si elle est suffisamment fumée en faisant une incision profonde dans la partie la plus épaisse de la viande. La chair de la viande devrait alors être mate plutôt que brillante. Si elle ne l'est pas, la remettre au fumoir 1 ou 2 jours de plus.

ENTREPOSAGE ET CONSOMMATION

Le bœuf fumé se conserve au réfrigérateur pendant 3 semaines ou plus, mais on peut aussi l'envelopper dans du papier d'aluminium et le mettre au congélateur où il se conservera 6 mois. Le bœuf fumé est meilleur coupé en tranches fines (dans le sens contraire des fibres). Comme le saumon fumé, le bœuf fumé est excellent servi avec du jus de citron et du pain de blé entier.

BŒUF FUMÉ À LA SAUCE AU RAIFORT

Le raifort accompagne à merveille aussi bien le rôti de bœuf que le bœuf fumé. Le bœuf est meilleur coupé en tranches très fines. **Donne 2 portions.**

Plusieurs tranches très fines de bœuf fumé (voir page de gauche)
Roquette
Tomates cerises bien mûres
Pain de campagne et beurre crémeux
Jus de citron (au goût)

SAUCE AU RAIFORT :

300 ml (1 ⅕ tasse) de bouillon de poulet
150 g (5 oz) de raifort frais, pelé et râpé (portez un masque)
300 ml (1 ⅕ tasse) de crème très épaisse
50 g (2 oz) de cubes de pain blanc frais
10 g (½ oz) de moutarde moulue
2,5 ml (½ c. à thé) de sel
Une bonne pincée de poivre blanc frais moulu
1 jaune d'œuf

- **Sauce :** faire chauffer le bouillon de poulet et le raifort dans une casserole. Amener à ébullition et laisser mijoter 15 minutes, jusqu'à ce que le bouillon ait réduit de moitié.
- Ajouter la crème et faire mijoter 20 minutes de plus, en remuant souvent la sauce.
- Ajouter le pain petit à petit en remuant constamment le mélange. L'opération devrait prendre 5-10 minutes.
- Mélanger la moutarde moulue, le sel et le poivre dans 15 ml (1 c. à soupe) d'eau jusqu'à consistance lisse. Ajouter ce mélange à la sauce.
- Retirer la sauce du feu et y incorporer le jaune d'œuf.
- Verser la sauce dans des pots stérilisés, les sceller et refroidir dans un bain d'eau glacée. Plus rapidement vous procéderez, mieux la sauce se conservera (jusqu'à 2 semaines au réfrigérateur). Une fois le pot entamé, il faut en consommer le contenu en 3 jours.
- Monter les assiettes le plus rapidement possible et déguster le tout avec un verre de bière bien froide.

BACON FUMÉ

Le bacon fumé, dont nous donnons ici la recette et qui ressemble beaucoup à la célèbre pancetta italienne, est préparé à partir de ventre de porc. Compte tenu que plusieurs charcuteries commerciales injectent d'eau leurs viandes de manière à en augmenter le poids, il est de plus en plus difficile de se procurer un bacon de qualité. Par ailleurs, si on peut, de plus en plus facilement, se procurer du bacon biologique, celui-ci est, pour on ne sait trop quelle raison, rarement fumé et charnu. Aujourd'hui on décrie beaucoup le gras, mais on oublie que celui-ci, tout en étant un excellent médium de cuisson, donne beaucoup de saveur aux plats. C'est la raison pour laquelle il faut préférer du bacon provenant d'un porc de ferme heureux, donc plus gras, qu'un porc élevé en porcherie industrielle.

Compte tenu que la pièce de bacon perdra environ 30% de son poids initial durant le fumage et que vous éprouverez tant de fierté devant votre premier bacon fumé que vous voudrez le partager avec tous vos amis, il est fortement recommandé d'acheter une pièce de bacon ne pesant pas moins de 10 kg (22 lb). Un couteau à fileter s'avère ici un ustensile très utile.

COMMENT FAIRE DU BACON FUMÉ (PANCETTA)

4 kg (9 lb) de sel marin
4 kg (9 lb) de sucre
10 kg (22 lb) de ventre de porc, pesé une fois les côtes et les tendons enlevés
1 grosse branche de romarin séché
1 grand plat en plastique ou non-réactif

- Mélanger le sucre et le sel.
- Étendre une couche du mélange au fond du plat puis une couche de porc puis une de sel, etc. Finir avec une couche du mélange sel/sucre. Bien presser le porc en le mettant dans le plat.
- Laisser reposer le tout dans un lieu frais. Deux jours plus tard, jeter le liquide en trop et empaqueter le porc de nouveau, quoique dans l'ordre inverse. S'il manque du mélange sel/sucre, en couvrir la préparation au besoin.
- Trois jours plus tard, laver la viande sous l'eau froide courante puis la saupoudrer d'un peu de sel marin et de romarin.
- Faire sécher à l'air dans un lieu frais pendant 24-48 heures.
- Fumer à froid 48 heures à 24-26 °C/75-80 °F. On peut fumer la viande suspendue à des crochets ou sur des grilles. Les bois les plus indiqués pour le fumage sont le chêne, le hêtre et le châtaignier.
- On peut, si on le désire, faire frire le bacon dès qu'il a été fumé. Néanmoins, pour lui permettre de mûrir et de prendre une belle couleur ambrée et transparente, nous vous recommandons de le garder encore un mois au réfrigérateur.
- Le bacon peut se garder au réfrigérateur jusqu'à 3 mois (à condition de rester parfaitement sec). S'il se forme des moisissures foncées sur la viande, il faut la jeter.
- Avant de se servir de ce bacon, en enlever la couenne. On peut le couper en tranches fines ou en petits cubes à utiliser dans les sauces et les ragoûts.

SOUPE AUX POIS VERTS ET AU BACON FUMÉ (PANCETTA)

Les légumineuses et le bacon ont une affinité naturelle. Dans cette recette, le goût sucré des pois verts est contrebalancé par le goût salé du bacon. **Donne 4 portions.**

150 g (5 oz) de bacon fumé, coupé en petits cubes (voir page 70)
75 g (3 oz) de poireau, nettoyé et grossièrement haché
150 g (5 oz) d'oignons, grossièrement hachés
25 g (1 oz) de beurre
1,2 litre (5 tasses) de bouillon de poulet
400 g (14 oz) de pommes de terre, pelées et coupées en petits cubes
5 ml (1 c. à thé) de sel (ou plus au goût)
Une grosse pincée de poivre blanc fraîchement moulu
Une grosse pincée de laurier moulu (ou 2 feuilles entières)
500 g (1 lb 2 oz) de petit pois verts
Une branche de menthe hachée
150 ml (⅗ de tasse) de crème épaisse

- Faire frire le bacon fumé à feu modéré jusqu'à ce qu'il soit bien doré. Le retirer de la poêle et réserver.
- Dans la même poêle, faire revenir et s'attendrir le poireau et les oignons dans le beurre et le gras du bacon.
- Ajouter le bouillon de poulet et les pommes de terre, et faire mijoter 20 minutes.
- Ajouter le sel, le poivre, le laurier et les pois et laisser mijoter 10 minutes de plus.
- Réduire la soupe en purée lisse avec un mélangeur électrique manuel. Si on utilise des feuilles de laurier, les retirer de la soupe avant de la mélanger.
- Ajouter la menthe, la crème et le bacon, et servir aussitôt.

ŒUFS FUMÉS

Les œufs fumés ont beaucoup de goût et leur couleur est agréable à l'œil. Si vous mettez quelques œufs dans le fumoir le matin, ils seront prêts à manger au repas du soir.

Éviter les œufs trop fraîchement pondus, car ils sont difficiles à écaler. Les œufs de caille fumés sont aussi très bons et faciles à préparer.

PRÉPARATION DES ŒUFS

- Mettre les œufs de poule ou de caille dans une casserole d'eau froide, amener rapidement à ébullition, retirer du feu et laisser refroidir dans l'eau. Pour arrêter la cuisson des œufs de caille, les passer sous l'eau froide courante au bout de 3 minutes.
- Avant de fumer les œufs, les écaler puis assaisonner de sel, de poivre blanc et peut-être d'un peu de sauce soja. Mettre les œufs sur les grilles du fumoir, les fumer à environ 26 °C/80 °F. Les œufs de poule exigent 12 heures de fumage, ceux de caille entre 4 et 6 heures. Ils se conservent environ 2 semaines au réfrigérateur. Les œufs fumés sont délicieux dans les salades et les sandwiches.

TOURTE À L'AIGLEFIN ET AUX ŒUFS FUMÉS

(donne 4 portions)

Faire cuire puis réduire en purée 6 pommes de terre moyennes avec 100 ml (⅖ de tasse) de lait, 40 g (1 ½ oz) de beurre, du sel, du poivre et 125 g (4 ½ oz) de vieux cheddar râpé. Couper en cubes 250 g (9 oz) d'aiglefin fumé et mélanger avec 6 œufs fumés coupés en dés, 350 ml (1 ⅖ tasse) de sauce béchamel, du persil haché et une pincée de muscade râpée. Étendre la purée de pommes de terre sur le mélange au poisson puis couvrir le tout de cheddar râpé. Faire cuire 45 minutes au four, à 200 °C/400 °F/Gaz 6. Cette tourte est délicieuse servie avec des petits pois verts.

TARTES À LA CRÈME ANGLAISE FUMÉES

Cette recette vous surprendra peut-être. Elle n'en est pas moins délicieuse. **Donne 2 tartes.**

PÂTE :

500 g (1 lb 2 oz) de farine à pâtisserie extra-fine
175 g (6 oz) de sucre glace
250 g (9 oz) de beurre froid, coupé en petits morceaux
1 œuf moyen et deux jaunes d'œufs
2,5 ml (½ c. à thé) d'extrait de vanille

- Tamiser la farine et le sucre glace dans un grand bol. Incorporer le beurre et travailler la pâte avec les doigts jusqu'à ce qu'elle soit grumeleuse et molle. Battre ensemble l'œuf, les jaunes d'œufs et la vanille. Faire un trou au milieu de la pâte puis y incorporer le mélange jusqu'à ce que la pâte soit souple.
- Mettre la pâte sur une surface enfarinée puis la couper en 2 boules. Couvrir les boules de pellicule plastique et les laisser reposer 30 minutes au réfrigérateur avant de s'en servir.
- Utiliser deux moules à charnières de 20 cm (8 po) de diamètre et environ 4 cm (1 ⅝ po) de profond. Abaisser les boules de pâte et les presser au fond des moules en laissant dépasser la pâte sur le pourtour. Couvrir chaque abaisse d'une rondelle de papier sulfurisé puis de haricots secs.
- Faire cuire la pâte 10 minutes, à 180 °C/360 °F/Gaz 4. Enlever les haricots et le papier sulfurisé, tailler les croûtes et cuire 15 minutes de plus.

CRÈME ANGLAISE :

8 œufs moyens
500 ml (2 tasses) de lait
500 ml (2 tasses) de crème épaisse
250 g (9 oz) de sucre glace
10 ml (2 c. à thé) d'extrait de vanille
Muscade râpée

- Battre légèrement les œufs puis leur incorporer le lait, la crème, le sucre et la vanille, et battre le tout 30 secondes.
- Emplir les croûtes du mélange et faire cuire au four, à 150 °C/300 °F/Gaz 2, 45 minutes ou jusqu'à ce que la crème soit prise.
- Fumer les tartes à froid 2 heures et servir.

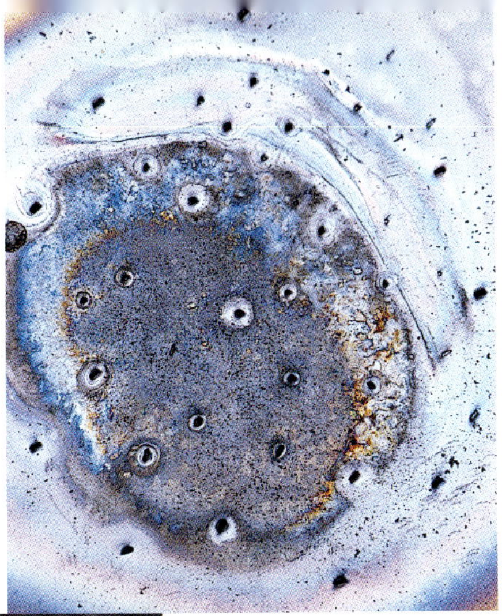

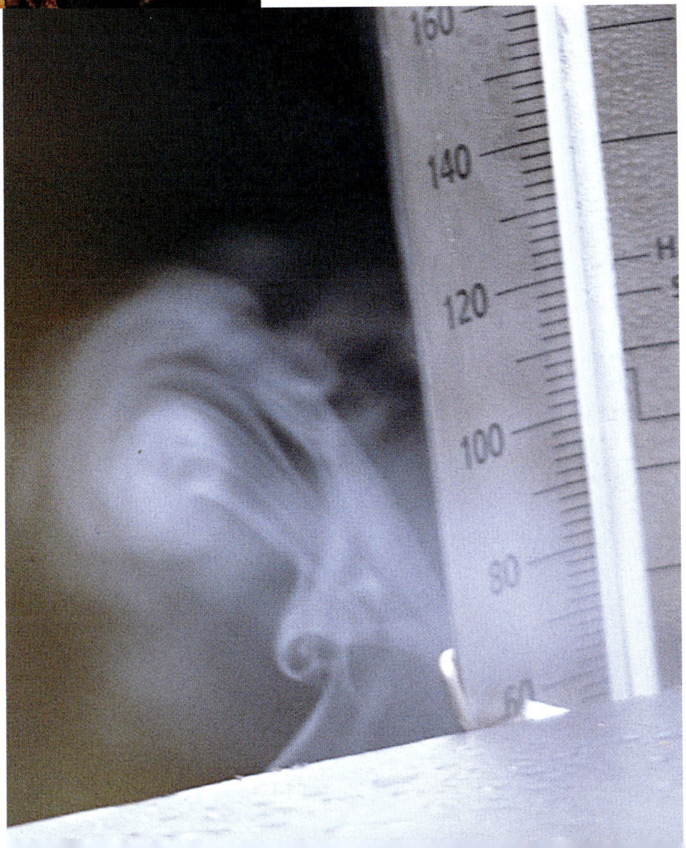

FUMAGE À CHAUD

Contrairement au fumage à froid, le fumage à chaud cuit les aliments qu'il traite. Tel qu'indiqué plus haut, la plupart des produits fumés à chaud doivent d'abord subir une période de fumage à froid. C'est durant le fumage à froid que se produit la majeure partie de la déshydratation et de l'assaisonnement par la fumée du produit traité.

Les poissons doivent être séchés à chaud à une température se situant entre 82-93 °C/180-200 °F. Si la température est plus basse, ils risquent d'être contaminés par les bactéries ; si elle est plus élevée, ils commenceront à se désintégrer. Les viandes sont moins difficiles à traiter. On peut les fumer à chaud à 82-115 °C/180-240 °F. Certains produits, particulièrement les poissons huileux, se prêtent aux deux types de fumage (essayez les deux pour savoir lequel vous préférez). D'autres ne peuvent être fumés qu'à froid — le fromage, par exemple, qui fondra s'il est fumé à chaud. D'autres encore, dont les volailles et le gibier, ne peuvent être adéquatement fumés qu'à chaud. Il faut toujours se rappeler que le fumage à chaud exige beaucoup moins de temps que le fumage à froid.

CONSTRUCTION D'UN FUMOIR À CHAUD

La façon la plus simple de construire un fumoir à chaud consiste à transformer une poubelle en tôle galvanisée (ou une poubelle-incinérateur) en fumoir. Il suffit de pratiquer plusieurs trous au fond de la poubelle puis d'y insérer un disque central (au choix). Il faut ensuite, sur trois niveaux, percer quatre trous parallèles (deux de chaque côté de la poubelle) de manière à pouvoir ensuite installer à l'intérieur un plateau où recueillir le gras qui s'égouttera et deux grilles sur lesquelles on pourra étaler les aliments à fumer. Le plateau et les grilles reposeront sur des tringles insérées dans les trous pratiqués dans les côtés de la poubelle. En ce qui concerne le couvercle du fumoir, si on se sert d'une poubelle standard, une planche de bois pourra faire l'affaire. Les trous pratiqués dans la poubelle permettront à la fumée de s'échapper. Si on se sert d'une poubelle-incinérateur, son couvercle sera déjà équipé d'une cheminée. Si on a de la difficulté à obtenir la température désirée, on bloquera la cheminée avec un morceau de bois.

Placer la poubelle sur deux gros parpaings et placer près d'eux deux briques sur lesquelles on pourra installer la plaque de métal sur laquelle on fera brûler la sciure de bois. À cette fin, on peut facilement aplatir un morceau de tôle ondulée (peu importe si celui-ci est percé, cela ne fera que faciliter l'allumage de la sciure de bois). Pour allumer la sciure, placer un réchaud à gaz sous la plaque de métal et maintenir ensuite une température constante dans le fumoir. Il faudra peut-être régler la flamme du réchaud au cours du fumage. En mettant les aliments dans le fumoir, la température interne de celui-ci baissera, mais une fois que la sciure de bois se sera enflammée, elle dégagera sa propre chaleur de sorte qu'on pourra réduire un peu la flamme du réchaud. Pour s'assurer de maintenir une température constante dans le fumoir, se servir, comme dans le fumage à froid, d'un thermomètre de cuisine.

QUELQUES CONSEILS PRATIQUES

Voici quelques conseils pour finir. Avant d'y traiter quelque aliment que ce soit, il faut préalablement fumer le fumoir lui-même pendant au moins 12 heures de manière à en enduire les parois de dépôts de goudron. Cela empêchera les aliments de prendre ensuite un mauvais goût. Compte tenu que, durant le fumage, l'air sera plus chaud dans la partie supérieure du fumoir, il sera tout indiqué de changer les grilles de niveau pour obtenir des aliments fumés également. À noter au passage : le fumage à chaud n'est pour ainsi dire pas affecté par la température extérieure.

POULET FUMÉ À CHAUD

La première fois que Nick fit fumer du poulet à chaud, il procéda sans le mettre d'abord dans une saumure et sans l'avoir fumé à froid. Après 3 heures de fumage à chaud, à 110 °C/230 °F, il servit le poulet à ses invités qui en furent ravis. Nick s'était servi sans le savoir de la méthode appelée fumage-rôtissage. Le poulet était tendre, juteux et à peine fumé. Le poulet fumé à chaud est traditionnellement plus sec, plus ferme et d'un goût plus «fumé». Il se conserve 1 semaine au réfrigérateur et jusqu'à 6 mois au congélateur.

MISE EN SAUMURE ET SÉCHAGE

- Prendre un poulet de taille moyenne et, pour permettre à la saumure de bien le pénétrer, le percer en plusieurs endroits jusqu'à l'os avec une fourchette.
- Préparer une saumure à 80% en comptant 265 g (9 ⅓ oz) de sel par litre (4 tasses) d'eau et y immerger le poulet pendant 2 heures.
- Faire sécher le poulet pendant 24 heures dans un lieu frais et bien ventilé. Faire une boucle avec de la ficelle, la glisser sous les ailes du poulet et suspendre celui-ci sur un crochet.

FUMAGE

- Fumer le poulet à froid pendant 48 heures en s'assurant que la température ne dépasse pas 25 °C/77 °F. Puis le fumer à chaud 2 heures, à 110 °C/230 °F.
- Le poulet fumé est excellent servi avec des Achards (*Piccalilli*) (page 118) et du pain au levain.

POITRINES DE CANARD ET D'OIE FUMÉES

On peut toujours fumer les canards et les oies entiers, mais, pour diverses raisons, nous préférons ne fumer que les poitrines. La première de ces raisons, c'est qu'on peut fumer plus de viande dans un fumoir qui ne contient que des poitrines. La deuxième, c'est qu'on obtiendra moins de gras fondu qui, s'il prend feu, peut provoquer une catastrophe. Un autre des avantages à s'en tenir aux poitrines est que les autres parties de ces volatiles peuvent être utilisées à de meilleures fins, les cuisses et les ailes pour faire du confit ou des rillettes (page 204), les carcasses rôties pour faire d'excellents bouillons.

On peut facilement fumer les poitrines de canard et d'oie. Lorsqu'elles sont fumées à chaud pendant 1 heure, à 110 °C/230 °F, on peut s'en servir aussitôt comme entrée ou dans un cassoulet (voir page 192). On peut aussi les fumer d'une manière plus traditionnelle, c'est-à-dire après une période de fumage à froid. L'opération exige plus de temps, mais elle en vaut vraiment la peine.

Les grosses poitrines donnent de meilleurs résultats. Les piquer profondément à plusieurs reprises puis les laisser tremper dans une saumure à 80% (voir page 64) entre 2 et 3 heures (selon leur grosseur). Faire sécher les poitrines entre 12-24 heures sur une grille du fumoir inactif. Les fumer à froid 24 heures au moins (ou 36 heures à 24-26 °C/75-80 °F). Les fumer un peu plus longtemps s'il fait froid dehors et si la température du fumoir est trop basse.

Finir la préparation des poitrines en les fumant à chaud 1 heure ou plus, à 110 °C/230 °F. Si on les scelle sous vide (voir page 203), elles pourront se conserver jusqu'à 8 semaines au réfrigérateur. Si on les garde dans des sacs de plastique, il est préférable de les consommer en moins de 7 jours. Elles se conservent aussi au congélateur pendant 6 mois.

Ces poitrines sont délicieuses coupées en tranches fines et servies en salade avec des betteraves, des pommes de terre nouvelles et du persil plat.

POITRINE D'OIE FUMÉE À L'HUILE DE TRUFFE

Les poitrines d'oie fumées sont un vrai régal. Servies avec de l'Huile de truffe blanche (voir page 132), elles sont sublimes!

150 g (5 oz) de topinambours, nettoyés et émincés
Huile végétale
Quelques poignées de roquette
1 poitrine d'oie fumée moyenne (voir page de gauche), émincée
28 feuilles de sauge fraîche, frites 1 minute en huile bouillante
12 moitiés de noix de Grenoble, cuites au four 10 minutes, à 180 °C/ 350 °F/Gaz 4
Parmesan, grossièrement râpé
Quelques gouttes d'Huile de truffe blanche (voir page 132)
5 ml (1 c. à thé) de vinaigre balsamique
Poivre noir, grossièrement moulu

- S'assurer que les tranches d'oie sont minces au point d'être translucides et faire frire les topinambours dans de l'huile jusqu'à ce qu'ils soient dorés et croquants. Procéder par petites quantités à la fois. Laisser s'égoutter les topinambours sur de l'essuie-tout.
- Disposer une montagne de roquette au milieu d'une grande assiette blanche puis en garnir les côtés de tranches d'oie, en les faisant se chevaucher au besoin.
- Garnir avec le reste des ingrédients, puis arroser de vinaigre balsamique et de quelques gouttes d'huile de truffe.

GIBIER FUMÉ À CHAUD

Le gibier fumé est un mets très fin. C'est une viande foncée, à la fois très goûteuse et très douce, très faible en cholestérol. Toutefois, les diverses coupes de chevreuil (cerf) requièrent chacune un traitement différent. Comme il s'agit d'un sujet très complexe, nous nous limiterons ici au fumage des filets de cuissot désossés que l'on peut se procurer dans certaines charcuteries spécialisées. Comme la plupart des produits fumés à chaud, le gibier doit d'abord être mis en saumure, séché et fumé à froid avant d'être mis au fumoir à chaud.

PESAGE, MISE EN SAUMURE ET SÉCHAGE

Procurez-vous un filet épais de gibier pesant 300-500 g (10 oz à 1 lb 2 oz). Le plonger dans une saumure à 70% pendant 45 minutes — préparer cette saumure à raison de 220 g (7 ¾ oz) de sel pour chaque litre (4 tasses) d'eau. Après la mise en saumure, laisser s'égoutter le filet pendant 12 heures au moins sur une grille ou suspendu par une ficelle.

FUMAGE

Mettre la pièce de viande dans le fumoir à froid durant plusieurs jours (jusqu'à une semaine), à 15-24 °C/60-75 °F.

Avant d'être fumé à chaud, le gibier devrait être frotté d'huile d'olive ou de sésame (cette dernière lui donnera un agréable goût de noix). Fumer à chaud 1-2 heures, à 105 °C/220 °F.

MATURATION ET CONSOMMATION

Laisser « mûrir » le gibier durant 1 jour au moins (on peut le garder 6 mois au congélateur) puis le couper en tranches très fines, dans le sens contraire des fibres. Ce gibier est excellent servi avec des œufs cuits durs et une salade de betterave.

MAQUEREAU FUMÉ À CHAUD

Parce qu'ils ne restent parfaitement frais que pendant quelques heures après avoir été pêchés, les maquereaux ont mauvaise réputation. Toutefois, parce qu'ils sont très huileux, ils se prêtent particulièrement bien au fumage. Au moment de l'achat, choisissez des poissons à la chair ferme, aux yeux brillants et pêchés depuis moins de 24 heures.

Éviscérer parfaitement les poissons et éliminer les branchies et la grosse artère située le long de l'arête centrale. Plonger les poissons dans une saumure à 70% — 220 g (7 ¾ oz) de sel pour 1 litre (4 tasses) d'eau —, puis les faire sécher 4 heures dans un lieu frais et bien ventilé. Passer des bouts de ficelle à travers les yeux ou les branchies évidées des poissons, faire des boucles et suspendre les poissons.

Fumer les poissons à froid 8 heures, à 25 °C/75 °F, puis les mettre 1 ½ heure dans le fumoir à chaud, à 95 °C/203 °F. Le maquereau fumé se conserve jusqu'à une semaine au réfrigérateur et 6 mois au congélateur. Le maquereau fumé est excellent servi avec une Sauce au raifort (page 69). On peut aussi les servir lors d'un petit déjeuner ou d'un brunch avec des omelettes.

SOUFFLÉ AU MAQUEREAU FUMÉ

Voici une excellente façon de mettre à profit les maquereaux qu'on a soi-même fait fumer. **Donne 4 portions.**

400 ml (1 ⅗ tasse) de lait
40 g (1 ½ oz) de beurre
40 g (1 ½ oz) de farine tout usage
50 g (2 oz) de cheddar, râpé
6 œufs, jaunes et blancs séparés
Une pincée de muscade
Sel
Une bonne pincée de poivre blanc, frais moulu
5 ml (1 c. à thé) de paprika
15 ml (1 c. à soupe) de persil plat, haché
15 ml (1 c. à soupe) de Sauce au raifort (page 69)
200 g (7 oz) de maquereau fumé (voir page de gauche), tranché en filet puis réduit en flocons
Un plat à soufflé d'une capacité de 1 ½ litre (6 tasses)

- Préchauffer le four à 180-190 °C/350-375 °F/Gaz 4-5.
- Beurrer le plat à soufflé.
- Faire chauffer le lait dans une casserole et, dans une autre, faire fondre le beurre. Incorporer la farine au beurre pour en faire une pâte. Ajouter le lait chaud, petit à petit, en battant bien le mélange de manière à obtenir une sauce bien lisse. Ajouter le fromage et le faire fondre dans la sauce.
- Retirer la sauce du feu, y incorporer les jaunes d'œufs, la muscade, le sel, le poivre, le paprika, le persil, la sauce au raifort et le maquereau. Bien mélanger le tout.
- Battre les blancs d'œufs légèrement, puis les incorporer délicatement à la sauce, petit à petit.
- Verser le mélange dans le plat à soufflé et faire cuire au four 20 minutes jusqu'à ce que le soufflé soit levé et d'un beau brun doré. Servir aussitôt.

TRUITE FUMÉE

La truite fumée est un mets très fin. La truite brune et la truite arc-en-ciel se prêtent particulièrement bien au fumage.

PESAGE, MISE EN SAUMURE ET SÉCHAGE

Éviscérer les poissons, enlever la grosse artère située le long de l'arête centrale puis les peser. Les faire tremper dans une saumure à 70% (voir page 77) pendant 1 heure, puis passer des bouts de ficelle à travers les branchies et les nouer en boucles. Suspendre les poissons et les faire sécher 2 heures. Afin que les flancs du poisson restent ouverts durant le séchage et le fumage, y insérer des cure-dents ou des allumettes de bois (après en avoir enlevé le bout soufré).

FUMAGE

Fumer les poissons à froid entre 8 et 10 heures puis à chaud pendant 1 ½ heure à environ 82 °C/180 °F et pas plus que 90 °C/195 °F. Les poissons devraient peser environ 15% de moins qu'au moment où ils venaient d'être éviscérés.

RIZ À LA TRUITE FUMÉE, AUX ASPERGES ET AU SAFRAN

Voici un plat délicat et très réconfortant à servir lors d'un brunch de fin de semaine. **Donne 4 portions.**

2 échalotes, émincées
2 gousses d'ail, hachées
10 ml (2 c. à thé) de graines de moutarde
50 g (2 oz) de beurre non salé
300 g (10 ½ oz) de riz à risotto
600 ml (2 ⅖ tasses) de bouillon de poulet
4 clous de girofle
Une pincée de safran
150 g (5 oz) d'asperges tendres, tranchées
300 g (10 ½ oz) de filet de truite fumée, réduit en flocons
2 œufs cuits durs, hachés
150 ml (⅗ de tasse) de crème fraîche
Sel
Une pincée de poivre blanc

- Faire frire les échalotes, l'ail et les graines de moutarde dans le beurre, à feu modéré, 4-5 minutes.
- Ajouter le riz et bien mélanger. Ajouter le bouillon de poulet puis les clous de girofle, le safran et les asperges. Faire mijoter jusqu'à ce que le bouillon ait été absorbé et que le riz soit *al dente*.
- Incorporer la truite, l'œuf et la crème fraîche.
- Saler et poivrer au goût, et servir aussitôt.

MOULES ET HUÎTRES FUMÉES

Les unes comme les autres sont délicieuses servies sur des tranches de pain grillées, beurrées, et bien chaudes.

PRÉPARATION

Brosser énergiquement les coquilles sous l'eau froide courante puis enlever les barbes des moules. Faire cuire les moules et les huîtres à la vapeur 10 minutes. Jeter les coquillages qui ne se sont pas ouverts.

MISE EN SAUMURE ET SÉCHAGE

Détacher la chair des coquillages en en éliminant tous les débris. Faire tremper les mollusques 30 secondes, ou moins, dans une saumure à 70% (voir page 77), les étaler sur des grilles à mailles fines puis les laisser s'égoutter et sécher 30 minutes dans un lieu frais et bien ventilé.

FUMAGE

Les huîtres doivent être fumées à chaud sur des grillages pendant 20-30 minutes, à 85 °C/185 °F (selon leur grosseur). Pour s'assurer qu'elles sont uniformément fumées, les retourner à mi-temps de l'opération. Procéder de la même manière pour les moules, mais en ne comptant que 20 minutes de fumage.

ENTREPOSAGE

Les moules ou les huîtres fumées se conservent jusqu'à une semaine au réfrigérateur (dans un contenant hermétique).

BROCHETTES DE CREVETTES ET D'HUÎTRES FUMÉES

Nous nous servons dans cette recette de crevettes tigrées, mais vous pouvez aussi utiliser tout autre gros crustacé charnu. Cette recette est particulièrement savoureuse faite avec des huîtres légèrement fumées, mais on peut également la faire avec des huîtres fraîches. Enfiler alors les ingrédients indiqués sur des brochettes, les passer dans le fumoir à chaud pendant quelques minutes, puis les saisir et faire griller sur le barbecue ou au gril. Il faut se servir de brochettes d'au moins 30 cm (12 po) de long.

Donne 2 portions.

1 courgette, coupée en dés
6 gros pleurotes
6 grosses crevettes crues
6 grosses huîtres, légèrement fumées (voir ci-contre)
30 ml (2 c. à soupe) d'huile d'olive
2 gousses d'ail, hachées
Le jus de ½ citron
Une pincée d'herbes de Provence
Sel et poivre

- Mélanger délicatement tous les ingrédients dans un grand bol.
- Enfiler les ingrédients sur les brochettes en les pressant bien les uns contre les autres.
- Faire rôtir les brochettes sur le barbecue ou au gril 4-5 minutes de chaque côté.
- Servir sur du riz ou avec du pain pita et de la sauce au piment.

PIZZA AUX MOULES FUMÉES ET AU CHEDDAR

Voici une recette de pizza peu orthodoxe, mais non moins délicieuse. **Donne 2-4 portions.**

PÂTE :

450 g (1 lb) de farine à pâtisserie extra-fine
10 ml (2 c. à thé) de sel
5 ml (1 c. à thé) de levure sèche
30 ml (2 c. à soupe) d'huile d'olive
300 ml (1 ⅕ tasse) d'eau

GARNITURE :

150 ml (⅗ de tasse) de Coulis de tomates (page 195)
60 g (2 ½ oz) de Tomates semi-séchées (page 28)
200 g (7 oz) de vieux cheddar, râpé
30 ml (2 c. à soupe) de bacon fumé (pancetta), coupé en petits cubes (voir page 70)
40 moules fumées (voir page 81)
5 ml (1 c. à thé) de paprika
Quelques feuilles d'estragon frais
Poivre noir, frais moulu

- Préparer la pâte à la main ou au robot culinaire. Tamiser la farine dans un grand bol et incorporer le sel et la levure.
- Incorporer l'huile d'olive et l'eau avec une grande cuiller. Mettre la pâte sur une surface enfarinée et la pétrir jusqu'à ce qu'elle soit lisse. Mettre la pâte dans un bol, puis la couvrir d'un linge humide et la garder au chaud.
- Une heure plus tard, une fois la pâte levée, la pétrir de nouveau pendant 1 minute, puis la couper en 2 boules et en congeler une.
- Mélanger le coulis et les tomates semi-séchées et les faire mijoter durant 15 minutes pour que le coulis s'épaississe.
- Préchauffer le four à 230 °C/450 °F/Gaz 8.
- Abaisser la pâte peu à peu en se servant de farine pour l'empêcher de coller. (Pour le choix du médium de cuisson, voir la recette de Pissaladière de la page 31.)
- Étendre le mélange de tomates sur la pâte et saupoudrer de cheddar râpé.
- Ajouter une mince couche de bacon fumé, les moules et le paprika.
- Mettre la pizza dans la partie la plus chaude du four et la faire cuire 10-15 minutes ou jusqu'à ce qu'elle soit dorée.
- Garnir la pizza d'estragon et de plusieurs tours de poivre noir et servir.

HUÎTRES FUMÉES CROQUANTES AUX GRAINES DE SÉSAME

Si on n'aime pas les huîtres fraîches, on peut toujours les manger fumées. Le fumage préserve leur riche saveur «marine» tout en les rendant plus fermes, mais sans en compromettre la tendreté. On peut les servir sur du pain grillé et beurré, mais aussi dans des recettes orientales comme la suivante. **Donne 2 portions.**

SAUCE À TREMPETTE :

10 ml (2 c. à thé) de miel
10 ml (2 c. à thé) de graines de sésame, rôties à sec à feu moyen
Le jus de 1 lime
15 ml (1 c. à soupe) d'huile de sésame
15 ml (1 c. à soupe) de sauce tamari
10 ml (2 c. à thé) de gingembre, finement haché
2 oignons verts, finement hachés
1 branche de coriandre, hachée

HUÎTRES :

Huile végétale (pour la friture)
8 huîtres, légèrement fumées (voir page 81)
30 ml (2 c. à soupe) de farine tout usage
1 œuf, légèrement battu
50 g (2 oz) de chapelure moyenne
15 ml (1 c. à soupe) de graines de sésame

- Pour faire la sauce à trempette, mélanger tous les ingrédients indiqués et bien les battre.
- Faire chauffer l'huile dans une casserole ou une friteuse, à 180 °C/365 °F.
- Enrober les huîtres de farine puis d'œuf battu. Mélanger les graines de sésame et la chapelure pour en enrober les huîtres.
- Faire frire et dorer les huîtres dans l'huile et les servir aussitôt avec la sauce à trempette.

SAUCISSES

Le mot saucisse vient du latin *salsus* qui signifie « salé ». Toutefois, cela ne veut pas dire que ce sont les Romains qui ont inventé les saucisses. Déjà, il y a cinq mille ans, les Sumériens en fabriquaient en Mésopotamie. Deux mille ans plus tard, Homère en faisait mention dans l'Odyssée :

« Nous avons sur le feu, pour le repas du soir, ces estomacs de chèvre que nous avons bourrés de graisses et de sang ; pour prix de son exploit, le vainqueur choisira quelqu'un de ces boudins et s'en ira le prendre. » (Chant XVIII, traduction de Victor Bérard)

Il est possible que la première saucisse jamais inventée fut un haggis, c'est-à-dire une panse de mouton farcie de la fressure de l'animal, d'avoine et d'assaisonnements, puis qu'on a fait cuire. Aujourd'hui, parce que c'est le plat national écossais, on croit, à tort, que ce plat est originaire de ce pays. En fait, le mot « haggis » était déjà utilisé en Angleterre au XVe siècle. Il serait donc plus juste de dire que les Écossais sont le seul peuple à ne pas avoir abandonné cette tradition.

Si les saucisses peuvent bien se conserver et aussi longtemps, c'est que leur peau, habituellement faite avec les intestins de certains animaux, sert de barrière contre les micro-organismes nuisibles présents dans l'air. Pour tenir ceux-ci à distance, on se sert également, pour la préparation des boyaux de certaines saucisses, de divers produits aux propriétés isolantes ou antiseptiques (huile, cendres, herbes ou piments). Ces produits agissent à l'intérieur des saucisses comme agents antibactériens, aidés souvent en cela par le processus de fermentation (c'est le cas des salamis). Finalement, les saucisses sont fumées ou séchées à l'air, ce qui en prolonge la durée de conservation.

Si les Anglais font grand cas des saucisses, ce sont les Allemands qui sont les maîtres en ce domaine, car ils fabriquent autant de types de saucisses qu'il y a de jours dans l'année. Ces types peuvent être divisés en quatre grandes catégories : saucisses cuites, crues, à frire ou variées.

Il existe un grand nombre de variétés de saucisses de toutes provenances : andouille, boudin, chorizo, de Francfort, saucisson à l'ail, merguez, napolitaine, pepperoni, salami, de Toulouse, viennoise, *weisswurt*, *zampone*, etc.

PRINCIPES DE FABRICATION DES SAUCISSES

Pratiquée dans les bonnes conditions, la fabrication des saucisses est peut-être la plus gratifiante de toutes les techniques de conservation des aliments. C'est vraiment un grand plaisir de créer chez soi un produit dont on sait qu'il pourrait être vendu dans une charcuterie fine, surtout quand celui-ci a meilleur goût, grâce aux ingrédients qu'on y a mis, supérieurs à tous ceux qu'on pourrait y trouver. Du début à la fin, la fabrication des saucisses est une entreprise exigeante. Mais si on sait y mettre le temps et les soins nécessaires et si on sait patienter tout le temps que dure le processus de maturation des saucisses, alors tous nos efforts seront récompensés.

POUR L'AMOUR DE L'HYGIÈNE

Pour préparer les saucisses vendues sur le marché, on se sert trop souvent de sous-produits de viande d'une qualité douteuse. Tout comme le choix judicieux des ingrédients, l'hygiène est capitale dans la fabrication des saucisses. En hachant les viandes destinées à entrer dans la chair à saucisse, on les expose à tous les micro-organismes présents dans le milieu environnant et c'est pourquoi il faut toujours procéder avec la plus grande vigilance. Il faut donc toujours « travailler » avec des viandes préalablement refroidies, ce qui les rend plus faciles à manipuler et réduit les risques d'infection. Il faut aussi s'assurer que tout ce qui vient en contact avec elles a été scrupuleusement nettoyé. Si on fait des saucisses crues, il faut s'assurer qu'elles sont parfaitement cuites avant de les consommer. Si on fait des saucisses séchées ou semi-séchées, il faut se rappeler qu'elles resteront suspendues à l'air libre pendant un certain temps. Il est donc nécessaire, pour que les produits restent parfaitement comestibles en tout temps, d'y ajouter les agents de conservation (ou dans le cas des produits fermentés, les ferments) indiqués. Il faut ensuite, pendant la longue maturation des saucisses, veiller à ce que les conditions dans lesquelles on les garde restent constantes. Juste un peu trop de chaleur ou d'humidité et vous risquez de perdre les fruits de tous vos efforts d'un seul coup. Comme on peut s'en rendre compte, la fabrication des saucisses est toute une entreprise et la fierté que vous éprouverez en coupant le premier salami que vous aurez vous-même préparé sera à l'image de l'amour et de l'attention que vous lui aurez prodigués. Vous l'apprécierez d'autant plus que vous saurez à quel point le processus aurait facilement pu déraper. Mais ne vous laissez pas arrêter par ces nombreuses mises en garde, puisque nous avons testé et « retesté » toutes les recettes proposées de manière à vous éviter toute mauvaise surprise.

Malheureusement, faute de place, nous ne pouvons qu'effleurer un sujet qui relève de la plus grande spécialisation. Avec un peu de chance, peut-être aurez-vous envie, après avoir réussi une ou deux des recettes que nous vous proposons, d'explorer plus avant le vaste monde de la charcuterie. Peut-être même vous faudra-t-il investir dans des équipements plus spécialisés. Entre-temps, une fois que vous vous serez procuré des boyaux, vous pourrez vous servir de l'équipement de cuisine que vous possédez déjà même si l'achat d'un hache-viande ou d'un robot culinaire équipé d'un poussoir peut s'avérer très utile.

BOYAUX

En ce qui concerne les boyaux, on a le choix entre se servir de boyaux naturels ou artificiels. L'approche traditionnelle consiste, bien sûr, à se servir de boyaux naturels qui sont préparés à partir des intestins de vache, de porc ou de mouton. Ils exigent une longue préparation, ce qui ne peut qu'ajouter au plaisir de fabriquer soi-même ses saucisses ou ses saucissons. Ils ont l'avantage d'être perméables à la fumée, assez élastiques et comestibles (même si les boyaux de bœuf manquent de tendreté et sont souvent enlevés des saucisses au moment de les manger). L'autre possibilité consiste à se servir de boyaux artificiels. Ces boyaux sont faits de collagène reconstitué et sont uniformes, comestibles et de tailles différentes, mais ils sont moins flexibles que les boyaux naturels. Contrairement aux boyaux naturels, il faut absolument éviter de les mouiller. Les manufacturiers se servent beaucoup de boyaux en fibres ou en plastique, mais comme ceux-ci ne sont pas comestibles nous avons décidé de ne pas en traiter dans ce livre. Il est plus facile de se procurer des boyaux naturels qu'on le croit généralement. Si vous tapez le mot boucherie sur Internet (de pair avec le nom d'une grande ville située près de chez vous), vous trouverez probablement toute l'information qu'il vous faut. Au besoin, consultez un boucher sur le sujet. (Voir Adresses utiles, page 218.)

Boyaux naturels

Les boyaux naturels les plus employés dans la fabrication des saucisses sont ceux de mouton, de porc et de bœuf. Les boyaux de mouton sont fins et assez fragiles et d'un diamètre d'environ 15-25 mm (⅔-1 po). Ils se prêtent bien à la confection de petites saucisses fraîches (à cuire), mais sont trop petits pour faire des saucisses séchées. Les boyaux de porc sont un peu plus gros et ont un diamètre d'environ 30-45 mm (1 ¼/1 ¾ po). On peut s'en servir pour les saucisses autant fraîches que séchées. Pour faire un saucisson à l'ail ou un salami, il faut se servir de boyaux de bœuf dont le diamètre varie entre 45 et 100 mm (1 ¾ et 4 ¼ po).

Peu importe le type de boyaux qu'on utilise, il faut les séparer au moment de l'achat puis les nettoyer à fond et les faire tremper quelques minutes en eau froide. Il faut changer l'eau de trempage puis remplir un évier parfaitement propre de 10-15 cm (4-6 po) d'eau froide et y mettre les boyaux. Il faut ensuite faire couler de l'eau froide du robinet dans chaque boyau. Cela permet de savoir quels boyaux sont percés (donc inutilisables). Il faut ensuite laisser les boyaux dans l'eau jusqu'au moment de s'en servir.

HACHAGE

La viande utilisée dans les saucisses doit être, selon la recette suivie, finement ou grossièrement hachée. D'une manière ou d'une autre, il est recommandé de se procurer un hache-viande en fonte équipé de lames et d'un poussoir. On peut toujours demander à son boucher de faire ce travail pour nous.

TRAITEMENT

Combien de temps faut-il traiter les saucisses avant qu'elles soient prêtes pour la consommation ? Avec les saucisses fraîches, du fait qu'on se sert pour les fabriquer de produits aux propriétés antiseptiques comme le sel, les herbes et les épices et qu'elles seront consommées rapidement, le problème est de moindre importance. En revanche un bon traitement des saucisses séchées qui auront une longue durée de conservation est d'une grande importance. Toutefois, comme les produits utilisés dans leur traitement peuvent poser certains problèmes pour la santé, il faut savoir s'en servir judicieusement.

D'un côté, nous sommes de plus en plus mal à l'aise à l'idée de nous servir d'agents de conservation chimiques (additifs) dans notre alimentation. Les plus employés dans la fabrication commerciale des saucisses, comme le salpêtre (nitrate de potassium), le nitrate de sodium et le nitrite de sodium ont, depuis quelques années, mauvaise presse. D'un autre côté, les charcutiers se servent de salpêtre depuis si longtemps que la tradition se perpétue toujours. Nous sommes si habitués aux changements d'apparence et de goût que provoquent certains de ces agents de conservation que nous pouvons difficilement y renoncer ; sans compter que les risques de contamination étant omniprésents, il est toujours préférable de pécher par excès de prudence quand il est question d'inhiber la croissance des bactéries.

Précautions chimiques

Soumis à ces pressions contradictoires, les charcutiers de nombreux pays sont en même temps obligés et de se servir de nitrates ou de nitrites et de n'utiliser ceux-ci qu'en quantités limitées. C'est la solution médiane que nous vous suggérons d'adopter en utilisant des agents de conservation chimiques comme mesure de prudence, mais en dosant avec soin les quantités utilisées.

Si toute cette question vous cause des inquiétudes, voici quelques faits permettant de mettre les choses en perspective. Il faut d'abord savoir que pour mourir d'une dose de nitrate de potassium, il faudrait en consommer plus de 28 g (1 oz) ce qui, même avec la meilleure volonté du monde, est impossible à faire. Il faut ensuite prendre les mesures qui s'imposent pour éviter de s'empoisonner et d'empoisonner ses proches. Et puis, il faut se dire que le sel est un agent de conservation chimique au même titre que le salpêtre dont on se sert pourtant en grandes quantités dans la fabrication des saucisses. Par mesure de précaution, nous ne vous proposons donc que deux recettes où l'on doit, compte tenu de la longue durée de conservation qu'on veut leur donner, se servir de salpêtre (ou d'un autre agent de conservation). Ce sont le Salami au paprika (page 90) et le Saucisson à l'ail (page 93). On pourrait toujours fabriquer ces aliments sans agents de conservation, mais ce serait courir des risques inutiles.

Une bonne façon de se rassurer sur l'utilisation des agents de conservation chimiques consiste à les acheter (en mélanges préparés d'avance) chez un fournisseur de produits de boucherie (voir Adresses utiles, page 218). Parmi ces mélanges, la poudre de Prague n° 2 est très utilisée dans la fabrication des saucisses séchées. Inutile de dire qu'il faut suivre à la lettre les indications du fabricant.

AGENTS DE FERMENTATION (FERMENTS)

Certaines parmi les meilleures saucisses doivent leur texture et leur goût à leur fermentation interne. On trouvera plus d'informations sur le sujet plus loin dans le livre (page 140). Disons seulement pour l'instant que ce sont les bactéries produisant de l'acide lactique qui sont à l'origine de cette fermentation et que ce sont donc elles qui, tout en tenant les bactéries nuisibles à distance, donnent leur goût si particulier, et si délicieux, à ces saucisses ou saucissons. Autrefois, les gens se fiaient aux techniques qu'ils connaissaient déjà — et au hasard — pour voir apparaître les micro-organismes responsables de la maturation de leurs saucisses. Une fois qu'ils avaient obtenu un beau produit fini, ils s'en servaient pour « contaminer » les saucisses fraîchement préparées et ce même s'ils n'avaient aucune idée des mécanismes naturels en jeu.

Ferments

La façon actuelle de procéder consiste à se servir d'un agent spécial (culture bactérienne) pour amorcer la fermentation d'un produit. On peut se procurer un de ces agents de fermentation séchés à froid (lyophilisés) chez un fournisseur en produits de charcuterie (voir Adresses utiles, page 218). Ces agents peuvent se conserver jusqu'à 6 mois au congélateur. Un des agents producteurs d'acide lactique qu'il est facile de se procurer est la poudre d'acidophile vendue dans certains magasins d'aliments naturels. Si on l'achète sous forme de comprimés, il faut broyer ceux-ci au mortier avant de s'en servir. Deux de nos recettes (le Salami au paprika et le Saucisson à l'ail) font appel à ce produit même si on peut le remplacer par un agent de fermentation commercial si on préfère.

Au moment de s'en servir, il faudra délayer l'agent de fermentation dans un peu d'eau chaude avant de l'incorporer à la chair à saucisse. Pour amorcer le processus de fermentation, il faut suspendre les saucisses séchées dans un lieu chaud pendant 24 heures, à 30 °C/86 °F, avant de les garder dans un lieu frais tout le temps de leur maturation.

REMPLISSAGE

Vous devrez procéder au remplissage des saucisses selon l'équipement que vous possédez. Vous pouvez farcir les boyaux de chair à saucisse avec un poussoir, une douille de remplissage ou même, à la limite, avec les mains, mais il est plus facile de procéder avec un appareil mécanique équipé d'un poussoir (certains modèles de robots culinaires en sont équipés). D'une manière ou de l'autre, faire un nœud à l'extrémité d'un boyau puis installer délicatement l'autre extrémité du boyau sur le bec du poussoir graissé. Procéder alors au remplissage. Si vous utilisez des boyaux naturels, gardez-les mouillés tout le temps. Il est indiqué de garder un bol d'eau tiède à la main de manière à pouvoir s'y rincer les doigts.

À mesure que se remplissent les boyaux, assurez-vous que la chair à saucisse y soit uniformément pressée. Toutefois, de manière à éviter que ceux-ci n'éclatent, évitez de trop les remplir. Une fois que les saucisses ont la longueur voulue, traitez-les différemment selon que vous faites des saucisses fraîches ou séchées. S'il s'agit de saucisses fraîches, tordez le boyau rempli sur lui-même et procédez au prochain remplissage. Si vous faites des saucisses séchées, coupez le boyau près de la douille et nouez-en l'extrémité. Nouez ensuite une ficelle autour du premier nœud que vous garderez assez longue pour en faire une boucle qui servira à suspendre la saucisse.

SUSPENSION ET ENTREPOSAGE

Une fois le remplissage de vos saucisses terminé, peut-être vous faudra-t-il, pour éviter la formation de poches d'air, les percer ici et là avec une épingle ou la pointe d'un couteau.

Pour amorcer le processus de fermentation, les saucisses fermentées doivent être suspendues dans un lieu chaud pendant 24 heures. Un séchoir peut s'avérer très utile (voir page 14). Les saucisses seront ensuite suspendues dans un lieu frais pour mûrir. Certaines variétés de saucisses ne sont fumées qu'à froid.

N'importe quel lieu peut servir à condition qu'il soit bien aéré et que la température n'y dépasse jamais 15 °C/60 °F. Vous pouvez obtenir une tringle où suspendre les saucisses en plaçant un manche à balai sur les dossiers de deux chaises placées à une certaine distance l'une de l'autre, en prenant soin de placer sous les saucisses un plateau où le liquide s'égouttera. Pour diminuer les risques de contamination, assurez-vous que les saucisses ne sont jamais en contact les unes avec les autres.

Les saucisses à cuire se conservent jusqu'à 3 mois au congélateur. Les saucisses séchées se gardent presque indéfiniment au réfrigérateur, mais doivent, une fois entamées, être consommées en l'espace de 3 semaines.

SALAMI AU PAPRIKA

Les Hongrois sont les grands maîtres du salami au paprika, apprêté avec une épice dont ils font par ailleurs une grande consommation. Elle donne en même temps beaucoup de douceur et de piquant à leurs salamis.

1 kg (2 ¼ lb) d'épaule de porc, grossièrement hachée
300 g (10 ½ oz) de gras de dos de porc, coupé en petits cubes
7,5 ml (1 ½ c. à thé) de paprika
5 ml (1 c. à thé) de poivre noir, frais moulu
35 g (1 ¼ oz) de sel
2,5 ml (½ c. à thé) de piment de Cayenne
5 ml (1 c. à thé) de graines de carvi
1 ml (¼ c. à thé) de salpêtre (ou un autre agent de conservation commercial, en respectant les quantités indiquées par le fabricant)
1 ml (¼ c. à thé) de poudre d'acidophile (ou un autre ferment, en respectant les quantités indiquées par le fabricant)
Boyaux de bœuf de 50-80 mm (⅔ po) de diamètre (ou les plus gros boyaux de porc qu'on peut trouver)

- Mélanger le porc haché et le gras, puis leur incorporer le paprika, le poivre noir, le sel, le piment de Cayenne, les graines de carvi et le salpêtre (ou un autre agent de conservation commercial utilisé). Ajouter le ferment après l'avoir délayé dans 15 ml (1 c. à soupe) d'eau. Bien mélanger tous les ingrédients.
- Pousser le hachis dans les boyaux. Si vous vous servez de boyaux de porc, les salamis seront plus minces et mûriront plus rapidement. Ceux-ci devraient mesurer environ 30 cm (12 po) de long.
- La prochaine étape consiste à faire incuber les salamis. De manière à amorcer le processus de fermentation, il faut les suspendre dans un lieu chaud, à environ 30 °C/86 °F, pendant 24 heures. On peut se servir à cette fin d'un séchoir (voir page 14) mais en en laissant la porte ou le couvercle entrouvert de manière à y maintenir la bonne température. Il faut placer une grande bassine d'eau à l'intérieur du séchoir pour garder l'air humide.
- Les salamis doivent ensuite être fumés à froid pendant 2 jours à une température ne dépassant pas 22 °C/72 °F. Le bois de hêtre leur donnera une saveur agréable. En mûrissant, les salamis prendront une belle couleur orange brûlé.
- Vous pouvez à présent suspendre les salamis. Pour cela, choisissez un lieu frais et aéré où la température n'excédera jamais 12 °C/54 °F et gardez-les ainsi pendant au moins 2 mois si vous utilisez des boyaux de porc et 4 mois si vous vous servez de boyaux de bœuf. Durant cette période, inspectez régulièrement les salamis. Si la chair d'un salami semble un peu lâche dans son boyau, pressez le saucisson et nouez-en une des extrémités. Ne vous étonnez pas si les salamis se couvrent d'une moisissure blanche. C'est le signe qu'ils sont bien fermentés.
- Les salamis sont prêts à consommer quand ils sont fermes et ont l'air sec. Les personnes qui les préfèrent plus secs encore, n'ont qu'à les laisser plus longtemps dans les mêmes conditions. Une fois qu'ils ont atteint le degré de dessiccation désiré, vous pouvez ralentir leur durcissement en frottant leur surface avec un linge, puis les rouler dans de la cendre de bois.
- Lorsqu'ils sont prêts, gardez-les dans un cellier très frais ou au réfrigérateur. Une fois entamés, consommez-les dans un délai d'un mois.

SAUCISSES DE PORC DE TAPLOW

Cette recette montre la facilité avec laquelle on peut créer sa propre recette de saucisse. On peut fumer ou non ces saucisses. Si on préfère les garder fraîches, il faut les conserver au réfrigérateur et les consommer en moins d'une semaine.

1,5 kg (3 lb 5 oz) de ventre de porc gras, grossièrement haché
15 ml (1 c. à soupe) de sel
5 gousses d'ail, hachées
10 ml (2 c. à thé) de graines de carvi
5 ml (1 c. à thé) de poivre noir, concassé
30 ml (2 c. à soupe) de vinaigre de sherry
2,5 ml (½ c. à thé) de clou de girofle moulu
7,5 ml (½ c. à soupe) de sauge séchée
15 ml (1 c. à soupe) de bitter à base d'angustura
Boyaux de porc de 35 mm (1 ⅓ po) de diamètre

- Mélanger tous les ingrédients et les garder au réfrigérateur toute la nuit.
- Préparer les boyaux de porc en les faisant tremper dans l'eau puis en y faisant couler de l'eau froide courante pour les nettoyer. Farcir les boyaux de chair à saucisse en tordant le boyau sur lui-même au fur et à mesure, de manière à obtenir des saucisses de 10-12 cm (4-5 po) de long.
- Laisser celles-ci dans un lieu frais pendant 24 heures, puis les suspendre ou les étaler sur une grille et les garder ainsi dans un lieu frais et bien ventilé 24 heures de plus.
- À ce stade, on peut, si on le désire, fumer les saucisses à froid, dans le séchoir conçu à cette fin, entre 6-12 heures.
- Ces saucisses sont excellentes longuement rôties à feu doux et servies avec une purée de pommes de terre et du chou ou dans un sandwich.

SAUCISSON À L'AIL À LA FRANÇAISE

Voici la recette à faire quand on veut s'initier aux plaisirs de la fabrication des saucisses fermentées. Cinq jours après leur préparation, les saucissons commenceront à se couvrir d'une moisissure blanche, signe qu'ils libèrent l'acide lactique produit par leur fermentation (dont est responsable le *lactobacille acidophilus*). C'est cette précieuse bactérie qui est à l'origine des changements de goût dans la fabrication du fromage, de la bière et du pain au levain. Les tranches rosées et piquantes de ce saucisson facile à faire sont délicieuses dans les sandwiches et les salades

1 kg (2 ¼ lb) d'épaule de porc
300 g (10 ½ oz) de gras ferme de dos de porc
35 g (1 ¼ oz) de sel
5 ml (1 c. à thé) de poivre noir, concassé
5 ml (1 c. à thé) d'Herbes de Provence (page 20)
2,5 ml (½ c. à thé) de piment de Cayenne
Une bonne pincée de muscade
30 ml (2 c. à soupe) de brandy
5 gousses d'ail, finement hachées
1 ml (¼ c. à thé) de poudre d'acidophile (ou d'un autre ferment, en suivant les indications du fabricant)
1 ml (¼ c. à thé) de salpêtre (ou un autre agent de conservation commercial, en respectant les quantités indiquées par le fabricant)
Boyaux de bœuf

- Hacher l'épaule de porc avec la lame à trous moyens d'un hache-viande. (Si on ne possède pas cet instrument de cuisine, demander à son boucher de hacher la viande.) Couper le gras de dos de porc en petites lanières d'environ 20 mm/¾ po de long et 5 mm/¼ po de large.
- Mettre tous les ingrédients dans un grand bol et les mélanger à fond.
- Remplir les boyaux en faisant des saucisses de 30 cm/12 po de long et en attacher les bouts.
- Suspendre les saucissons dans un lieu chaud pendant 48 heures, soit dans un séchoir (voir page 14), soit au-dessus d'une cuisinière Aga.
- Les mettre ensuite dans un lieu frais (à une température constante d'environ 15 °C/60 °F) et les laisser vieillir pendant au moins 4 mois (quoiqu'il soit préférable d'attendre 6 mois). Les saucissons se conservent 3 mois ou plus au réfrigérateur, mais doivent, une fois entamés, être consommés en moins de 3 semaines.

CHORIZO

Les Espagnols sont, à juste titre, fiers de leur chorizo, mais les Latino-Américains savent aussi le faire et cette recette vient du Mexique. Ce chorizo se conserve peu de temps et, contrairement à d'autres variétés, doit être cuit avant d'être consommé.

1,5 kg (3 lb 5 oz) de ventre de porc gras, grossièrement haché
30 ml (2 c. à soupe) de *picante pimenton (paprika brûlant fait à partir de piments fumés)**
15 ml (1 c. à soupe) d'*achiote moulu (graines rouges d'*annatto*)**
50 ml (⅕ de tasse) de vinaigre de sherry
15 ml (1 c. à soupe) de sel
5 ml (1 c. à thé) de poivre noir, concassé
6 gousses d'ail, finement hachées
Boyaux de porc de 40 mm (1 ½ po) de diamètre

* Il est facile de se procurer du *pimenton* et de *l'achiote* dans une épicerie espagnole ou sud-américaine.

- Mélanger le porc haché avec les autres ingrédients et laisser reposer 24 heures dans un lieu frais.
- Remplir les boyaux en faisant de petites saucisses d'environ 10 cm (4 po) de long.
- Suspendre les saucisses et les faire sécher 48 heures dans un lieu frais et ventilé.
- Les saucisses se conservent jusqu'à 4 jours au réfrigérateur et 6 mois au congélateur.
- Pour un petit déjeuner mexicain complet, faire frire ou cuire au gril des chorizos et les servir avec des *huevos rancheros* (œufs à la sauce tomate piquante et au fromage râpé servis dans des tortillas tendres).

SALADE DE CHORIZO GRILLÉ ET DE CALMARS

Au premier coup d'œil, le mélange de ces deux ingrédients peut sembler étrange et pourtant le résultat final est délicieux. En Galicie, dans le nord-ouest de l'Espagne, on connaît cette recette depuis très longtemps.

Donne 2 portions.

1 poivron rouge
1 tête d'ail
15 ml (1 c. à soupe) de vinaigre balsamique
45 ml (3 c. à soupe) d'huile d'olive
Sel et poivre noir
2 pommes de terre moyennes, coupées en cubes de 2 cm (¾ po), puis laissées à mijoter 10 minutes
½ aubergine, coupée en dés
Quelques brins de romarin
150 g (6 oz) de petits calmars
Jus de citron
Paprika
150 g (6 oz) de chorizos, coupés en deux sur le long
Feuilles de radicchio (chicorée de Vérone)

- Faire carboniser le poivron à four chaud (220-230 °C/ 425-450 °F/Gaz 7-8) 30 minutes. Le mettre ensuite dans un sac de plastique puis, une fois refroidi, le peler et l'épépiner.
- Prendre la tête d'ail, en couper l'extrémité et la mettre sur du papier d'aluminium. Arroser l'ail d'un peu d'huile, puis l'envelopper et le faire cuire au four en même temps que le poivron. Laisser refroidir la tête d'ail, puis extraire la pulpe des gousses en pressant celles-ci avec les doigts.
- Traiter le poivron au mélangeur avec le vinaigre, 15 ml (1 c. à soupe) d'huile, un peu de sel et de poivre.
- Faire sauter les pommes de terre, l'aubergine et le romarin dans 30 ml (2 c. à soupe) d'huile jusqu'à ce qu'ils soient bien dorés, puis les saler au goût.
- Assaisonner les calmars de jus de citron, de sel, de poivre et de paprika, et les faire rôtir au gril avec les chorizos jusqu'à ce qu'ils soient croquants.
- Mélanger tous les ingrédients, assaisonner et servir.

SAUCISSES ITALIENNES

On peut, pour donner plus de goût à ces saucisses, se servir de viande de ventre de porc contenant 35 % de gras. On peut aussi se servir de boyaux de porc ou de bœuf de 40-80 mm (1 ½-3 po) de diamètre.

POUR CHAQUE KILO (2 ¼ LB) DE VIANDE IL FAUT COMPTER :

30 g (1 oz) de sel
15 ml (1 c. à soupe) de paprika brûlant
7,5 ml (½ c. à soupe) de graines de fenouil

- Pétrir tous les ingrédients ensemble, puis leur ajouter quelques gouttes d'eau pour ramollir la viande et en libérer les saveurs. Couvrir le mélange d'un linge et laisser reposer dans un lieu frais 12 heures (mais pas au réfrigérateur). Au bout de ce temps, pétrir de nouveau le mélange.
- Préparer les boyaux (en les arrosant de jus de citron, au goût), puis les remplir. Chaque saucisse devrait mesurer environ 15-20 cm (6-8 po) de long.
- Percer chaque saucisse avec une aiguille en plusieurs endroits pour permettre à l'eau de s'en échapper. Les suspendre horizontalement pendant 24 heures dans un lieu frais et bien ventilé.
- Fumer les saucisses à froid 24-36 heures, puis les garder suspendues dans le fumoir pendant 20 jours ou jusqu'à ce qu'elles soient prêtes. La température ne doit jamais dépasser 15 °C/60 °F. Essuyer les saucisses avec un linge et les sceller sous vide ou les garder dans de l'huile d'olive.
- Ces saucisses sont foncées et piquantes. Tranchées finement, elles sont excellentes servies avec du pain au levain et de l'huile d'olive.

SALADE AUX SAUCISSES ITALIENNES

Une salade typiquement italienne à déguster avec de la ciabatta. **Donne 4 portions.**

250 g (9 oz) de tomates cerises
Un peu d'huile d'olive
Un peu de vinaigre balsamique
1 poivron rouge moyen
200 g (7 oz) de saucisses italiennes fumées, coupées en petits dés
150 g (5 oz) de mozzarella de bufflonne, coupée en dés
100 g (3 ½ oz) de feuilles de radicchio, déchiquetées
30 olives noires, dénoyautées
100 ml (⅖ de tasse) de purée de basilic
Le jus de ½ citron
15 ml (1 c. à soupe) de vinaigre balsamique
Sel et poivre noir, frais moulu
8 tranches de ciabatta, lentement grillées au four, 15-20 minutes, à 165 °C/ 325 °F/Gaz 3

- Arroser les tomates d'un peu d'huile d'olive et de vinaigre balsamique puis les faire rôtir au four, à 190 °C/375 °F/Gaz 5 durant 30 minutes.
- Accroître la chaleur du four à 220 °C/425 °F/Gaz 7 et y faire griller le poivron 20 minutes environ. Peler, épépiner et trancher le poivron (voir page 94).
- Mélanger tous les ingrédients (sauf le dernier). Servir aussitôt la salade ou la garder au réfrigérateur dans un contenant hermétique jusqu'au moment voulu.
- Servir la salade avec la ciabatta grillée.

SAUCISSES DE FRANCFORT

Même si les habitants de Frankfurt am Mein ont récemment fêté le 500e anniversaire de leur célèbre saucisse locale, ce n'est qu'au XIXe siècle que fut créé en Allemagne le produit que nous connaissons aujourd'hui sous ce nom. Voici la recette originale (à base de porc et non de bœuf) de cette saucisse mondialement connue.

800 g (1 ¾ lb) d'épaule de porc maigre
150 g (5 oz) de Bacon fumé (page 70)
7,5 ml (½ c. à soupe) de sel
2,5 ml (½ c. à thé) de poivre blanc moulu
2,5 ml (½ c. à thé) de macis
7,5 ml (½ c. à soupe) de paprika
½ oignon moyen (environ 50 g/2 oz)
75 ml (5 c. à soupe) d'eau
5 ml (1 c. à thé) de farine de maïs
Boyaux de porc de 35 mm (1 ½ po) de diamètre

- Mélanger les viandes et les épices et les traiter au mélangeur, par petites quantités à la fois, jusqu'à l'obtention d'une consistance lisse. Laisser reposer le mélange quelques heures au réfrigérateur.
- Réduire l'oignon en purée au mélangeur électrique, puis le faire chauffer dans une petite poêle avec l'eau et la farine de maïs en remuant constamment le mélange. Retirer le mélange du feu dès qu'il commence à épaissir. Le laisser refroidir et l'incorporer à fond au premier mélange.
- Préparer les boyaux et les remplir du mélange, en faisant de longues saucisses.
- Faire chauffer une casserole d'eau ou de bouillon de bœuf et y faire mijoter les saucisses dès qu'elles sont prêtes, 20 minutes environ.
- À ce stade, on peut retirer les saucisses du liquide de cuisson et les garder au réfrigérateur jusqu'à 5 jours. On peut aussi, comme les Allemands, les servir dans leur jus avec de la choucroute, de la moutarde douce et du pain. Les saucisses en trop peuvent être frites plus tard et servies dans des petits pains avec des oignons frits et du ketchup.
- Scellées sous vide (voir page 203), ces saucisses se conservent jusqu'à 3 semaines. On peut aussi les congeler jusqu'à 6 mois.

HOT DOGS

Faire frire les saucisses ou les cuire sur le barbecue 4-5 minutes. Une fois grillées, les fourrer dans des petits pains et les garnir de Choucroute (page 144), de Ketchup (page 102) et peut-être d'un peu de Relish aux maïs grillé (page 116). À déguster avec une grosse pile de serviettes à main tout près.

MARINADES

À cause de leur forte teneur en acide, les aliments marinés ont un goût piquant. Leur acidité, c’est ce qui nous donne cet agréable petit frisson quand nous croquons un cornichon ou un oignon mariné.

La macération dans une marinade donne de bons résultats parce que les microbes détestent l'acide. Bien qu'on appelle aujourd'hui « marinades » les aliment qu'on fait macérer dans le vinaigre, les premières marinades furent obtenues par fermentation (voir chapitre 7). Les bactéries qui apparaissent naturellement sur les concombres, les choux et les autres légumes qu'elles affectionnent transforment leurs sucres en acides lorsque les conditions s'y prêtent. C'est ce qui en assure une longue durée de conservation.

Exposé à l'air, l'alcool se transforme peu à peu en acide acétique, l'ingrédient actif du vinaigre. En Europe, au Moyen Âge, le vinaigre de malt était produit dans les régions brassicoles et le vinaigre de vin dans les vignobles du sud. À la même époque, les Japonais fabriquaient du vinaigre de riz. Les gens découvrirent rapidement que le vinaigre était un excellent agent de conservation des légumes et qu'il les gardait croquants. Jusqu'au XIXe siècle, on se servit aussi beaucoup, à cette fin, du verjus, jus non fermenté et très acide de raisin ou de pomme.

En Angleterre, les légumes marinés devinrent très populaires au XVIe siècle. Avec l'accroissement de la population, la demande pour des produits fermentés comme la bière ou le vin (et par ricochet les vinaigres de malt, de vin, de cidre, etc.) grandit de sorte que les produits salés en vinrent peu à peu à être considérés comme des plats de pauvres. Les oignons, les œufs et les noix de Grenoble furent parmi les premiers aliments à être marinés de sorte qu'on en trouve aujourd'hui encore dans certains pubs ou débits de fritures anglais.

Toutefois, le produit le plus mariné, si l'on peut dire, reste le concombre. Déjà, il y a 4 500 ans, les Mésopotamiens faisaient mariner des concombres dans la saumure. Aristote vantait les vertus cicatrisantes du concombre frais et Cléopâtre s'en servait comme cosmétique. Les concombres marinés étaient au menu d'un festin donné par le roi anglais Jean sans Terre au début du XIIIe siècle.

KETCHUP AUX TOMATES

On croit souvent que le ketchup a été inventé par les Américains mais en fait le *ke-tsiap* était à l'origine une sauce faite avec la saumure dans laquelle les habitants de la Chine et du sud-est de l'Asie faisaient mariner leurs poissons ou leurs légumes. Au XVIIe siècle, les marins anglais découvrirent et ramenèrent avec eux les secrets du *ke-tsiap*. Les Européens et les Américains commencèrent alors à fabriquer des ketchups à partir de saumures dans lesquelles ils faisaient mariner divers produits comme les champignons et les noix de Grenoble. Pour donner plus de corps à ces sauces, ils y ajoutaient divers produits de leur cru et ce jusqu'à l'introduction de la tomate vers la moitié du XIXe siècle.

Cette recette donne un ketchup moins sucré et moins épais que ceux que l'on vend sur le marché. Son goût est à la fois plus rond et plus épicé. Si vous lui donnez la texture voulue, en le faisant mijoter longtemps, les enfants en raffoleront, « même s'il a été fait à la maison ».

Pour réussir un bon ketchup, il faut s'assurer que les tomates utilisées soient bien en chair, mûres et sucrées (éviter les tomates forcées et celles des supermarchés, surtout quand elles sont hors saison). Les tomates cerises coûtent cher (à moins de les cultiver soi-même), mais donnent d'excellents résultats. Le meilleur temps de l'année pour faire son ketchup, c'est bien sûr en automne quand on peut acheter des tomates des champs en grandes quantités, pour presque rien, dans les marchés publics.

POUR ENVIRON 1,6 KG (3 ½ LB) :

3 kg (6 ¾ lb) de tomates, hachées
150 ml (⅗ de tasse) de vinaigre de cidre
10 clous de girofle
4 gousses de cardamome
2,5 ml (½ c. à thé) de poivre blanc
2,5 ml (½ c. à thé) de macis
2,5 ml (½ c. à thé) de piment de la Jamaïque moulu
2,5 ml (½ c. à thé) de cannelle moulue
10 ml (2 c. à thé) de paprika semi-doux
75 g (3 oz) de sucre
10 ml (2 c. à thé) de sel
4 gousses d'ail, hachées
25 g (1 oz) de Tomates séchées, hachées (page 28)

- Mettre tous les ingrédients dans une grande casserole et porter à ébullition. Réduire le feu et faire mijoter la sauce jusqu'à ce qu'elle ait réduit du tiers, 2 heures environ. Remuer fréquemment.
- Passer la sauce dans un moulin à légumes, puis en vérifier la densité. Si on la trouve trop claire, on peut la laisser mijoter jusqu'à la consistance voulue ou l'épaissir avec un peu de fécule de maïs.
- Entreposer le ketchup dans des bouteilles stérilisées (voir page 164). Si on se sert de bouteilles scellées avec des bouchons de liège (voir aussi aux pages 189-190), tremper l'extrémité des bouteilles dans de la cire fondue, à plusieurs reprises, en laissant prendre chaque couche de cire le temps requis.
- Idéalement, il faut laisser vieillir le ketchup 8-10 mois au moins avant de commencer à le consommer. Une fois une bouteille entamée, la garder au réfrigérateur.
- Cet ketchup est excellent servi avec des œufs et du bacon.

KETCHUP AUX CHAMPIGNONS

Le ketchup aux champignons a une histoire plus longue que celle du ketchup aux tomates et donne un petit goût « victorien » aux plats. Cette recette donne un ketchup plus clair que le ketchup aux tomates. Le porto lui donne beaucoup de goût et de douceur. On peut se servir de ce ketchup dans les soupes, les sauces, les plats frits ou le classique pudding anglais à la viande de bœuf et aux rognons (*Steak-and-kidney pudding*).

POUR ENVIRON 800 ML (3 ⅕ TASSES) :

1,2 kg (2 lb 10 oz) de champignons tranchés (bolets, trompettes de la mort, portobello, etc.)
30 ml (2 c. à soupe) de sel marin
75 g (3 oz) de champignons séchés (bolets ou autres) (page 21)
4 échalotes, rôties avec une tête d'ail (voir ci-dessous)
Huile d'olive
100 ml (⅖ de tasse) de vinaigre balsamique
150 ml (⅗ de tasse) de vinaigre de vin blanc
200 ml (⅘ de tasse) de porto
25 g (1 oz) de sucre
3 feuilles de laurier fraîches
8 clous de girofle
2,5 ml (½ c. à thé) de poivre blanc moulu
2,5 ml (½ c. à thé) de gingembre, haché
2,5 ml (½ c. à thé) de piment de la Jamaïque moulu
Un peu de sauce soja

- Mélanger les champignons frais et le sel marin dans un grand bol, couvrir d'un linge et laisser 24 heures dans un lieu frais (mais pas au réfrigérateur).
- Faire tremper les champignons séchés 30 minutes dans assez d'eau froide pour les couvrir. Pendant ce temps, faire rôtir durant 30 minutes les échalotes non pelées et la tête d'ail dans un peu d'huile d'olive, au four, à 200 °C/400 °F/Gaz 6. Une fois prêts, les peler et réserver.
- Retirer les champignons réhydratés de l'eau avec une écumoire et les mettre dans une grande casserole. Filtrer le liquide de trempage et l'ajouter aux champignons.
- Ajouter le reste des ingrédients, porter à ébullition et faire mijoter 30 minutes. Laisser refroidir le tout, puis ramener à ébullition et faire cuire 30 minutes de plus.
- Passer le ketchup dans un moulin à légumes ou un mélangeur, le verser dans une casserole propre et porter à ébullition. Faire réduire le ketchup jusqu'à ce qu'il n'en reste que 800 ml (3 ⅕ tasses). (Pour s'assurer d'obtenir cette quantité, emplir la casserole qui sera utilisée pour la cuisson de 800 ml d'eau, faire une marque sur la paroi extérieure de la casserole au niveau de la ligne d'eau et enlever l'eau.)
- Verser le ketchup dans des bouteilles ou des pots stérilisés (à l'aide d'un entonnoir de plastique lui aussi stérilisé, autrement dit, stériliser les bouteilles ou les pots et l'entonnoir 10 minutes en eau bouillante — voir page 164). Si on se sert de bouteilles à bouchons vissés, couvrir l'intérieur de ceux-ci de rondelles de carton pour empêcher le ketchup d'entrer en contact direct avec le métal. Si on se sert de bouteilles à bouchons de liège, procéder comme aux pages 189-190.
- Laisser le ketchup « mûrir » dans un lieu frais 48 heures au moins avant de s'en servir. Le ketchup se conserve jusqu'à 6 mois et devient meilleur en vieillissant.

CITRONS MARINÉS

Les citrons marinés sont un des ingrédients essentiels des cuisines marocaine et nord-africaine. Ils donnent un parfum et un goût suaves aux tajines et aux salades, et accompagnent particulièrement bien l'agneau et le poulet. Une fois marinés, on peut en manger autant la pulpe que le zeste.

POUR UN POT DE 500 ML (2 TASSES) :

10 citrons moyens non cirés
Sel
4 feuilles de laurier
15 grains de poivre noir
15 graines de coriandre
6 clous de girofle

- Couper 5 citrons en 8 quartiers chacun, puis les épépiner.
- Extraire le jus des autres citrons et réserver.
- Presser un rang de citron au fond du pot stérilisé (voir page 164). Couvrir de 10 ml (2 c. à thé) de sel, 1 feuille de laurier, quelques grains de poivre et quelques graines de coriandre et clous de girofle. Répéter l'opération jusqu'à ce que le pot soit rempli, en gardant un espace de tête de 3 cm (1 po).
- Couvrir de jus de citron, sceller le pot (voir page 164) puis entreposer les citrons 1 mois avant de les utiliser. Ouvrir les pots à quelques reprises durant la macération. Il se peut, si on n'a pas utilisé suffisamment de sel, qu'il s'en libère un peu de gaz. Les citrons marinés se conservent jusqu'à un an.

MIJOTÉ D'AGNEAU AUX CITRONS MARINÉS

Ce mijoté est si parfumé et si piquant qu'il en faut peu pour se rassasier, surtout si on le sert sur un lit de riz ou de couscous et qu'on l'accompagne d'un légume. Le citron, dont le goût d'origine a été complètement modifié par la macération, lui donne une saveur vraiment incomparable et pour tout dire... indescriptible. **Donne 4-6 portions.**

650 g (1 lb 7 oz) de gigot d'agneau, coupé en gros cubes
70 ml (4-5 c. à soupe) d'huile d'olive
10 ml (2 c. à thé) de cumin moulu
5 ml (1 c. à thé) de coriandre moulue
7,5 ml (½ c. à soupe) de paprika
7,5 ml (½ c. à soupe) d'ail haché
2 oignons moyens, émincés
6 piments rouges mi-forts entiers séchés (page 26)
4 clous de girofle
2,5 ml (½ c. à thé) de cannelle moulue
550 ml (2 ⅖ tasses) de Coulis de tomates (page 195)
50 g (2 oz) de Tomates semi-séchées ou un peu moins de Tomates séchées, grossièrement hachées (voir page 28)
300 ml (1 ⅕ tasse) d'eau
2 citrons marinés entiers (ou 12 quartiers, selon la recette de la page 104)
Une grosse tige de menthe hachée
Une grosse branche de persil, hachée
Sel

Il faut, pour cette recette, se servir d'une poêle épaisse d'une capacité de 3 litres (12 tasses), dotée d'un couvercle hermétique et pouvant aller au four.

- Faire rôtir l'agneau à feu vif dans 15 ml (1 c. à soupe) d'huile d'olive, 5 minutes environ. Réserver.
- Verser le reste de l'huile dans la poêle et y faire revenir le cumin, la coriandre, le paprika et l'ail durant quelques minutes. Monter le feu puis faire frire les oignons dans les épices 10-15 minutes, en remuant souvent.
- Ajouter l'agneau, les piments rouges, le girofle, la cannelle, le coulis de tomate, les tomates, l'eau et le citron mariné. Amener à ébullition, puis réduire le feu et laisser mijoter.
- Ajouter la moitié de la menthe et du persil, et un peu de sel, puis couvrir la poêle et la mettre au four, à 150 °C/300 °F/ Gaz 2. Faire cuire le tout 3-4 heures.
- Après avoir sorti le mijoté du four, le garnir du reste de la menthe et du persil. Retirer les piments et les quartiers de citron et les jeter.
- Servir ce ragoût sur un lit de couscous ou de riz.

NOIX DE GRENOBLE MARINÉES

Les noix de Grenoble marinées étaient autrefois très populaires. Comme plusieurs aliments marinés, elles accompagnent bien le fromage. Elles sont aussi excellentes avec les viandes froides et dans certains ragoûts et plats mijotés à l'ancienne.

4,5 kg (10 lb) de noix de Grenoble vertes (non pelées)
450 g (1 lb) de sel dissous dans 4,5 litres (18 tasses) d'eau

MARINADE SUCRÉE :

1,8 litre (7 tasses) de vinaigre de malt
450 g (1 lb) de cassonade
7,5 ml (½ c. à soupe) de sel
5 ml (1 c. à thé) de grains de poivre noir
5 ml (1 c. à thé) de piment de la Jamaïque moulu
2,5 ml (½ c. à thé) de clou de girofle moulu
2,5 ml (½ c. à thé) de cannelle moulue
15 ml (1 c. à soupe) de gingembre frais, râpé

- Piquer chaque noix avec une fourchette à quelques reprises. Mettre les noix dans des pots stérilisés (page 164), puis les couvrir de la première saumure (eau et sel seulement). Laisser reposer toute la nuit et remplacer la saumure. Répéter l'opération durant 3-4 jours.
- Rincer à fond les noix, les étaler sur un plat et les laisser sécher 1-2 jours dans un lieu bien aéré. Elles noirciront.
- Mettre tous les ingrédients indiqués pour la marinade sucrée dans une casserole et amener à ébullition. Ajouter les noix et faire bouillir le tout 5-10 minutes.
- Mettre les noix dans des pots stérilisés, les couvrir de marinade sucrée et sceller les pots (voir page 164). Laisser mûrir les noix 6 mois avant de les consommer. Elles se conservent quelques années.

HARENGS MARINÉS

Alors que les Hollandais et les Scandinaves aiment manger les harengs sous forme de *rollmops* ou crus, les Anglais les préfèrent marinés ou sous forme de kippers (voir page 66). Les harengs marinés sont très rafraîchissants durant les jours chauds de l'été, et très faciles à préparer. Ils se conservent au réfrigérateur jusqu'à une semaine. On peut traiter les maquereaux de la même manière.

4-8 harengs (selon leur grosseur)
Sel et poivre
1 petit oignon, coupé en rondelles
6 grains de poivre noir
4 clous de girofle
1-2 feuilles de laurier
4 rameaux de thym
Quelques tiges de persil
150 ml (⅔ de tasse) d'eau
150 ml (⅔ de tasse) de vinaigre de malt

- Écailler les poissons et les parer (mais en gardant la queue). Les sécher avec de l'essuie-tout, puis les saler et poivrer.
- Rouler les poissons sur eux-mêmes en commençant par la partie la plus large et les garder roulés à l'aide de gros cure-dents.
- Mettre les poissons roulés dans un plat peu profond allant au four et les couvrir de rondelles d'oignon, de grains de poivre noir, de clous de girofle et des herbes. Couvrir presque entièrement les poissons d'eau et de vinaigre.
- Couvrir le plat de papier d'aluminium et faire cuire au four, à 180 °C/ 350 °F/Gaz 4, pendant 45-60 minutes, jusqu'à ce que le poisson soit tendre.
- Laisser refroidir le poisson dans le plat avant de le consommer froid. Le hareng mariné est délicieux dans une salade verte avec des œufs cuits durs hachés.

HARENGS MARINÉS À LA CRÈME SURE ET AUX ŒUFS DE LOMPE

Le lompe est un poisson très laid, mais dont les œufs roses salés et teints en noir peuvent remplacer le caviar. **Donne 2 portions.**

4 filets de harengs marinés (voir ci-contre)
5 ml (1 c. à thé) de zeste d'orange, râpé
150 ml (⅔ de tasse) de crème sure
10 ml (2 c. à thé) d'œufs de lompe
15 ml (1 c. à soupe) d'aneth, grossièrement haché
Paprika
Blinis (achetés dans un supermarché et réchauffés en suivant les indications du fabricant)

- Disposer les ingrédients dans deux assiettes et les saupoudrer de paprika. Le goût piquant des harengs se marie bien à celui plus fade des blinis.

PETITS OIGNONS MARINÉS

Même s'il est préférable de ne pas manger d'oignons marinés avant un rendez-vous d'affaires ou galant, ceux-ci peuvent stimuler les papilles gustatives les plus blasées. On peut en croquer quelques-uns pour se ragaillardir ou en servir avec du fromage, des viandes froides ou une fondue suisse. Pour bien réussir cette recette, il faut se servir de petits oignons blancs et d'un vinaigre suffisamment sucré.

1,3 kg (3 lb) de petits oignons blancs
50 g (2 oz) de sel marin
Plusieurs clous de girofle
Brins de macis
1-2 piments frais, coupés en deux
400 g (14 oz) de sucre
1,2 litre (5 tasses) de vinaigre de vin blanc

- Tailler légèrement les deux extrémités de chaque oignon (de manière qu'ils ne se désintègrent pas lors de leur macération). En garder les pelures, les couvrir d'eau bouillante et blanchir 20 secondes. Les couvrir d'eau froide et les peler sous l'eau, ce qui empêchera l'oxydation et le durcissement.
- Empiler les oignons dans un bol en saupoudrant chaque couche de sel. Couvrir d'un linge propre et laisser reposer toute la nuit.
- Le jour suivant, bien rincer les oignons et les assécher le mieux possible. Les mettre dans des pots stérilisés (voir page 164) en comptant 2 clous de girofle, un brin de macis et un demi-piment par pot.
- Faire bouillir le vinaigre et le sucre 1 minute et verser le liquide chaud sur les oignons. Sceller les pots (voir page 164) et attendre 2-3 semaines avant de consommer. Les oignons marinés peuvent se garder jusqu'à 6 mois.

MAILLE.
MAILLE.

POULPES MARINÉS

«Mon esprit gigotait comme un poulpe dans un pot de vinaigre.» Auguste Strindberg

Les poulpes sont équipés de plusieurs mécanisme de défense. Ils peuvent se transformer à volonté, lancer des jets d'encre ou donner des coups de bec puissants. Les habitants des îles grecques passent beaucoup de temps à en attendrir la chair sur des pierres ou à les suspendre sur des cordes à linge au soleil. Cette recette est d'origine grecque (en Grèce, on l'appelle *oktapodi toursi*). Une fois bien attendris et bien marinés, ces poulpes riches en protéines fondent dans la bouche.

220 g (8 oz) de petits poulpes
150 ml (⅗ de tasse) d'huile d'olive
150 ml (⅗ de tasse) de vinaigre de vin rouge
4 gousses d'ail
Sel et poivre noir au goût
Quelques rameaux de thym
Quartiers de citron

- Pour nettoyer les poulpes, en couper les tentacules (en les réservant) puis enlever et jeter les intestins et les sacs d'encre. Éliminer ensuite les yeux et les becs. Peler les poulpes, puis les laver et les brosser sous l'eau froide courante de manière à en enlever le sable. Si les poulpes sont trop gros, les attendrir le temps requis avec un petit maillet de boucher.
- Mettre les têtes et les tentacules des poulpes dans une casserole avec 90-120 ml (6-8 c. à soupe) d'eau. Couvrir et faire mijoter 1 ¼ heure. Au bout de ce temps, tester la chair avec une brochette de bois de manière à s'assurer qu'elle est tendre, mais tout en restant *al dente*.
- Éliminer le surplus du liquide de cuisson et laisser refroidir les poulpes. Couper la chair de poulpe en lanières de 1 cm (½ po) de large et couper les tentacules en morceaux d'une bouchée. On peut, si on le désire, enlever les ventouses des tentacules.
- Mettre la chair de poulpe dans un pot à couvercle vissé stérilisé (voir page 164). Mélanger l'huile et le vinaigre et couvrir complètement la chair de poulpe de ce mélange. Ajouter l'ail, le poivre et le thym puis, à l'aide d'une spatule de plastique, chasser les bulles d'air qui se sont formées sur les parois du pot.
- Sceller le pot (voir page 164) et le garder 4-5 jours dans un lieu frais avant de commencer à en consommer le contenu. Servir les poulpes avec des cubes de pain et des quartiers de citron.
- Un pot scellé se conserve jusqu'à un an. Une fois entamé, le pot doit être réfrigéré et son contenu consommé en l'espace d'un mois.

SALADE AUX POULPES MARINÉS ET AUX POIVRONS RÔTIS

Les poulpes sont des mollusques fascinants et c'est un plaisir pour l'œil que de les voir se propulser sous la mer, le corps traversé d'ondes colorées qui leur permettent de se fondre dans le décor. Ils sont très intelligents et capables d'enlever le bouchon d'un pot dans lequel on a mis un homard. Malheureusement pour eux, ils sont aussi délicieux. **Donne 2 portions.**

1 poivron rouge et 1 poivron jaune, rôtis et émincés
1 aubergine, rôtie et tranchée en morceaux
15 ml (1 c. à soupe) d'huile d'olive
Sel et poivre
200 g (7 oz) de poulpes marinés (voir ci-contre), coupés en morceaux d'une bouchée
20 feuilles de basilic

VINAIGRETTE :
100 ml (⅖ de tasse) de vin rouge
5 ml (1 c. à thé) de sucre
15 ml (1 c. à soupe) de vinaigre balsamique
25 ml (1 ½-2 c. à soupe) d'huile d'olive

- Faire rôtir les poivrons à four très chaud (230 °C/450 °F/Gaz 8) 20 minutes environ. Les mettre dans un sac de plastique, les laisser refroidir, puis les peler.
- Couper l'aubergine en deux sur le long et en placer les moitiés sur une plaque de four. Verser l'huile d'olive sur la chair exposée des aubergines, les saler et poivrer au goût. Faire rôtir l'aubergine en même temps que les poivrons jusqu'à ce qu'elle soit tendre et légèrement ratatinée.
- Préparer la vinaigrette en mélangeant le vin rouge, le sucre et le vinaigre balsamique dans une casserole. Faire réduire le mélange à feu modéré jusqu'à ce qu'il soit sirupeux. Poursuivre la cuisson jusqu'à ce qu'il ne reste plus que 15 ml (1 c. à soupe) de sauce. Incorporer l'huile d'olive à cette sauce.
- Répartir les poivrons, l'aubergine, les poulpes et le basilic dans deux assiettes, les arroser de vinaigrette et servir aussitôt.

ŒUFS DE CAILLE MARINÉS

Compte tenu de leur taille, les cailles produisent de gros œufs, mais qui sont difficiles à écaler. C'est pourquoi, pour faciliter la tâche, il est recommandé de commencer par le gros bout de chacun des œufs, après les avoir fait tremper un temps dans le vinaigre.

48 œufs de caille
700 ml (2 ⅘ tasses) de vinaigre de vin blanc (et plus pour le trempage préalable)
20 ml (4 c. à thé) de sel
15 ml (1 c. à soupe) de piment de Cayenne
6 gousses d'ail, pelées
12 grains de poivre noir
10 grains de piment de la Jamaïque
10 ml (2 c. à thé) de graines de moutarde
4 clous de girofle
2 feuilles de laurier
2 piments

- Mettre les œufs dans une casserole et les couvrir d'eau à égalité. Amener à ébullition et faire mijoter 3 minute, puis les égoutter, les jeter aussitôt en eau froide pour en arrêter la cuisson. Mettre ensuite les œufs dans le vinaigre et les y laisser 1 heure. Les écaler ensuite en s'assurant d'en enlever les membranes.
- Mettre les œufs écalés dans des pots stérilisés (voir page 164). Mettre les autres ingrédients dans une grande casserole et porter à ébullition. Fermer le feu et laisser reposer le liquide deux heures environ. Le verser ensuite dans les pots en s'assurant que tous les œufs sont bien couverts. Bien essuyer les rebords des pots et les sceller.
- Les œufs sont prêts à consommer au bout de 2 semaines environ. Ils se conservent jusqu'à un an au réfrigérateur ou dans le garde-manger.

CONCOMBRES MARINÉS

Nous avons fait l'éloge, au début de ce chapitre, des concombres marinés, qu'il s'agisse des gros cornichons à l'aneth ou des petits cornichons sucrés ou salés.

Les variétés de concombres à mariner ont une peau plus épaisse et plus bosselée que celle des concombres utilisés dans les salades. La recette suivante est d'origine juive.

6 gros concombres à mariner
1,8 litre (7 tasses) d'eau
6 clous de girofle
3 gousses de cardamome
5 ml (1 c. à thé) de grains de poivre noir
5 ml (1 c. à thé) de graines de carvi
3 feuilles de laurier
3 tiges d'estragon
125 g (4 ½ oz) de sel
300 ml (1 ⅕ tasse) de vinaigre de cidre

- Trancher les concombres sur le sens de la longueur et les épépiner à l'aide d'une cuiller. Couper ensuite les concombres en tranches de 1,5 cm (⅔ po) d'épaisseur.
- Amener l'eau à ébullition avec les clous de girofle, les gousses de cardamome, le poivre noir, le carvi, le laurier, l'estragon et le sel. Fermer le feu et laisser refroidir le mélange, puis ajouter le vinaigre. Emplir les pots stérilisés (voir page 164) de tranches de concombre en glissant une branche d'estragon dans chacun.
- Verser la marinade dans les pots et sceller ceux-ci (voir page 164) (si l'intérieur des couvercles contient du métal, le couvrir de carton découpé en rondelles).
- Mettre les pots dans un lieu frais et à l'abri de la lumière.
- Laisser mariner les concombres 1 mois au moins avant de les consommer.
- Les pots se conservent ainsi jusqu'à un an ou plus.
- Une fois entamé, un pot doit être réfrigéré et son contenu consommé en l'espace de 2 mois.

POIVRONS RÔTIS MARINÉS

Les pots de poivrons marinés sont toujours très spectaculaires surtout lorsqu'on se sert de variétés de différentes couleurs (verts, jaunes, rouges, pourpres, etc.). On peut, en fait, faire mariner toutes les variétés de poivrons et de piments, même si ces derniers sont difficiles à peler. Une fois prêts, les poivrons ont une texture charnue.

POUR 2 POTS DE 500 ML (2 TASSES) :

1,5 kg (3 lb 5 oz) de poivrons mélangés
250 ml (1 tasse) de vinaigre de malt distillé (5 % d'acidité)
180 g (6 ½ oz) de sucre

- Faire carboniser la peau des poivrons entiers 30 minutes à four très chaud (230 °C/450 °F/Gaz 8).
- Faire refroidir les poivrons dans un sac de plastique, puis les peler et les épépiner dans une passoire placée au-dessus d'un bol (de manière à en récolter le jus). Mettre les poivrons dans des pots stérilisés (voir page 164) en y alternant les couleurs.
- Faire chauffer le vinaigre et le sucre dans une casserole et leur ajouter le jus de poivron. S'il y a peu de jus, ajouter 200 ml (⅘ de tasse) d'eau au vinaigre.
- Verser le vinaigre chaud sur les poivrons et sceller les pots (voir page 164). Entreposer les pots dans le garde-manger où ils se conserveront jusqu'à un an.
- Les poivrons marinés sont délicieux dans les salades tièdes (avec de la roquette et du thon, par exemple).

RELISH AU MAÏS RÔTI

Parce que, comme le ketchup, la relish est fréquemment associée à la restauration rapide, elle a mauvaise réputation. Oubliez vos préjugés, cette recette sans sucre donne une relish à la fois croquante, piquante et délicieuse. On peut la manger avec du vieux cheddar, des sandwiches aux tomates ou mieux encore, dans un succulent et juteux hamburger.

POUR FAIRE 600 ML (2 ⅖ TASSES) :

5 épis de mais
12,5 ml (2 ½ c. à thé) de graines de moutarde
15 ml (1 c. à soupe) d'huile végétale
50 ml (⅕ de tasse) de vinaigre de malt distillé
300 g (10 ½ oz) de tomates cerises, réduites en purée au robot culinaire
5 ml (1 c. à thé) de sel
Poivre noir frais moulu
Une pincée de safran
Une petite botte d'oignons verts, émincés

- Éplucher les épis de maïs et les faire cuire 30 minutes au four, à 230 °C/450 °F/Gaz 8. Une fois cuits, ils seront un peu ratatinés (ce traitement de choc aura caramélisé une partie de leurs sucres).
- Égrener les épis avec un couteau bien coupant en prenant garde de ne pas se blesser. Réserver les grains.
- Dans une grande poêle, faire frire les graines de moutarde dans l'huile et, quand elles commencent à éclater, ajouter le reste des ingrédients. Accroître la chaleur et faire cuire le mélange jusqu'à ce qu'il commence à épaissir, en le remuant fréquemment.
- Mettre le mélange dans les pots stérilisés et sceller (voir page 164). Cette relish se conserve jusqu'à 3 mois au réfrigérateur.

HAMBURGERS À LA RELISH AU MAÏS RÔTI

Au début des années 1980, au moment où l'Angleterre commençait à sortir de son long sommeil culinaire, le mets le plus authentique qu'on pouvait y trouver était un hamburger à l'américaine. Le clou du repas était l'arrivée sur la table du plateau de sauces d'accompagnement : une verte (aux cornichons), une jaune (au maïs) et une rouge (aux tomates). La sauce au maïs était toujours la plus populaire des trois. **Donne 1 hamburger.**

175 g (6 oz) de bœuf haché (contenant au moins 14 % de gras)
Sel et poivre
1 gros pain à hamburger ou une petite ciabatta tranchée à l'horizontale
15 ml (1 c. à soupe) de mayonnaise et autant de moutarde douce mélangée ensemble
Relish au maïs rôti (voir ci-contre)
4 tranches d'oignon rouge
2 tranches de tomate cœur de bœuf
Une petite poignée de laitue iceberg, hachée

- Façonner la viande en hamburger, l'assaisonner et la faire griller au goût (on peut aussi la faire frire).
- Faire chauffer le pain dans un grille-pain ou au four.
- Badigeonner le mélange de mayonnaise et de moutarde sur une tranche de pain puis y mettre le hamburger.
- Garnir la viande de relish, d'oignon, de tomate, puis de laitue.
- Servir le hamburger avec des frites et une salade verte.

ACHARDS (*PICCALILLI*)

Les achards vendus sur le marché ne sont pas toujours très bons au goût. Toutefois, cette recette d'inspiration indienne donne des achards à la fois croquants et piquants.

POUR FAIRE 3 POTS DE 300 ML (1 ⅓ TASSE) :

1,2 kg (2 lb 10 oz) de légumes mélangés, coupés en morceaux de 1 cm (½ po) (carotte, chou-fleur, échalote, panais, maïs miniature, navet et concombre à mariner)
30 ml (2 c. à soupe) de sel
15 ml (1 c. à soupe) de curcuma
50 g (2 oz) de moutarde moulue
2,5 ml (½ c. à thé) de poivre blanc moulu
10 ml (2 c. à thé) de gingembre moulu
50 g (2 oz) de farine tout usage
Une bonne pincée de muscade, râpée
225 ml (15 c. à soupe) de vinaigre de cidre
250 ml (1 tasse) de vinaigre de malt
Un peu d'eau

- Mettre les légumes préparés dans un grand bol et y mélanger le sel. Couvrir et laisser reposer toute la nuit. Le sel fera dégorger les légumes tout en les rendant croquants et plus goûteux.
- Dans une très grande casserole, mélanger le curcuma, la moutarde, le poivre, le gingembre, la farine, la muscade et 75 ml (5 c. à soupe) du vinaigre de cidre et en faire une pâte lisse. Ajouter ensuite le reste du vinaigre de cidre, les légumes, le vinaigre de malt et l'eau. Bien mélanger le tout.
- Faire chauffer doucement le mélange jusqu'à ce que la sauce épaississe, 10-15 minutes environ. Remuer constamment pour empêcher la farine de coller au fond de la casserole. S'assurer de ne pas trop cuire les légumes afin qu'ils restent croquants.
- Mettre les achards dans les pots stérilisés (voir page 164) et garder dans un lieu frais. Cette marinade se conserve jusqu'à 6 mois. Un pot entamé doit être réfrigéré et son contenu consommé en moins de 6 semaines.
- Ces achards sont délicieux servis avec du poulet grillé ou des saucisses de Francfort.

HERBES, PÂTES, VINAIGRES ET HUILES AROMATISÉS

Depuis des temps immémoriaux, les humains donnent beaucoup de prix aux herbes et aux épices. S'il est vrai qu'elles furent longtemps précieuses en raison de leurs vertus médicinales et de leur pouvoir de conservation, c'est avant tout pour leur goût qu'on les utilise aujourd'hui. Cela est d'autant plus vrai dans les pays où les médicaments et les méthodes de conservation à la fine pointe de la recherche ont pris leur relève.

Pourtant, le goût et la valeur médicinale des herbes et des épices ne sont pas sans lien. L'être humain sait reconnaître une substance qui lui est bénéfique quand il la sent ou la goûte. Et comme nous commençons à le constater, le goût pour un aliment dont notre survie a longtemps dépendu a tendance à se transmettre de génération en génération, peu importe la raison pour laquelle on le consommait à l'origine.

On peut conserver les herbes en les séchant, mais aussi en les gardant dans de l'huile ou du vinaigre. Selon la quantité de l'agent de sapidité utilisée, le produit obtenu sera doux ou très piquant. Souvent la conservation des aliments préserve également les couleurs originales des produits traités. C'est pourquoi le pesto et la sauce à la menthe sont d'un vert si vif et les bouteilles dans lesquelles on conserve divers produits sont si agréables à l'œil.

Les pâtes, des plus douces aux plus brûlantes, ont une importance capitale dans les régions chaudes du globe comme l'Inde, le sud-est de l'Asie et le bassin méditerranéen. Elles contiennent très souvent des ingrédients aux propriétés antiseptiques, rafraîchissantes et digestives (les piments, par exemple). Elles communiquent aux aliments avec lesquels on les sert (riz, nouilles, etc.) arôme, goût et parfum. Les huiles et vinaigres aromatisés donnent d'excellentes vinaigrettes.

De l'huile et du vinaigre, c'est ce dernier qui est le plus efficace, car son acidité est fatale à la plupart des bactéries. C'est la raison pour laquelle les vinaigres aromatisés ont une meilleure durée de conservation que les huiles aromatisées. Une fois exposées à l'air, les huiles peuvent rapidement rancir même si plusieurs des ingrédients utilisés pour les aromatiser ont des propriétés antibactériennes. Malheureusement, les huiles sont aussi sujettes aux attaques des bactéries du type *Botulinum* (*clostridium*). On peut toujours prolonger leur durée de conservation en les chauffant sous pression (voir Embouteillage et mise en conserve, page 187) mais cette opération en détruit souvent le goût et une partie de la valeur nutritive. Le meilleur compromis consiste à les garder au réfrigérateur et à les surveiller de près pour en suivre l'évolution. Une fois une bouteille entamée, il faut en consommer le contenu en l'espace de 2 semaines. Heureusement, les pâtes à base d'huile (le pesto, par exemple) se congèlent bien.

Comme ingrédients de base de diverses huiles, pâtes et sauces, on peut se servir d'autres produits que les herbes. Comme on le verra dans les recettes qui suivent, certains légumes et champignons peuvent servir à leur préparation.

PÂTES DE CURRY ROUGE ET VERT THAÏLANDAISES

La différence entre les deux sortes de pâtes est surtout visuelle, la verte étant fabriquée avec des piments verts frais, la rouge avec des piments rouges séchés. En Thaïlande, le curry rouge est habituellement plus fort tandis qu'en Europe c'est le contraire qui se produit. Si en France, dans un restaurant thaïlandais, on commande un curry vert, celui-ci sera cent fois plus brûlant que le rouge.

Les deux pâtes sont aussi brûlantes l'une que l'autre. Tout ce qu'il suffit de faire pour obtenir un authentique plat thaïlandais est de délayer un peu de pâte rouge ou verte dans du bouillon de poulet ou du lait de coco et d'y ajouter du poulet ou des fruits de mer finement tranchés. Toutefois, contrairement aux pâtes vendues dans le commerce, les nôtres sont traitées à la chaleur pour en prolonger la durée de conservation. Ces pâtes se conservent jusqu'à 6 mois au réfrigérateur.

PÂTE DE CURRY ROUGE

(donne 500 g/1 lb 2 oz)

Les zestes de 2 limes
Les gousses pelées de 1 tête d'ail moyenne
75 g (3 oz) de citronnelle, grossièrement hachée
15 piments rouges semi-forts, épépinés et trempés 20 minutes en eau tiède
6 piments oiseaux frais
100 g (3 ½ oz) de galanga, pelé et grossièrement haché
75 g (3 oz) de racines de coriandre, bien nettoyées
100 g (3 ½ oz) d'échalotes, pelées et grossièrement hachées
15 ml (1 c. à soupe) de crevettes séchées moulues (ou 5 ml/ 1 c. à thé de belachan/pâte de crevettes fermentée)
15 ml (1 c. à soupe rase) de cumin moulu
5 ml (1 c. à thé) de poivre noir, frais moulu
30 ml (2 c. à soupe) d'huile de sésame
60 ml (4 c. à soupe) d'huile végétale

- Mettre dans le robot culinaire le zeste de lime, l'ail, la citronnelle, les piments séchés et frais, le galanga, la coriandre, les échalotes et la poudre (ou la pâte) de crevettes. Mélanger le tout jusqu'à consistance assez lisse.
- Mettre le mélange dans une casserole et ajouter le cumin, le poivre et les huiles. Faire chauffer rapidement le tout en remuant constamment. Aussitôt que la pâte commence à bouillir, la mettre dans de petits pots stérilisés et sceller ceux-ci (voir page 164). Faire refroidir les pots dans de l'eau glacée puis les garder au réfrigérateur.

PÂTE DE CURRY VERT
(donne 500 g/1 lb 2 oz)

Les zestes et le jus de 2 limes
75 g (3 oz) de galanga, pelé et grossièrement haché
14 petits piments verts forts, épépinés
Les gousses pelées de 1 tête d'ail moyenne
75 g (3 oz) de citronnelle, grossièrement hachée
75 g (3 oz) de racines de coriandre, bien nettoyées
100 g (3 ½ oz) d'échalotes, pelées et grossièrement hachées
15 ml (1 c. à soupe) de crevettes séchées moulues (ou 5 ml/ 1 c. à thé de belachan/pâte de crevettes fermentée)
15 ml (1 c. à soupe rase) de cumin moulu
30 ml (2 c. à soupe) d'huile de sésame
45 ml (3 c. à soupe) d'huile végétale
5 ml (1 c. à thé) de poivre noir, frais moulu

- Mettre dans le robot culinaire : le zeste de lime, le galanga, les piments, l'ail, la citronnelle, la coriandre, les échalotes et la poudre (ou la pâte) de crevettes. Mélanger le tout jusqu'à consistance assez lisse.
- Mettre la sauce dans une casserole et ajouter le cumin, les huiles, le poivre noir et le jus de lime. Faire chauffer rapidement en remuant constamment. Aussitôt que la pâte commence à bouillir, la mettre dans de petits pots stérilisés et sceller (voir page 164). Faire refroidir les pots dans de l'eau glacée et les garder au réfrigérateur.

MORUE SALÉE À LA PÂTE DE CURRY ROUGE

La morue, même si elle n'est pas le plus avenant des poissons et que son goût est fade, a été pourtant surpêchée presque jusqu'à l'extinction. Selon nous, la morue salée et séchée a plus de goût que la morue fraîche. Sa viande est plus charnue et donne plus de goût et de texture aux plats. Donne 4 portions.

250 g (9 oz) de Morue salée (voir page 48)
7,5 ml (½ c. à soupe) d'huile de sésame
15 ml (1 c. à soupe) d'huile végétale
2 gousses d'ail, hachées
15 ml (1 c. à soupe) de Pâte de curry rouge (voir page 123)
400 ml (1 ⅗ tasse) de crème de coco
600 ml (2 ⅖ tasses) de bouillon de poisson ou de poulet
10 épis de maïs miniatures
2 tiges de citronnelle, émincées
6 feuilles de limettier bergamote
150 g (5 oz) de pois mange-tout
1 petite botte de basilic thaïlandais, haché
30 ml (2 c. à soupe) de sauce au poisson
15 ml (1 c. à soupe) de sauce soja
3 oignons verts, hachés

- Faire tremper la morue salée dans de l'eau fraîche 24-48 heures au réfrigérateur, en changeant l'eau de trempage une fois au moins. Égoutter le poisson et le hacher grossièrement.
- Dans une grande poêle, faire chauffer les huiles de sésame et végétale à feu modéré. Ajouter la morue et l'ail, et faire frire le tout jusqu'à ce que le poisson commence à brunir.
- Ajouter la pâte de curry, l'incorporer au poisson et faire frire 2 minutes.
- Ajouter la crème de coco, le bouillon, les épis de maïs, la citronnelle et les feuilles de limettier, puis faire mijoter 10 minutes.
- Ajouter les pois mange-tout, le basilic, la sauce au poisson, la sauce soja et les oignons verts.
- Servir aussitôt avec des nouilles ou du riz.

PÂTE DE CURRY RENDANG

Voici une autre recette de curry originaire du sud-est de l'Asie. Les habitants de Sumatra s'en servent pour attendrir et aromatiser la viande de buffle.

POUR ENVIRON 800 g (1 ¾ LB) :

25 g (1 oz) de piments rouges séchés moyens, épépinés (en Malaisie, on se sert souvent de piments séchés et fumés)
125 g (4 ½ oz) de piments rouges frais semi-forts, grossièrement hachés
80 g (3 ¼ oz) de citronnelle, grossièrement hachée
60 g (2 ½ oz) de *belachan* (pâte de crevettes fermentée)
50 g (2 oz) d'ail, pelé
50 g (2 oz) de *kunyit* (curcuma) frais ou 25 g (1 oz) de curcuma moulu
90 g (3 ¼ oz) de galanga frais, pelé et grossièrement haché
180 g (6 ½ oz) d'échalotes, pelées et grossièrement hachées
300 ml (1 ⅕ tasse) d'huile végétale
4 g (⅛ oz) de sel

- Réhydrater les piments séchés en eau chaude 20 minutes.
- Mettre dans le robot culinaire les piments réhydratés et les piments frais, la citronnelle, le *belachan*, l'ail, le curcuma, le galanga et les échalotes. Traiter le mélange jusqu'à ce qu'il soit grumeleux. Si la pâte est trop épaisse, y ajouter de l'huile.
- Mettre la pâte et le sel dans une casserole et faire chauffer doucement. Mijoter 15 minutes, en remuant constamment la pâte. Verser le mélange chaud dans de petits pots stérilisés (voir page 164) et garder au réfrigérateur. Ce curry se conserve au moins 3 mois (ou 12 mois au congélateur).

BŒUF À LA PÂTE DE CURRY RENDANG

Pour réussir un Rendang traditionnel, il faut faire mijoter la viande plusieurs heures, ce qui permet à la crème de coco dans laquelle elle cuit de former une pâte épaisse. En voici une version qui est un peu plus rapide à préparer. Donne 2 portions.

300 g (10 ½ oz) de culotte de bœuf
20-22 ml (1 ½ c. à soupe) de sucre
15 ml (1 c. à soupe) d'huile végétale
15 ml (1 c. à soupe) de Pâte de curry Rendang (voir ci-contre)
15 ml (1 c. à soupe) de sauce au poisson
200 ml (⅘ de tasse) de crème de coco
1 oignon vert, haché

- Émincer la pièce de viande.
- Faire sauter la viande à feu modéré dans 15 ml (1 c. à soupe) de sucre et l'huile d'olive.
- Poursuivre la cuisson jusqu'à ce que le sucre commence à caraméliser, puis ajouter la pâte Rendang, la sauce au poisson, la crème de coco, le reste du sucre et l'échalote. Mijoter 5 minutes et servir avec des nouilles et des pois mange-tout.

PESTO

On prétend que ce sont les Génois qui, au Moyen Âge, en s'inspirant des sauces aux noix de Grenoble broyées qu'on leur avait servies dans les postes de traite de la mer Noire, ont inventé le pesto. De retour en Italie, ils remplacèrent les noix de Grenoble par des pignons.

Le secret d'un bon pesto, c'est sa simplicité. Pourquoi alors éprouve-t-on souvent de la déception quand on l'achète dans une épicerie ? C'est que les pestos du commerce sont presque toujours faits à partir de basilic surgelé. Un pesto fait à la maison reste, et restera toujours, incomparable.

100 g (3 ½ oz) de feuilles de basilic frais
Le jus de 2 citrons moyens
100 g (3 ½ oz) de pignons, rôtis à sec dans une poêle jusqu'à ce qu'ils soient dorés
1 ml (¼ c. à thé) de sel
4 gousses d'ail, pelées
150 ml (⅗ de tasse) d'huile d'olive extra-vierge pressée à froid
100 g (3 ½ oz) de parmesan, finement râpé
Poivre noir, frais moulu

- Mettre dans le robot culinaire le basilic, le jus de citron, les pignons, le sel, l'ail et l'huile d'olive. Mélanger le tout jusqu'à consistance grumeleuse (ressemblant à celle du couscous). Transférer le mélange dans un bol et y incorporer le parmesan et le poivre noir.
- Le pesto se conserve jusqu'à 2 semaines au réfrigérateur, dans un contenant stérilisé et hermétiquement fermé (voir page 164). Il se conservera jusqu'à 6 mois au congélateur.
- On peut aussi faire un pesto à base de coriandre ou de persil. Les pignons peuvent à la rigueur être remplacés par des amandes rôties ou des noix de Grenoble.
- Le pesto est excellent servi sur des pâtes (les penne, en particulier) garnies de petits cubes de Bacon fumé frits (voir page 70).

SALADE TIÈDE DE PÂTES AU POULET ET AU PESTO

Cette salade, très facile à faire, peut être mangée tiède ou froide, comme entrée ou en pique-nique. Dans cette recette, l'ail est rôti plutôt que cru. Cela lui donne un goût plus sucré. **Donne 4 portions.**

PESTO :

Suivre la recette de la page précédente, mais en remplaçant l'ail cru par la pulpe de la moitié d'une tête d'ail rôti au four
Un peu d'huile d'olive

SALADE :

2 grosses poitrines de poulet, coupées en longues lanières et assaisonnées de sel, de poivre et de jus de citron
15 ml (1 c. à soupe) d'huile d'olive extra-vierge
75 g (3 oz) de roquette, lavée
200 g (7 oz) de penne, cuites et enrobées d'un peu d'huile d'olive
Une poignée de pignons
Poivre noir concassé

- Couper la partie supérieure de la tête d'ail, la placer sur un morceau de papier d'aluminium et l'arroser d'un peu d'huile d'olive. Sceller le papier d'aluminium et faire cuire l'ail au four, à 220 °C/425 °F/Gaz 7, 30 minutes environ. Laisser refroidir la tête d'ail et extraire la pulpe des gousses avec les doigts. Incorporer la moitié de la pulpe au pesto (garder le reste au réfrigérateur).
- Faire frire et dorer les poitrines de poulet dans 15 ml (1 c. à soupe) d'huile d'olive, à feu modéré, 5 minutes environ. Les retourner une fois pendant la cuisson.
- Mélanger tous les ingrédients indiqués pour la salade et 30 ml (2 c. à soupe combles) de pesto dans un grand bol.
- Poivrer au goût.

PÂTE DE TOMATES SÉCHÉES AU SOLEIL

Cette pâte est plus goûteuse mais aussi plus polyvalente qu'une purée de tomate ordinaire. On peut s'en servir comme garniture de pizza, dans une sauce bolognaise ou dans un sandwich au jambon salé et au gruyère. Pour faire cette pâte, on peut utiliser des tomates séchées au soleil ou des Tomates séchées maison (voir mode de préparation page 28).

100 g (3 ½ oz) de Tomates séchées (page 28)
1 tête d'ail moyenne, rôtie
150 ml (3/5 de tasse) d'huile d'olive
2,5 ml (½ c. à thé) de sel
2,5 ml (½ c. à thé) d'origan séché

- Mettre les tomates dans une petite casserole et les couvrir d'eau. Mijoter 10 minutes, puis laisser reposer 20 minutes. Sécher les tomates sur de l'essuie-tout.
- Faire rôtir l'ail en suivant les indications de la page 127.
- Mettre tous les ingrédients dans le mélangeur et réduire en purée lisse.
- Mettre la pâte dans un pot stérilisé et sceller celui-ci (voir page 164). Cette pâte se conserve jusqu'à 3 mois.

HARISSA

Comme toutes les pâtes présentées ici, le harissa emprisonne les saveurs particulières de sa région d'origine, le Nord de l'Afrique. Le harissa vendu dans les souks de cette région du monde est très concentré et très brûlant.

La recette que nous proposons donne un produit plus parfumé et plus rond.

50 g (2 oz) de piments de Cayenne mi-forts séchés
100 ml (2/5 de tasse) d'huile d'olive
5 gousses d'ail, pelées
15 ml (1 c. à soupe) de cumin moulu
15 ml (1 c. à soupe) de coriandre moulue
5 ml (1 c. à thé) de graines de carvi
Le jus de 1 citron
25 g (1 oz) de menthe fraîche
25 g (1 oz) de persil frais
25 g (1 oz) de coriandre fraîche
10 ml (2 c. à thé) de sel

- Équeuter les piments séchés et les faire tremper en eau chaude 30 minutes. Les mettre dans le mélangeur avec le reste des ingrédients et réduire en pâte lisse.
- Mettre la pâte dans un pot stérilisé et sceller (voir page 164). Le harissa se conserve jusqu'à un mois au réfrigérateur et 6 mois au congélateur.
- **Recette express :** Faire frire de l'agneau avec des oignons et un peu de harissa, ajouter des tomates et du bouillon, laisser mijoter le temps requis et servir sur un lit de couscous bien léger.

TAPENADE

La tapenade est une préparation piquante et salée typique du sud de la France (le mot provençal « tapeno » signifie « câpre »). On pourrait croire qu'il s'agit d'une recette très ancienne. En fait la tapenade ne fut inventée que vers la fin du XIXe siècle par un des chefs de la Maison dorée de Marseille.

Dans la recette que nous vous proposons, l'ajout de thon en conserve donne plus de corps à cette tapenade qu'on peut utiliser avec des darnes de poisson, dans une salade de légumes rôtis, comme farce pour les tomates ou en guise de sauce à trempette (avec du pain pita).

200 g (7 oz) d'olives noires (pesées une fois dénoyautées)
10 filets d'anchois, rincés (voir page 45)
50 g (2 oz) de Câpres salées, rincées (voir page 52)
2 gousses d'ail, hachées
25 g (1 oz) de basilic frais
3 rameaux de thym
75 g (3 oz) de thon en conserve, égoutté
5 ml (1 c. à thé) de moutarde de Dijon
150 ml (3/5 de tasse) d'huile d'olive
30 ml (2 c. à soupe) de jus de citron
Poivre noir moulu

- Mettre dans le robot culinaire les olives, les anchois, les câpres, l'ail, le basilic et le thym. Réduire le tout en purée granuleuse.
- Hacher assez finement le thon et l'ajouter à la purée avec la moutarde, l'huile, le jus de citron et le poivre.
- Mélanger le tout avec une cuiller de bois, mettre la tapenade dans un pot stérilisé et sceller (voir page 164). La tapenade peut se garder jusqu'à un mois au réfrigérateur.

SOUPE AUX TOMATES SÉCHÉES ET À LA TAPENADE

Une soupe d'inspiration provençale. **Donne 4 portions.**

100 g (3 ½ oz) de carottes, tranchées
100 g (3 ½ oz) de céleri, tranché
150 g (5 oz) d'oignons, émincés
25 g (1 oz) de beurre
20 ml (4 c. à thé) d'huile d'olive
1 litre (4 tasses) de bouillon de légumes
60 g (2 ½ oz) de farine tout usage
150 g (5 oz) de purée de tomate
40 g (1 ½ oz) de Tomates séchées (page 28), mijotées 10 minutes dans l'eau pour les attendrir
Une pincée de poivre blanc
5 ml (1 c. à thé) de sel
Une pincée de piment de la Jamaïque
Une pincée de laurier moulu
10 ml (2 c. à thé) de vinaigre de cidre
40 g (1 ½ oz) de sucre
25 feuilles de basilic
150 ml (3/5 de tasse) de crème épaisse
100 g (3 ½ oz) de Tapenade (voir ci-contre)

- Faire sauter et attendrir la carotte, le céleri et l'oignon dans le beurre et l'huile d'olive, à feu modéré.
- Faire chauffer le bouillon de légumes dans une casserole.
- Incorporer la farine et la purée de tomate aux légumes frits. Réduire le feu et incorporer le bouillon aux légumes, petit à petit. Remuer constamment le mélange.
- Une fois le bouillon incorporé, ajouter les tomates, le poivre, le sel, le piment de la Jamaïque, le laurier, le vinaigre et le sucre et faire mijoter 15 minutes.
- Ajouter le basilic et mélanger jusqu'à consistance lisse. Incorporer ensuite la crème.
- Répartir la soupe dans les bols, garnir de tapenade et servir avec une baguette de pain.

PÂTE ADOBO

Voici une bonne façon d'utiliser les *chipotles* (piments jalapeños séchés-fumés) que vous aurez préparés tel qu'indiqué à la page 27. Cette pâte peut servir de marinade ou de fond de sauce. On peut s'en servir pour faire mariner le bœuf ou le porc destiné à être grillé sur un barbecue ou au gril.

On peut remplacer les *chipotles*, en tout ou en partie, par des piments *pasilla, ancho* ou *poblano* qu'on peut cultiver soi-même ou acheter dans une épicerie mexicaine ou sud-américaine.

POUR ENVIRON 350 g (13 OZ) DE PRODUIT (ASSEZ POUR DEUX FESTINS MEXICAINS) :

1 tête d'ail moyenne
5 ml (1 c. à thé) d'huile d'olive
2 piments *chipotle* (voir page 27), coupés en deux sur le long et épépinés
5 piments *ancho*, coupés en deux sur le long et épépinés
5 ml (1 c. à thé) de graines de cumin et autant de graines de coriandre, grillées à sec jusqu'à ce qu'elles soient dorées
25 g (1 oz) d'origan frais
2 échalotes, grossièrement hachées
5 ml (1 c. à thé) de cannelle moulue
10 ml (2 c. à thé) de sel
125 ml (½ tasse) de vinaigre de vin rouge
50 ml (⅕ de tasse) de vinaigre balsamique

- Couper l'extrémité de la tête d'ail et l'arroser d'un peu d'huile d'olive. Envelopper l'ail dans du papier d'aluminium et le faire cuire et attendrir au four, à 220 °C/425 °F/Gaz 7, 25-30 minutes. Laisser refroidir, puis extraire la pulpe des gousses avec les doigts.
- Mettre les piments *chipotle* et *ancho*, le cumin et la coriandre dans le robot culinaire et les réduire en purée. Incorporer l'origan, l'ail et les échalotes à la purée et bien mélanger.
- Incorporer le reste des ingrédients et réduire le tout en pâte lisse. Mettre la pâte dans un pot stérilisé et sceller ce dernier (voir page 164).
- L'adobo se conserve jusqu'à 6 mois au réfrigérateur.

POULET BARBECUE À LA PÂTE ADOBO

L'adobo est une pâte très utile en été. À cause de sa texture huileuse et de son goût piquant, on s'en sert pour faire mariner du poulet destiné à être grillé sur un barbecue ou au gril. Pour un authentique repas mexicain, servir ce plat avec une salsa de haricots noirs. Donne 4 portions.

4 cuisses de poulet
75 g (3 oz) de pâte Adobo (voir page de gauche)

SALSA DE HARICOTS NOIRS :

125 g (4 ½ oz) de haricots noirs, trempés toute la nuit en eau froide
1 piment jalapeño rouge, épépiné et finement haché
1 piment jalapeño vert, épépiné et finement haché
1 gros oignon rouge, haché
Le jus et le zeste de 1 lime
15 ml (1 c. à soupe) d'huile d'olive
1 petite botte d'origan haché
1 petite botte de coriandre hachée
5 ml (1 c. à thé) de miel
Un peu de vinaigre de vin rouge

- Faire mariner les cuisses de poulet dans la pâte Adobo 4 heures au moins.
- Égoutter les haricots, les mettre dans une grande casserole, puis les couvrir d'eau et mijoter jusqu'à ce qu'ils soient bien tendres (45 minutes environ). Égoutter les haricots cuits et les passer sous l'eau froide pour en arrêter la cuisson.
- Mettre les haricots égouttés dans un grand bol avec les piments, l'oignon, le jus et le zeste de lime, l'huile d'olive, l'origan, la coriandre, le miel et le vinaigre. Bien mélanger le tout et mettre au froid jusqu'à ce que le poulet soit prêt.
- Faire griller les cuisses de poulet sur le barbecue, jusqu'à ce qu'elles soient légèrement carbonisées des deux côtés, en s'assurant que la chair soit parfaitement cuite de part en part.
- Répartir les haricots dans les assiettes et les servir avec le poulet. Si vous mettez un panier de tortillas au maïs tendres sur la table, vos invités pourront faire eux-mêmes des *enchiladas*.

BEURRE DE TRUFFE

Si jamais vous réussissez à mettre la main sur des truffes blanches (*Tuber magnatum pico*), servez-vous-en le plus rapidement possible, car leur goût poivré et leur parfum extraordinaire sont très volatils (sans parler de leur prix qui est très élevé). Alors que la truffe noire, considérée par d'aucuns comme la meilleure et appelée d'ailleurs par Brillat-Savarin le « diamant noir » de la gastronomie, est originaire du Périgord, la blanche provient du Piémont (nord-ouest de l'Italie). On s'en sert dans le pâté de foie gras ou dans le beurre ou l'huile de truffe dont la recette suit.

BEURRE DE TRUFFE

10 g (½ oz) de truffes blanches fraîches, finement hachées
250 g (9 oz) de beurre non salé, à la température ambiante

Mélanger à fond les truffes hachées et le beurre. Répartir le beurre dans un bac à cubes de glace. Il se conservera jusqu'à une semaine au réfrigérateur et 3 mois au congélateur.

HUILE DE TRUFFE

Immerger des tranches très fines de truffe dans une huile insipide (huile de colza, par exemple), en comptant 5 tranches de truffe par 100 ml (⅖ de tasse) d'huile. Cette huile doit être utilisée dans les 4-5 jours suivant sa préparation.

HUILE AU PIMENT

L'huile au piment est utilisée pour donner du piquant à une pizza ou à une vinaigrette. On peut s'en servir pour faire sauter à feu vif des viandes ou des légumes dont on veut relever le goût. Un des avantages à se servir de l'huile au piment est qu'elle peut subir sans dommage de hautes températures de cuisson.

Il y a plusieurs façons de faire de l'huile au piment. La plus simple consiste à percer des piments à plusieurs reprises puis à les immerger dans l'huile. Une manière un peu plus sophistiquée consiste à procéder comme suit :

500 g (1 lb 2 oz) de piments rouges semi-forts, épépinés
250 ml (1 tasse) d'huile d'olive ou d'une huile insipide (de maïs, par exemple)

- Traiter les piments dans une centrifugeuse, puis faire réduire le jus obtenu dans une casserole jusqu'à ce qu'il soit foncé et commence à épaissir. Le but visé est de réduire de 90 % le volume du jus frais.
- Incorporer le jus cuit à l'huile et, à l'aide d'un entonnoir, verser le tout dans une bouteille stérilisée. Sceller la bouteille (voir page 164). Cette huile se conservera jusqu'à un mois au réfrigérateur.

HUILE AU RAIFORT

Cette huile très corsée est très polyvalente. On peut s'en servir avec le rôti de bœuf ou sur des canapés au fromage. On peut l'utiliser en y ajoutant de la sauce soja, pour remplacer la moutarde *wasabi*. Ce mélange sert alors de sauce à trempette pour les sushis ou les sashimis.

250 ml (1 tasse) d'huile (voir note ci-dessous)
1 petite racine de raifort, pelée puis émincée ou coupée en julienne

Mélanger l'huile et le raifort préparé et les garder au réfrigérateur dans un contenant hermétique stérilisé. Cette huile se conservera jusqu'à 2 mois.

Note : On peut dans cette recette se servir d'une huile insipide (de maïs ou de tournesol) en ajoutant, pour lui donner un petit goût de noisette, un peu d'huile de graines de sésame grillées.

HUILE AU CITRON

On peut se servir de cette huile comme base de vinaigrette, mais aussi pour parfumer un poisson ou de l'agneau.

Les zestes de 4 citrons
500 ml (2 tasses) d'huile d'olive ou d'une huile insipide (de tournesol par exemple)

Mélanger le zeste de citron et l'huile et garder le tout dans un contenant hermétique stérilisé (voir page 164). Cette huile se conservera jusqu'à 6 mois au réfrigérateur.

HUILE À L'AIL RÔTI

Voici une bonne manière de conserver de l'ail rôti pour s'en servir plus tard dans les vinaigrettes, les sauces ou les marinades. Comme elle contient beaucoup d'ail, cette huile a presque la consistance d'une pâte.

2 têtes d'ail moyennes, rôties
200 ml (⅘ de tasse) d'huile d'olive (plus 10 ml/2 c. à thé)

- Couper l'extrémité de la tête d'ail et mettre 5 ml (1 c. à thé) d'huile sur chaque gousse. Envelopper la tête dans du papier d'aluminium et la faire cuire et attendrir au four, à 220 °C/ 425 °F/Gaz 7), 25-30 minutes. Laisser refroidir la tête d'ail, puis extraire la pulpe des gousses avec les doigts et la mettre dans un bol.
- Mélanger l'ail et le reste de l'huile d'olive. Mettre le tout dans un contenant hermétique stérilisé (voir page 164). Cette huile se conservera jusqu'à 3 mois au réfrigérateur.

L'huile à l'ail relève bien une viande rôtie (le poulet, par exemple, avec un peu de jus de citron et d'estragon). Elle donne aussi d'excellents résultats servie, de pair avec du romarin et de la sauge, sur du ventre de porc lentement rôti.

HUILE AU FENOUIL

Comment expliquer l'affinité qui existe entre le fenouil et le poisson? Les deux n'ont, dans la nature, rien de commun. Et pourtant ils forment, en cuisine, un couple parfait. Cette huile est particulièrement bonne servie avec de la morue ou du saumon pochés au court-bouillon.

30-40 ml (2 c. à soupe combles) de graines de fenouil
400 ml (1 ⅗ tasse) d'huile d'olive légère

- Moudre les graines de fenouil dans un moulin à épices ou le robot culinaire puis délayer la poudre obtenue dans 15 ml (1 c. à soupe) d'eau tiède.
- Incorporer la pâte de graines à l'huile d'olive et laisser reposer le mélange quelques jours, en le remuant à quelques reprises.
- Filtrer l'huile dans de la mousseline et la verser dans un contenant hermétique stérilisé (voir page 164). Cette huile se conservera jusqu'à 6 mois au réfrigérateur.

MORUE À L'HUILE AU FENOUIL

L'huile au fenouil se prête parfaitement à la cuisson des filets de morue, car elle en imprègne profondément la chair d'un doux parfum de réglisse. **Donne 2 portions.**

2 filets de morue bien en chair
Ficelle de cuisine
Huile au fenouil (voir ci-contre) (environ 350 ml/1 ⅖ tasse, assez pour couvrir le poisson)
Sel
Poivre noir concassé
Un peu de jus de citron

- Ficeler les filets de morue comme s'il s'agissait de colis de forme carrée (en évitant de trop serrer). Le ficelage n'a pour but que d'empêcher le poisson de se désintégrer durant le pochage dans l'huile.
- Verser l'huile de fenouil dans une poêle profonde antiadhésive et y déposer les filets de morue.
- Faire chauffer l'huile doucement, à 80-90 °C/176-194 °F (utiliser un thermomètre de cuisine). Faire mijoter le poisson 15 minutes, jusqu'à ce qu'il soit tendre de part en part.
- Avant de retirer le poisson de la poêle, s'assurer que les autres plats d'accompagnement sont prêts.
- Disposer les filets sur une purée de pommes de terre, puis les assaisonner de sel, poivre et jus de citron. Servir avec de petits haricots verts et de l'ailloli (mayonnaise à base d'huile d'olive et d'ail).

VINAIGRE AUX FRAMBOISES

Le vinaigre aux framboises (voir photo page 120) est souvent utilisé pour donner une douce fragrance aux vinaigrettes. On peut aussi l'utiliser avec du beurre fondu sur du poisson grillé ou frit. Utiliser aussi avec un peu de porto pour déglacer une rôtissoire avant d'en faire une sauce.

900 g (2 lb) de framboises fraîches ou congelées
600 ml (2 ⅖ tasses) de vinaigre de vin rouge

Mettre la moitié des framboises dans un plat et les couvrir de vinaigre. Couvrir le plat d'un linge et le laisser 5-7 jours dans un lieu tiède, en remuant le contenu à quelques reprises. Au bout de ce temps, filtrer le vinaigre, en couvrir le reste des framboises et répéter toute l'opération. Filtrer le vinaigre et le verser dans des bouteilles stérilisées (voir page 164), en y mettant quelques framboises fraîches. Attendre 1 mois au moins avant de consommer.

VINAIGRE À L'ESTRAGON

L'estragon s'associe très bien aux poissons et au poulet. On peut aussi s'en servir dans la préparation des sauces tartare, béarnaise et hollandaise.

25 g (1 oz) d'estragon frais
600 ml (2 ⅖ tasses) de vinaigre de vin blanc

- Meurtrir délicatement les feuilles d'estragon puis les mettre dans un pot et couvrir de vinaigre. Sceller le pot et bien le brasser. Laisser reposer le vinaigre 2-3 semaines dans un lieu tiède, en brassant la bouteille chaque jour.
- Filtrer le vinaigre dans de l'étamine, puis le verser dans une bouteille stérilisée et sceller celle-ci (voir page 164). Le vinaigre se conservera jusqu'à un an dans une armoire, à l'abri de la lumière.

SAUMON EN SAUCE HOLLANDAISE À L'ESTRAGON

On peut, dans cette recette très facile à faire, remplacer le saumon par de la truite de mer ou arc-en-ciel. **Donne 4 portions.**

SAUCE HOLLANDAISE :

175 ml (⅔ de tasse) de lait
125 ml (½ tasse) de crème
12,5 g (½ oz) de farine de maïs
Une pincée de piment de Cayenne
Une pincée de poivre blanc
2,5 ml (½ c. à thé) de sel
30 ml (2 c. à soupe) de jus de citron
125 g (4 ½ oz) de jaunes d'œufs (5 environ)
15 ml (1 c. à soupe) de Vinaigre à l'estragon (page 137)
40 g (1 ½ oz) de beurre

SAUMON :

4 filets de saumon écaillés, incisés, assaisonnés de sel, poivre noir et jus de citron, et enfarinés (avec la peau ou non)
15 ml (1 c. à soupe) de beurre régulier ou clarifié (plus une noix de beurre)
Le jus de ½ citron
Un peu d'estragon frais haché

- Verser le lait et la crème dans une casserole et ajouter la farine de maïs, le piment de Cayenne, le poivre, le sel et le jus de citron. Battre le tout en le chauffant doucement. Une fois que le mélange a épaissi, faire cuire 1 minute de plus puis retirer du feu. Remuer continuellement la sauce.
- Incorporer aussitôt les jaunes d'œufs et le vinaigre au mélange puis remettre celui-ci brièvement sur le feu (pas plus d'une minute).
- Incorporer le beurre. La sauce hollandaise est maintenant prête.
- Dans une poêle antiadhésive, faire sauter le saumon dans 15 ml (1 c. à soupe) de beurre, à feu modéré, 4 minutes environ de chaque côté. Retirer les filets de la poêle et les disposer sur les assiettes.
- Faire chauffer le reste du beurre dans la même poêle, jusqu'au point d'ébullition, puis y incorporer le jus de citron. Verser ce beurre sur le saumon.
- Garnir le saumon d'estragon et le servir avec la Sauce hollandaise.

VINAIGRE À L'ESTRAGON

FERMENTATION

La plupart des techniques de conservation décrites dans ce livre visent à la suppression des micro-organismes nocifs présents dans les aliments. La technique de la fermentation est tout à fait différente. Au Ve siècle avant J.-C., Hérodote s'étonna de l'étrangeté de cette pratique : « Tous les hommes craignent de voir se gâter leurs aliments, mais les Égyptiens préparent une pâte destinée à le faire. »

Il faisait, bien sûr, allusion au miracle du levage. En effet, les Égyptiens avaient découvert que la levure qui se formait spontanément sur les dattes et les figues broyées donnait beaucoup de volume à leurs pains.

Comme avec la plupart des autres méthodes de conservation des aliments, la plupart des avantages associés à la fermentation furent probablement découverts par hasard. Il existe une légende coréenne selon laquelle un fermier pauvre mit un jour des vieux choux flétris dans une chaudière d'eau de mer pour tenter de les revivifier. Quand il y jeta un coup d'œil deux heures plus tard, il découvrit avec joie que les choux s'étaient magnifiquement gonflés. Grande fut sa déception le jour suivant quand il se rendit compte qu'ils étaient encore plus flétris qu'avant. Mais il se consola vite de sa déconvenue : les choux étaient devenus croquants et délicieux. Une révélation semblable se produisit quand des fruits oubliés par accident dans un plat se décomposèrent, donnant un jus bon au goût et qui provoquait une agréable intoxication. Ou quand une volaille oubliée quelque jours sur un crochet s'avéra être plus goûteuse et plus tendre qu'une autre mangée après qu'on l'eût tuée.

Le goût de certaines spécialités fermentées exotiques peut être très déconcertant aux Occidentaux que nous sommes, mais les gens qui ont longtemps dépendu d'elles pour leur survie en sont vite venus à les adorer. Un bon exemple en est le *rakfisk* norvégien préparé traditionnellement en enterrant des bacs de poissons huileux et en les laissant fermenter dans leurs propres enzymes. Le produit obtenu est, pour quiconque le sent ou y goûte pour la première fois, « surprenant ». On peut dire la même chose du *um tibay* soudanais. Pour le préparer, il faut prendre une gazelle entière (chair, sabots, os, abats, nerfs, etc.), la hacher, farcir l'estomac de l'animal de ce hachis, accrocher l'estomac à un arbre et le laisser fermenter deux ou trois jours sous le soleil torride. La viande est ensuite cuite dans des cendres chaudes, puis coupée en lanières et séchée. « Rien ne se perd, rien ne se crée. »

La fermentation a un nombre incalculable d'applications pratiques, allant de la fabrication des composts à celle du caoutchouc synthétique. Dans le domaine alimentaire, on s'en sert de tant de manières qu'il nous a fallu ici nous restreindre. C'est pourquoi nous passons sous silence le brassage (de la bière), la panification et la fermentation des produits laitiers. Il est difficile d'imaginer combien aurait été différent le cours de l'histoire si nous n'avions jamais découvert des façons d'exploiter l'activité microbienne.

Il existe un grand nombre de produits fermentés que nous pouvons préparer nous-mêmes à la maison. Nous vous avons déjà appris comment en préparer deux : le Salami au paprika et le Saucisson à l'ail (voir pages 90 et 93). Nous traiterons dans ce chapitre de quatre produits fermentés plus classiques qui, au bout du compte, vous feront comprendre en quoi consiste la fermentation : l'exploitation de certains processus naturels pour obtenir des transformations aussi diverses que surprenantes. Sachez seulement que si vous vous prenez de passion pour cette forme très gratifiante d'alchimie, les possibilités de l'explorer sont sans fin.

LES PRINCIPES DE LA FERMENTATION

Le premier but de la fermentation est d'encourager la croissance de certaines bactéries, moisissures ou levures qui excrètent des matières précieuses pour nous. Parmi ces matières, il y a le dioxyde de carbone (essentiel dans le levage du pain), l'alcool (de toute évidence très pratique dans le brassage) et l'acide lactique (essentiel dans la fabrication des fromages et la conservation des saucisses). En retour, plusieurs de ces substances inhibent la croissance des micro-organismes indésirables. Ce sont elles qui donnent leurs goûts caractéristiques aux aliments fermentés. Toutefois, il faut, pour obtenir de bons résultats, respecter scrupuleusement les dosages indiqués dans les recettes.

Comme toujours, l'hygiène est de rigueur. Tous les instruments et récipients utilisés dans la fermentation doivent être parfaitement stérilisés de manière à empêcher les produits finis de se gâter. En second lieu, il importe de donner aux micro-organismes utiles de quoi se nourrir. D'une manière ou d'une autre, cet « aliment » est presque toujours un sucre. Heureusement pour nous, le sucre est déjà présent dans beaucoup des aliments que nous mettons en conserve, qu'il s'agisse du glucose et du fructose contenus dans les légumes ou du lactose présent dans les produits laitiers.

L'entreposage des produits fermentés requiert beaucoup d'attention et de soins. Pour permettre aux organismes bénéfiques de proliférer tout en bloquant l'accès aux micro-organismes indésirables, les conditions de conservation des aliments doivent être parfaites. Chaque aliment doit être correctement scellé et le pH (l'acidité) de son milieu ambiant parfois augmenté, souvent avec du vinaigre. Il est parfois nécessaire d'ajouter du sel de manière à inhiber la croissance des « mauvaises » bactéries. Il faut ensuite s'assurer de garder les aliments à la bonne température. Si celle-ci est trop basse, les micro-organismes utiles se reproduiront trop lentement, si elle est trop élevée, ils mourront. Si cela se produit, les produits finis seront immangeables au mieux, extrêmement dangereux au pire. Heureusement, il est difficile de passer à côté des signes révélateurs : un produit qui se décolore, se couvre de moisissure ou sent mauvais (exception faite de la choucroute et du *kim chee*, en ce qui concerne l'odeur du moins), doit être jeté sans hésitation.

Dans la plupart des processus de fermentation, une température se situant entre 15-20 °C/59-68 °F est idéale. On trouvera pour chaque produit toutes les indications nécessaires à sa bonne conservation.

CHOUCROUTE

Même si on associe souvent la choucroute à l'Allemagne, le chou tranché fermenté fait partie de la vie des habitants de l'Extrême-Orient depuis des millénaires. On sait aujourd'hui que les ouvriers qui édifièrent la Grande Muraille de Chine se nourrissaient principalement de choucroute. En fait, la seule différence entre la choucroute chinoise et l'allemande, c'est que la première était faite avec du vin de riz alors que la deuxième l'est avec du sel. On croit que le produit fut introduit en Europe, lors des invasions barbares, par les tribus du centre de l'Asie et les armées de Gengis Khan.

La choucroute devint rapidement très populaire dans le centre et le nord de l'Europe et plus tard dans les parties froides de l'Amérique du Nord. Les choux étaient de culture facile, leur conservation facile et le produit fini était riche en vitamine C. La choucroute s'avérait donc précieuse surtout en hiver au moment où on ne trouvait plus ni fruits ni légumes.

Comme c'est le cas avec beaucoup d'autres produits fermentés, ce sont les bactéries du groupe *Lactobacillus* qui transforment le chou en *sauerkraut*. Celles-ci transforment les sucres naturels du chou en acide lactique qui contribue à sa conservation tout en donnant au produit fini son goût fort et sur très caractéristique. Cette choucroute est excellente servie avec des Saucisses de Francfort (voir page 97)

FABRICATION DE LA CHOUCROUTE

1 grand récipient de verre ou émaillé (de plastique à la rigueur)
2 choux verts
Sel marin

- Nettoyer et stériliser le récipient utilisé en versant de l'eau bouillante sur les parois intérieures et laisser reposer quelques minutes.
- Parer les choux, les couper en quartiers et les hacher finement (on peut se servir d'un robot culinaire).
- Peser le chou obtenu et compter 30-40 ml (2 c. à soupe combles) de sel par kilo (2 ¼ lb) de chou. Bien mélanger le chou et le sel dans le récipient. Le sel fera rapidement dégorger le chou, ce qui fournira la saumure dans laquelle celui-ci fermentera.
- Pour s'assurer que le chou reste submergé dans la saumure, le couvrir de sacs de plastique emplis de saumure (en comptant 20 ml/1 ¼ c. à soupe de sel par litre/4 tasses d'eau). Si les sacs fuient un peu, les choux ne seront pas coupés d'eau. On peut aussi couvrir le chou d'une assiette maintenue en place par une cruche d'eau (voir photo).
- Couvrir le récipient de pellicule plastique ou l'envelopper dans un linge épais. Laisser fermenter la choucroute à la température ambiante (18 °C/64 °F) pendant 6 semaines dans un lieu sombre et assez frais.
- Une fois la choucroute prête, la transvaser dans des bocaux stérilisés et sceller ces derniers (voir page 164). La choucroute se conservera jusqu'à 6 mois au réfrigérateur. On peut aussi, pour obtenir une durée de conservation plus longue (jusqu'à un an), se servir de la Mise en conserve en bain d'eau bouillante (page 190). Si on se sert de cette méthode, il faut d'abord égoutter la saumure, la porter à ébullition, y remettre le chou et faire mijoter le tout 5 minutes. Une fois la choucroute mise dans les pots, il faut traiter ceux-ci 25 minutes en eau bouillante. On laisse ensuite refroidir les pots à la température ambiante, puis on les conserve dans un garde-manger ou un cellier à l'abri de la lumière.

CHOUCROUTE GARNIE AU PORC BRAISÉ

Ce plat traditionnel bavarois est meilleur si on le prépare avec une pièce bien grasse de ventre de porc. En cuisine, la choucroute et les pommes font bon ménage, car comme les Chinois et les Allemands le savent depuis longtemps, le porc est toujours bien servi par l'aigre-doux. Ce plat riche et goûteux est très réconfortant en hiver. Donne 4 portions.

10 feuilles de sauge
2 pommes à cuire, pelées et hachées
4 clous de girofle
4 gousses d'ail, hachées
15 ml (1 c. à soupe) de moutarde de Dijon
30 ml (2 c. à soupe) de cassonade
300 g (10 ½ oz) de choucroute, égouttée (voir page 144)
200 ml (⅘ de tasse) de bouillon de poulet
100 ml (⅖ de tasse) de bière
Un morceau très épais de ventre de porc (environ 1,5 kg/3 lb 5 oz)
Sel et poivre

- Préchauffer le four à 180 °C/350 °F/Gaz 4.
- Mettre la sauge, les pommes, les clous de girofle, l'ail, la moutarde, la cassonade, la choucroute, le bouillon de poulet et la bière dans un plat allant au four, et bien mélanger le tout.
- Ajouter le porc, la couenne vers le haut. Presser la pièce de viande dans le mélange. Saler et poivrer au goût.
- Faire cuire au four 3 heures jusqu'à ce que le porc soit bien tendre.
- Retirer la viande du plat et la mettre dans un plat allant au four propre. Faire griller la viande au gril 10 minutes, jusqu'à ce que la couenne soit croquante. On peut aussi accroître la chaleur du four à 220-230 °C/425-450 °F/Gaz 7-8, et rôtir la viande 15 minutes.
- Râper le porc dans la choucroute et servir le tout avec des pommes de terre cuites au four.

KIM CHEE

Le *kim chee* coréen, surtout celui qui est fabriqué à partir de chou chinois, ne sent pas très bon. En cela, il est comme la plupart des produits fermentés qui ne goûtent pas ce qu'ils sentent. Le goût du *kim chee* n'est pas un goût inné mais acquis. La première fois qu'on en mange est souvent... la dernière. Mais on peut aussi, comme le roquefort ou le whisky, finir par ne plus pouvoir s'en passer et devenir... « kim cheecoolique ».

En Corée, il existe des centaines de variétés de *kim chees*. Les plus populaires sont fabriquées à partir de concombres, de navets et de choux. On emploie pour les faire des quantités prodigieuses de sel et de piment rouge brûlant moulu. Souvent on ajoute aux mélanges des huîtres ou des crevettes fermentées. La version que nous vous proposons est relativement douce.

POUR 1 GROS POT DE *KIM CHEE* :

1 kg (2 ¼ lb) de pak-choi ou de chou chinois
Sel
3 gousses d'ail, hachées
10 ml (2 c. à thé) de gingembre, haché
3 piments rouges semi-forts, finement hachés
1 petite botte d'oignons verts, hachés
10 ml (2 c. à thé) de sucre
30 ml (2 c. à soupe) de sauce au poisson
15 ml (1 c. à soupe) de sauce soja

- Séparer les feuilles du légume choisi (pak-choi ou chou chinois), les laver à fond, puis les hacher ou déchiqueter à la main.
- Dissoudre 45 ml (3 c. à soupe) de sel dans 750 ml (3 tasses) d'eau et verser cette saumure sur les feuilles placées dans un grand bol. S'assurer que toutes les feuilles sont immergées en les couvrant d'une assiette maintenue en place par une cruche d'eau.
- Laisser macérer les feuilles 8 heures dans la saumure, puis les égoutter et les faire tremper 10 minutes en eau froide. Égoutter de nouveau.
- Mettre les feuilles dans un gros pot stérilisé (voir page 164). Dissoudre 20 ml (1 ½ c. à soupe) de sel dans 650 ml (2 ⅗ tasses) d'eau et y incorporer l'ail, le gingembre, les piments, les oignons verts, le sucre, la sauce au poisson et la sauce soja. Une fois le sucre dissous, verser ce mélange sur les feuilles en s'assurant qu'elles en sont parfaitement enrobées. Sceller le pot en suivant les indications de la page 164.
- Laisser le pot 24 heures dans un lieu tiède (à 24 °C/75 °F), puis le garder au réfrigérateur. Celui-ci se conservera ainsi jusqu'à un mois.
- **Recette fusion :** Faire frire des pommes de terre bouillies et coupées en cubes dans de l'huile avec de l'oignon, de l'ail et du bacon coupé en petits cubes. Ajouter des Crevettes au beurre fondu (voir page 206), du *kim chee* au pak-choi et des petits pois. Ce petit plat vite fait est tout simplement succulent.

MISO

La première fois qu'on voit du miso, il peut être difficile de deviner à partir de quel produit il est fabriqué. Tout ce qui s'offre aux yeux, c'est une pâte jaune ou brune. De même, quand on y goûte, on peut être déconcerté par ce goût qui ne ressemble à aucun autre et qui, tout en rappelant celui du blé ou de l'orge, est salé et plein d'*umami*. Les Japonais connaissent depuis toujours ce cinquième goût fondamental (les quatre autres sont le sucré, le salé, le sur et l'amer), attesté depuis quelques années par les hommes de science qui ont découvert l'existence de papilles gustatives spécialisées dans son identification. Les aliments au goût d'*umami* ont tous un petit goût de revenez-y. C'est le cas du miso. La clé de l'énigme, c'est que le miso est fabriqué à partir de haricots de soja. Ceux-ci sont d'abord cuits puis mélangés à du riz cuit ou de l'orge inoculés avec des spores d'*Aspergillus oryzae*. On ajoute alors du sel et le mélange est gardé dans des fûts de bois et laissé à mûrir entre 6 mois et 2 ans. Au Japon seulement, on produit 600 000 tonnes de miso chaque année.

FERMENT (AGENT DE FERMENTATION)

Un des ingrédients essentiels dans la fabrication du *koji* est le ferment appelé *Aspergillus* (une moisissure). Comme c'est le même ferment dont on se sert dans la fabrication du saké, on peut s'en procurer assez facilement dans les boutiques spécialisées dans les produits de brassage, les boutiques d'aliments chinois, certains supermarchés orientaux ou sur Internet.

FABRICATION DU MISO

La couleur et le goût (plus ou moins sucré) d'un miso dépend du mélange de haricots de soja et de céréales employé pour le faire. La recette que nous vous proposons donne une pâte brun pâle tout usage qui peut servir dans les soupes et les vinaigrettes. Cette recette donne une bonne quantité de miso qui se conservera jusqu'à un an au réfrigérateur. On peut se procurer des haricots de soja frais dans une épicerie orientale ou un magasin d'aliments naturels.

1,5 kg (3 lb 5 oz) de riz à grains courts
Ferment (*koji*) (*Aspergillus oryzae*), (suivre les indications du fabricant)
1,5 kg (3 lb 5 oz) de haricots de soja frais
650 g (1 lb 7 oz) de sel marin
Un linge préalablement bouilli (pour le stériliser)

- Laver le riz sous l'eau froide courante puis le laisser tremper dans l'eau toute une nuit. Le mettre dans un tamis ou une passoire, le laisser sécher 4 heures puis le faire cuire à la vapeur, 20 minutes environ. Le faire refroidir en le retournant avec une fourchette. Pour obtenir un bon *koji*, les grains de riz doivent être souples et élastiques, secs à l'extérieur mais tendres à l'intérieur.
- Une fois que le riz a atteint une température de 25-30 °C/77-86 °F, y incorporer un peu de ferment en l'y répartissant également. Mettre le riz sur le linge stérilisé, puis le façonner en petites piles d'environ 10 cm (4 po) de haut. Au bout de 10 heures, le riz commencera à chauffer, signe que le ferment a commencé à se multiplier. Durant les 40 heures suivantes, la température du riz doit absolument demeurer entre 35 et 40 °C/95 et 104 °F, pas plus. Pour y arriver, il faut ajuster le volume des piles de riz. Si celles-ci ne sont pas assez hautes, la température tombera (et vice-versa). Une fois la période d'incubation terminée, les grains de riz seront recouverts d'un mycélium blanc plumeux.

PRÉPARATION DES HARICOTS DE SOJA

- Faire tremper les haricots toute la nuit puis les faire cuire jusqu'à ce qu'ils s'écrasent facilement entre le pouce et l'index. L'opération exigera 3 heures environ. Égoutter les haricots puis les réduire aussitôt en purée. Une fois que leur température aura atteint 35-40 °C/95-104 °F, les mélanger au riz dans lequel on a préalablement incorporé le sel. Mettre le mélange dans un petit fût ou un seau de plastique, en égaliser la surface, puis le saupoudrer de 5 ml (1 c. à thé) de sel.

- Recouvrir d'une feuille de pellicule plastique — et d'un couvercle d'un diamètre correspondant à celui de la surface du mélange. Mettre sur le couvercle un poids d'environ 3 kg (6 ¾ lb). Couvrir le récipient de papier d'emballage et maintenir celui-ci en place avec de la ficelle.
- Entreposer le récipient dans un endroit frais et à l'abri de la lumière. Un mois plus tard, jeter un coup d'œil sur le miso (le plus brièvement possible de manière à éviter les risques de contamination). Vérifier s'il s'est formé du liquide à la surface. S'il n'y en a pas, accroître la pression exercée sur le couvercle avec un objet plus lourd. S'il y en a, mélanger le miso en le retournant complètement dans le récipient. Refermer le récipient comme avant et répéter l'opération 1 mois plus tard. Laisser ensuite reposer le miso le temps requis.
- Au bout de quelques mois, le miso commencera à dégager une odeur agréable et se colorera en jaune ou en brun clair. Généralement, on peut commencer à s'en servir au bout de 6 mois et le miso continuera à gagner en goût pendant 18 mois.

CUISSON AU MISO

On peut, avec le miso, préparer de délicieuses vinaigrettes, mais on s'en sert surtout dans les soupes. Le miso est une des pierres angulaires de la culture japonaise. Chaque ménage a son point de vue sur la chose et quand une jeune Japonaise se marie, elle doit abandonner la recette de miso en usage dans sa famille pour adopter celle utilisée par la famille de son mari.

Les soupes au miso sont légères, riches, nutritives et très faciles à faire. On peut s'en servir de nombreuses façons.

SOUPE AU MISO AUX NOUILLES ET AU PORC

Un bouillon au miso est un des éléments essentiels d'un petit déjeuner japonais traditionnel, mais il compose des soupes-repas beaucoup plus substantielles. Donne 4 portions.

1,25 litre (5 tasses) de dashi (on peut se procurer du dashi instantané dans une épicerie japonaise ou en préparer à la maison tel qu'indiqué ci-dessous)
200 g (7 oz) de nouilles soba séchées
1 petit radis blanc, coupé en lanières très fines
125 g (4 ½ oz) de carottes, coupées en lanières très fines
125 g (4 ½ oz) de miso (voir ci-contre)
30 ml (2 c. à soupe) de sauce soja
30 ml (2 c. à soupe) de mirin
250 g (9 oz) de filet de porc émincé (celui-ci sera plus facile à trancher si on le congèle partiellement auparavant)
4 oignons verts, hachés

- **Dashi :** mettre 1,5 litre (6 tasses) d'eau dans une casserole, ajouter un morceau de kombu (algue séchée) de 15 cm (6 po) de long et 25 g (1 oz) de thon bonito et faire frémir 20 minutes (en évitant de faire bouillir le mélange). Laisser se déposer le thon au fond de la casserole puis filtrer le bouillon dans un tamis à mailles fines et réserver. (On peut préparer 1,25 litre (5 tasses) de dashi instantané en suivant les indications du fabricant.)
- **Nouilles :** faire cuire les nouilles puis les égoutter en suivant les indications du fabricant. Les passer à l'eau froide puis réserver.
- Faire chauffer le dashi dans une grande casserole, ajouter les lanières de radis et de carotte et faire mijoter 5 minutes.
- Incorporer le miso à la soupe.
- Assaisonner la soupe avec la sauce soja et le mirin, ajouter le porc émincé et laisser mijoter quelques minutes, juste le temps requis pour cuire la viande.
- Répartir les nouilles et la soupe dans les bols et la servir garnie d'oignon vert.

SAUCE AUX HARICOTS NOIRS

Les haricots de soja noirs contiennent tous les nutriments dont l'organisme a besoin. Leur richesse en protéines rivalise avec celle de la viande et ils sont beaucoup plus faciles à digérer. Ils contiennent 11 % de glucides et fournissent l'huile de cuisson la plus utilisée dans le monde. Les haricots de soja sont à la base d'un grand nombre de produits d'importance : le tofu, le miso, le « lait » de soja, la sauce soja, etc. Voici ce qui se produit lorsqu'on les fait fermenter.

Tous les traiteurs chinois du monde savent que cette sauce foncée au goût piquant mais subtil accompagne à merveille le poisson. Si vous avez la patience d'attendre un ou deux ans, voici la façon de la préparer. Bien sûr, vous pouvez toujours tricher en achetant des haricots noirs déjà fermentés dans une épicerie orientale. Comme ceux-ci sont piquants et très salés, peut-être vous faudra-t-il les rincer avant de vous en servir.

FERMENTATION DES HARICOTS NOIRS

1 kg (2 ¼ lb) de haricots de soja noirs
300 g (10 oz) de sel
25 g (1 oz) de gingembre, grossièrement haché
6 gousses d'ail, grossièrement hachées
Les zestes de 2 oranges

- Faire tremper les haricots toute la nuit en eau froide, puis les cuire 30 minutes. Les égoutter, laisser refroidir puis mélanger au reste des ingrédients.
- Mettre le mélange dans des pots stérilisés et sceller ceux-ci en suivant les indications de la page 164. Entreposer les pots à la température ambiante, dans un garde-manger ou un cellier, et les garder ainsi 1-2 ans avant de s'en servir.

SAUCE AUX HARICOTS NOIRS

22,5 ml (1 ½ c. à soupe) de haricots noirs fermentés (voir ci-contre)
10 ml (2 c. à thé) d'ail, finement haché
10 ml (2 c. à thé) de gingembre, finement haché
2,5 ml (½ c. à thé) de piment rouge, finement haché
15 ml (1 c. à soupe) d'huile de sésame
10 ml (2 c. à thé) de vinaigre de riz
7,5 ml (½ c. à soupe) de sucre
1 badiane (anis étoilé)
150 ml (⅗ de tasse) de bouillon de poulet ou de porc
15 ml (1 c. à soupe) de sauce soja foncée
1 branche de coriandre, grossièrement hachée
3 oignons verts, émincés
5 ml (1 c. à thé) de farine de maïs, délayée dans 30 ml (2 c. à soupe) d'eau

- Faire tremper les haricots noirs dans un peu d'eau tiède pour les dessaler un peu, puis les retirer de l'eau avec une écumoire.
- Faire revenir l'ail, le gingembre et le piment dans l'huile de sésame.
- Ajouter le vinaigre, le sucre, la badiane et les haricots et faire mijoter quelques minutes.
- Ajouter le bouillon (de poulet ou de porc) et la sauce soja et faire mijoter 5 minutes. Ajouter la coriandre et l'oignon vert.
- Incorporer la farine de maïs (bien délayée dans l'eau) à la sauce. Celle-ci devrait épaissir aussitôt.
- Mettre la sauce dans un pot stérilisé et sceller celui-ci (voir page 164). Cette sauce se conservera jusqu'à une semaine au réfrigérateur.
- Cette sauce est excellente servie sur du saumon grillé accompagné de riz cuit à la vapeur.

CÔTES LEVÉES EN SAUCE AUX PIMENTS DOUX ET AUX HARICOTS NOIRS

Le goût piquant de la sauce aux haricots noirs se marie bien à ceux de la sauce aux piments doux et des côtes levées.

Donne 4 portions.

24 côtes levées de porc
1 litre (4 tasses) de bouillon de poulet
1 petit morceau de gingembre
2 gousses d'ail
2 badianes (anis étoilé)
2,5 ml (½ c. à thé) de cinq-épices
Un peu de sauce soja
Sauce aux piments doux (page 177)
Sauce aux haricots noirs (page 150)

- Mélanger le bouillon de poulet, le gingembre, l'ail, la badiane, le cinq-épices et la sauce soja, et y faire mijoter les côtes levées 2 heures environ. Ajouter de l'eau au besoin.
- Une fois les côtes cuites, les enrober d'un peu d'huile et d'environ 150 ml (⅗ de tasse) de sauce aux piments doux. Faire griller les côtes au four 10 minutes, à 230 °C/450 °F/Gaz 8, ou sur le barbecue.
- Servir les côtes avec la sauce aux haricots noirs.

CONSERVES AU SUCRE

Il peut nous sembler étrange aujourd'hui, alors que le sucre est omniprésent dans notre alimentation et si controversé, que lorsqu'il fut introduit en Europe au Moyen Âge, on le considérait comme un aliment médicinal. Il y a trois raisons à cela. La première, c'est que le sucre s'insérait parfaitement dans le système médical en vogue à cette époque.

120
HARD BALL
SOFT BALL
100
JAM
80
STERILISE
60
40
LIQUID LEVEL
Made in England

La deuxième, qu'il possédait un incroyable pouvoir de conservation des aliments. La dernière enfin, qu'il coûtait si cher que seuls les biens nantis pouvaient se permettre d'en abuser.

La caractéristique du sucre qui fit le plus d'impression sur l'esprit médiéval fut sans contredit sa capacité de conserver les aliments dont on l'avait enrobé ou imprégné. Nous savons aujourd'hui que c'est le sucrose qui empêche la prolifération des bactéries en absorbant le surplus d'humidité du produit conservé et en formant contre elles des barrières étanches. Le sucre est un glucide pur et même si l'organisme peut s'en servir comme source d'énergie, une personne qui ne se nourrirait que de sucre en viendrait très vite à souffrir de malnutrition et de soif. De la même manière, aucun microbe ne peut survivre dans le sucre pur. Bien sûr, tout cela relevait du mystère le plus complet pour les alchimistes et hommes de science médiévaux. Même Nostradamus (1503-1566) fut fasciné par ce produit protéiforme au point de consacrer, entre deux prophéties, un gros ouvrage sur les confitures.

En ce qui concerne les instruments requis, il vous faudra vous servir, pour empêcher le sirop de brûler, d'une casserole à fond épais et à bec verseur, pour faciliter les transvasements des préparations. Cette casserole sera assez grande pour empêcher les produits bouillants de déborder et aura des parois lisses pour accélérer l'évaporation de l'eau. Pour pouvoir mesurer avec précision le degré de cuisson du sucre, il vous faudra aussi vous équiper d'un thermomètre de cuisine. Celui-ci est essentiel pour donner la consistance désirée aux produits finis.

Pour vous montrer à quel point la précision est ici capitale, voici la nomenclature des treize degrés de cuisson du sucre établie par Frederick Bishop en 1850. Ce sont, dans l'ordre ascendant : le petit lissé (lisse), le lissé, le petit perlé (filé), le grand perlé, la petite queue de cochon, la grande queue de cochon, le soufflé, la petite plume, la grande plume, le petit boulé, le grand boulé (en boule), le cassé (produisant une boule qui se défait sous les dents tout en y collant) et finalement le caramélisé (qui se casse à la moindre pression). (À noter que cette classification ne correspond plus tout à fait à celle en usage aujourd'hui.)

AMANDES CARAMÉLISÉES

Nous nous sommes longtemps demandé si nous allions vous proposer ici la recette des pralines, ces amandes enrobées de sucre que tous les gens qui ont déjà été invités à un mariage connaissent bien. À la fin nous avons décidé que non. C'est que leur fabrication exige un équipement très spécialisé et beaucoup, beaucoup de temps.

Comme il s'agit d'une tâche fastidieuse, nous avons décidé de vous proposer une méthode plus rapide de conserver les amandes dans le sucre. Juste avant de caraméliser, le sirop doit être cuit au « caramel clair » (154-157 °C/310-315 °F) c'est-à-dire sur le point de brûler. Il faut donc procéder avec soin et précision.

Il faut se servir pour cette recette de deux pièces d'équipement particulières. La première est un coussinet de silicone, une version plus moderne des marbres utilisés par les confiseurs. L'autre est une casserole à fond épais qui permet une égale répartition de la chaleur et réagit rapidement aux changements de température. Celle-ci vous permet d'obtenir le degré de cuisson du sucre essentiel à la réussite de cette recette comme de bien d'autres confiseries d'ailleurs.

600 g (1 ¼ lb) de sucre glace
300 g (10 ½ oz) d'amandes entières

- Étendre les amandes sur une plaque de four et les garder au four, à 150 °C/300 °F/Gaz 2, jusqu'à ce que le caramel soit prêt. Il est indispensable qu'elles soient chaudes au moment où on les enduira de caramel.
- Mettre le sucre dans le chaudron à confire et le chauffer lentement. Surveiller le fond du chaudron pour s'assurer que le sucre reste clair en fondant. S'il a tendance à foncer, c'est qu'il cuit trop rapidement.
- Remuer doucement le sucre fondant avec une cuiller de métal. S'il se forme des grumeaux, ne pas s'en faire, ceux-ci finiront par fondre eux aussi.
- Dès que le sucre est fondu et clair, y plonger rapidement les amandes chaudes. Ce point est capital. En effet, si les amandes sont froides, cela fera chuter la température du sirop et provoquera en retour la cristallisation du sirop. S'il s'ensuit une réaction en chaîne, le sirop cristallisera et la catastrophe sera complète. Il se peut que, de toute façon, le sucre se cristallise un peu, mais il ne faut pas s'en faire, car au bout de 5 minutes de brassage, le sirop redeviendra lisse. À ce stade, les amandes « craqueront » en grillant dans le sirop bouillant. Le sirop devrait être alors d'une belle couleur ambrée et opaque. S'il reste clair, accroître légèrement la chaleur.
- Verser l'amas d'amandes obtenu sur un marbre ou un coussinet de silicone et le laisser refroidir jusqu'à ce qu'il soit friable (25 minutes environ). Casser les plaques caramélisées en morceaux et les garder, dans un lieu frais, dans une boîte à biscuits ou dans des sacs de plastique hermétiques. Ainsi traitées, ces amandes peuvent se garder de 2 à 3 mois.

ÉCORCES D'ORANGE CONFITES

Même si on croit que la canne à sucre fut d'abord cultivée en Nouvelle-Guinée, ce sont les Indiens qui, il y a plusieurs millénaires, réussirent les premiers à en isoler les cristaux de sucre (le mot « candi » provient du sanskrit « khanda » utilisé pour les décrire).

Le sucre candi est tout simplement un sucre épuré et recristallisé par cuisson. Comme nous l'avons déjà indiqué dans la recette des Amandes caramélisées, cela peut se produire en une fraction de seconde. Et c'est bien parce qu'il était rapide et facile de traiter ainsi le sucre que les bonbons furent si longtemps très populaires.

Un fruit candi est un fruit qu'on a fait tremper dans le sirop et dont le jus naturel a été remplacé, par osmose, par du sucre. Cela permet d'en conserver la forme et prolonge de beaucoup sa durée de vie. En un sens, si l'on peut dire, les fruits confits sont comme des fossiles qui auraient eu la chance d'être préservés par le bon sel minéral au bon moment.

PRÉPARATION DES ZESTES

La « candisation » peut transformer un produit que normalement on ne pourrait consommer (écorce d'orange amère, par exemple) en une friandise de luxe. Trempez l'extrémité d'une écorce confite dans du chocolat noir fondu et l'autre dans du sucre, dégustez... et vous nous en donnerez des nouvelles.

Un des ingrédients utilisés ici est le sirop de glucose. C'est un produit fréquemment utilisé en confiserie pour empêcher la re-cristallisation du sucre. Ici, son rôle est de donner aux écorces confites un fini lustré et de les empêcher de durcir.

1 kg (2 ¼ lb) de zestes d'oranges navel (obtenus à partir de 4-5 kg/9-11 lb d'oranges entières) (voir note)
1,8 kg (4 lb) de sucre glace
200 g (7 oz) de sirop de glucose

Note : Utiliser des oranges non cirées de préférence. Les couper en quartiers avant de les peler le plus délicatement possible. On peut aussi les peler en les gardant entières et se servir des fruits dans la recette des Oranges au brandy (page 184).

- Couper les zestes en lanières et les faire mijoter et s'attendrir 30 minutes dans l'eau. Égoutter les zestes puis les mettre dans une casserole avec 1 kg (2 ¼ lb) de sucre. Couvrir d'eau complètement, puis mijoter le tout 30 minutes. Retirer la casserole du feu, la couvrir et laisser refroidir.
- Le jour suivant, retirer les zestes du sirop avec une écumoire, ajouter 200 g (7 oz) de sucre au sirop, amener au point d'ébullition en s'assurant que le sucre est parfaitement fondu. Retirer la casserole du feu, y remettre les zestes, la couvrir et laisser reposer 24 heures de plus.
- Répéter l'opération 3 fois en ajoutant 200 g (7 oz) de sucre chaque fois. Le cinquième jour, répéter l'opération une dernière fois en se servant du sirop de glucose au lieu du sucre.
- Le sixième, retirer les zestes de la casserole, les étaler sur du papier sulfurisé et les laisser sécher entre 24 et 48 heures, jusqu'à ce qu'ils soient secs, mais restent encore tendres.
- Enduire les zestes de sucre et les entreposer entre des feuilles de papier sulfurisé dans un contenant hermétique. Ils se conservent ainsi 6 mois environ.

TRANCHES CONFITES

On peut confire des segments d'orange entiers de la même manière. Il faut alors procéder comme ci-dessus, mais en prenant soin de mijoter les segments d'orange dans l'eau avant de les mêler au sucre. Ceux-ci sont délicieux trempés dans le chocolat fondu.

MARRONS (CHÂTAIGNES) GLACÉS

Les marrons (châtaignes), à la chair savoureuse et fondante, peuvent se manger tels quels, mais on peut, en les faisant macérer dans le sirop, en faire de merveilleuses petites gâteries. Durant la macération, le sucre les pénètre de part en part, puis commence à se recristalliser. C'est ce qui donne aux marrons glacés une texture complexe et raffinée. Et si notre façon de les préparer est plus rudimentaire que la méthode traditionnelle — datant du XVIe siècle — se déroulant en seize étapes, elle donne quand même d'excellents résultats.

1 kg (2 ¼ lb) de marrons (châtaignes)
600 ml (2 ⅔ tasses) d'eau (sans compter l'eau de cuisson)
600 g (1 ¼ lb) de sucre
200 ml (⅘ de tasse) de glucose liquide (sirop de glucose)
10 ml (2 c. à thé) d'extrait de vanille

- Avec la pointe d'un couteau coupant, inciser chaque marron à deux ou trois reprises (en faisant bien attention à ne pas en endommager la chair intérieure).
- Faire chauffer une casserole d'eau à 85 °C/185 °F, y mettre les marrons et les faire mijoter à cette température 30 minutes. Pour empêcher leur durcissement, éviter de les faire bouillir.
- Retirer la casserole du feu et aussitôt que les marrons ont refroidi, les peler en en enlevant aussi les membranes intérieures (pour cette délicate opération, utiliser un économe).
- Avec un peu de chance, vous disposerez maintenant de 30-40 marrons en parfaite condition. Étaler ceux-ci dans un plat peu profond résistant à la chaleur. Faire fondre le sucre dans l'eau puis faire cuire le sirop jusqu'à ce que sa température atteigne 104 °C/220 °F au thermomètre de cuisine. Verser le sirop sur les marrons et laisser refroidir 24 heures dans un lieu frais.
- Le jour suivant, remettre le sirop dans une casserole et le faire chauffer jusqu'à 110 °C/230 °F. Le verser sur les marrons et laisser reposer toute la nuit.
- Pour la dernière étape, verser le sirop dans une casserole, mais en y ajoutant le glucose liquide et la vanille. Faire chauffer le sirop au petit boulé (à 116 °C/240 °F exactement), puis le verser sur les marrons. Entreposer le tout dans un pot stérilisé et sceller celui-ci (voir page 164).

Ainsi préparés, les marrons peuvent se garder presque indéfiniment. On peut s'en servir pour faire de succulents *brownies* au chocolat.

VIOLETTES CONFITES

Durant le Moyen Âge, les violettes confites (et les pétales de rose confits) servaient de tonique aux enfants malades des familles royales. On s'en sert aujourd'hui encore pour décorer certains chocolats fourrés à la crème fins. Dans le sud de la France, on peut en acheter en grandes quantités. Elles sont croquantes et parfumées.

Les deux meilleures variétés de violette à utiliser sont la violette odorante (*Viola odorata*) et la célèbre violette de Parme (là où on peut la cultiver). La préparation des violettes confites est un jeu d'enfant.

20 fleurs de violettes en parfaite condition (avec un bout de tige)
1 blanc d'œuf, battu en neige mais pas ferme
15 ml (1 c. à soupe) de sucre glace

- Prendre chacune des violettes et, en la tenant par la tige, la tremper dans le blanc d'œuf (ou l'en badigeonner avec un petit pinceau). Tamiser un peu de sucre glace sur la fleur en la tournant entre les doigts. En y adhérant, le sucre la cristallisera. Placer les violettes ainsi traitées sur du papier ciré puis les mettre 24 heures au réfrigérateur. Les mettre ensuite dans un lieu tiède et bien aéré et laisser reposer 24 heures de plus.
- À ce stade, on peut éliminer les tiges des violettes.

Les violettes confites se conserveront jusqu'à 8 semaines dans un contenant hermétique. On peut s'en servir pour décorer les gâteaux, les poudings et les chocolats.

CONFITURE À LA CITROUILLE ET À L'ÉRABLE

C'est toujours la même histoire : on cultive des citrouilles dans son jardin pour se faire plaisir (en prétendant bien sûr que c'est pour celui de nos enfants) et on finit par se retrouver avec des tonnes de fruits dont on ne sait que faire. Voici une bonne façon d'utiliser les citrouilles qu'on a cultivées ou achetées pour l'Halloween. Le résultat est une délicieuse confiture ambrée et très goûteuse.

1,5 kg (3 lb 5 oz) de citrouille, pelée et coupée en dés
600 g (1 ¼ lb) de sirop d'érable
300 g (10 ½ oz) de miel clair
Deux bâtons de cannelle (facultatif)

- Faire bouillir 4 pots de 500 ml (2 tasses) avec leurs couvercles 10 minutes puis les laisser dans l'eau bouillante jusqu'au moment de s'en servir.
- Mettre tous les ingrédients dans une casserole à fond épais puis les amener doucement à ébullition. Quand le mélange commence à bouillir, l'écumer puis faire mijoter environ 1 ½ heure. En cuisant, la citrouille deviendra transparente. Enlever l'écume à mesure qu'elle se forme dans la casserole. Une fois la cuisson terminée, enlever la cannelle du mélange et la jeter.
- À ce stade, on peut empoter le mélange tel quel, mais pour obtenir une confiture tout usage, il faut le traiter au robot culinaire pour le réduire en purée.
- Mettre aussitôt le mélange dans les pots stérilisés et sceller ceux-ci (voir page 164). Cette confiture se conserve durant 6 mois au moins.

On peut s'en servir :
- sur des tranches de pain grillé (avec beaucoup de beurre) ;
- sur des gaufres rôties (avec beaucoup de crème fouettée) ;
- comme garniture de tarte (avec de la crème et des œufs) ;
- tel quel.

TARTE À LA CITROUILLE, À L'ÉRABLE ET AUX FRAMBOISES

Donne 2 tartes de 6 portions chacune.

PÂTE :

500 g (1 lb 2 oz) de farine à pâtisserie extra-fine
175 g (6 oz) de sucre glace
250 g (9 oz) de beurre froid, coupé en petits morceaux
1 œuf moyen et 2 jaunes d'œufs
2,5 ml (½ c. à thé) d'extrait de vanille

GARNITURE :

300 ml (1 ⅓ tasse) de crème épaisse
4 œufs moyens
8 jaunes d'œufs
600 ml (2 ⅔ tasses) de Confiture à la citrouille et à l'érable (page 161)
160 g (5 ½ oz) de framboises

- **Pâte :** tamiser la farine et le sucre glace dans un grand bol. Incorporer le beurre froid aux ingrédients secs avec les doigts jusqu'à ce que le mélange soit grumeleux et mou.
- Battre ensemble l'œuf, les jaunes d'œufs et la vanille, faire un trou au milieu de la farine travaillée et y incorporer graduellement le mélange liquide.
- Mettre la pâte sur une surface enfarinée puis la diviser en deux boules. Envelopper les boules de pâte dans une pellicule plastique et les mettre au réfrigérateur 30 minutes au moins avant de s'en servir.
- Préchauffer le four à 190 °C/375 °F/Gaz 5. Abaisser la pâte et la presser (sans la tailler) dans deux moules à flan à charnières de 20 cm (8 po) de diamètre et 4 cm (1 ⅝ po) de profondeur. Découper deux rondelles de papier sulfurisé, les mettre sur chacune des croûtes, puis les couvrir de haricots secs.
- Faire cuire les croûtes 10 minutes au four, enlever les haricots et le papier sulfurisé des moules, tailler le pourtour des croûtes avec un couteau coupant, et les faire cuire et dorer 15 minutes de plus.
- **Garniture :** battre ensemble la crème, les œufs, les jaunes d'œufs et la confiture 30 secondes, puis incorporer les framboises.
- La meilleure façon de garnir les croûtes consiste à les remplir avec une cuiller sur la grille du four. Les remplir jusqu'à 5 mm (¼ po) du bord puis les faire cuire 1 heure à 150-160 °C/300-325 °F/Gaz 2-3. Vérifier les tartes au bout de 45 minutes de cuisson. À ce stade, la garniture devrait commencer à prendre. Dès que ce processus est terminé, les tartes sont prêtes.

CONFITURES ET GELÉES : PRINCIPES ET ÉQUIPEMENT REQUIS

Les confitures sont préparés avec des fruits entiers cuits dans le sucre, alors que dans les gelées, on ne se sert que de leur jus. Le degré de température magique dans la fabrication des confitures est de 104 °C/220 °F ; c'est celui du « point de gélification » des préparations. À cette température, le sucre dans lequel on fait cuire les fruits change de texture. Test de gélification : pour savoir si la confiture s'est gélifiée, mettre un peu du sirop dans une assiette refroidie, le laisser refroidir un peu, puis faire une trace au milieu du mélange avec l'index. Si la confiture se froisse et que les deux moitiés restent séparées, la confiture est à point. Dans le cas contraire, poursuivre la cuisson 5 minutes et répéter le test.

Certaines gelées ont une couleur incomparable. C'est un agent de gélification naturel, la pectine, qui joue aussi un rôle capital dans la fabrication des confitures, qui leur donne leur texture ferme. Certains fruits (et leurs graines, pépins ou semences) sont naturellement riches en pectine de sorte qu'il n'est pas besoin de leur en ajouter (contrairement aux fruits pauvres en pectine).

On ajoute souvent du jus de citron ou du vinaigre aux confitures et aux gelées. Parce qu'ils sont acides, ils contribuent à extraire la pectine des fruits tout en empêchant le sucre de se recristalliser.

STÉRILISATION DES POTS

Pour stériliser les pots ou les bouteilles, il faut d'abord les laver à l'eau savonneuse puis les rincer à fond. On les fait ensuite bouillir 10 minutes dans l'eau et on les fait sécher au four à 80-90 °C/ 180-200 °F/Gaz ¼. Le même procédé s'applique aux couvercles, aux rondelles et aux entonnoirs.

EMPLISSAGE DES POTS

Il est préférable d'effectuer cette opération lorsque les pots sont encore chauds (voir ci-dessus). Remplir ceux-ci de confiture ou de gelée chaude jusqu'à 1 cm (½ po) du bord du pot. Essuyer délicatement le pourtour du pot, puis mettre une rondelle de papier ciré sur le produit. Sceller le pot après avoir préalablement stérilisé le couvercle (et la rondelle, s'il y a lieu).

SCELLAGE DES POTS

Pour sceller un pot dont on a perdu le couvercle, mouiller une des faces d'une grande rondelle de cellophane, la mettre sur le pot puis l'y maintenir en place avec un élastique. En séchant, le cellophane scellera parfaitement le pot.

Inscrire le nom du produit et sa date de fabrication sur l'étiquette du pot et garder les pots dans un lieu frais et à l'abri de la lumière.

ÉQUIPEMENT REQUIS

- Une grande casserole en acier inoxydable à fond épais ou, mieux encore, un chaudron à confire
- Un thermomètre de cuisine
- Des pots stérilisés
- Des couvercles (pour éviter que l'acide des fruits vienne en contact avec le métal, tapisser le fond des couvercles de rondelles de carton ou de papier ciré)
- De la pectine sèche
- Une étamine et de la mousseline
- Du papier ciré
- Des feuilles de cellophane
- Un entonnoir à confitures
- Des étiquettes

CONFITURE DE FRAISES

Les fraises sont pauvres en pectine, mais parce qu'il n'est pas essentiel que la confiture soit gélifiée, il n'est pas nécessaire d'y ajouter de la pectine (d'autant que le jus de citron contribue à l'extraction de pectine que contiennent les graines). En fait, c'est en réduisant le sirop dans lequel on les fait cuire qu'on obtiendra la consistance désirée. Il faut, pour réussir une bonne confiture de fraises, que les fruits aient été fraîchement cueillis et ne soient pas trop gros. Il faut aussi éviter de se servir de fraises forcées ou importées qui sont presque toujours inodores et insipides.

3 kg (6 ¾ lb) de fraises, équeutées
Le jus de 2 citrons
2,5 kg (5 ½ lb) de sucre

- Garder les petits fruits entiers et couper les gros en morceaux. Mettre les fraises dans une grande casserole avec le jus de citron et les faire mijoter une heure ou plus jusqu'à ce que leur volume ait réduit d'environ 10%.
- Ajouter le sucre et poursuivre la cuisson jusqu'à ce que la température atteigne 104 °C/220 °F. Procéder au test de gélification (voir page 164).
- Une fois la confiture cuite, en écumer la surface, la retirer du feu et laisser refroidir jusqu'à ce qu'un film se forme en surface. Mélanger la confiture puis la mettre dans les pots stérilisés à l'aide d'un entonnoir spécial.
- Sceller les pots (voir page 164) et les entreposer dans un lieu frais où elles se conserveront au moins un an.

CONFITURE DE FIGUES

1 kg (2 ¼ lb) de figues mûres bien juteuses
800 g (1 ¾ lb) de sucre
Le jus de 1 citron

- Éliminer les tiges des figues, hacher grossièrement ces dernières puis les mettre dans la casserole.
- Amener les figues à ébullition dans leur propre jus, puis ajouter le sucre et le jus de citron.
- Faire cuire la confiture jusqu'à ce qu'elle atteigne 104 °C/ 220 °F. Procéder au test de gélification et s'il est positif, retirer aussitôt la confiture du feu. Laisser refroidir la confiture jusqu'à ce qu'il se forme un film en surface, puis la brasser et la mettre dans les pots stérilisés. Sceller les pots (voir page 164) et les garder dans un lieu frais.

COMPOTE DE PÊCHES

Les meilleures pêches proviennent des arbres cultivés en espaliers. Malheureusement, comme elles sont assez petites et grisâtres, elles sont difficiles à trouver dans le commerce. Si on ne peut en trouver, on peut se servir, pour la préparation de cette compote, de pêches ordinaires à condition qu'elles soient bien mûres et parfumées. Servie avec de la crème glacée à la vanille, cette compote est tout simplement... divine.

1 kg (2 ¼ lb) de pêches juteuses bien mûres
500 g (1 lb 2 oz) de sucre
Le jus de 1 citron
30 ml (2 c. à soupe) de brandy (cognac, de préférence)
Quelques gousses de cardamome verte ou 1 bâton de cannelle (facultatif)

- Blanchir les pêches 1 minute et les plonger en eau froide pour en arrêter la cuisson. Peler les pêches puis les hacher grossièrement en jetant les noyaux.
- Faire cuire les pêches avec les autres ingrédients jusqu'à ce que le mélange ait réduit d'environ 10%. Mettre la confiture dans les pots stérilisés et sceller ceux-ci (voir page 164).

Comme la compote est assez pauvre en sucre, il faut la garder au réfrigérateur. Elle se conservera jusqu'à 6 mois.

GÂTEAU-POUDING À LA COMPOTE DE PÊCHES

Servi avec beaucoup de crème anglaise, ce gâteau-pouding est l'antidote parfait à la plupart de tous les petits soucis quotidiens. **Donne 4 portions.**

100 g (3 ½ oz) de beurre
100 g (3 ½ oz) de sucre glace
100 g (3 ½ oz) de farine
100 g (3 ½ oz) d'amandes moulues
50 g (2 oz) d'abricots séchés, coupés en tout petits dés
400 g (14 oz) de compote de pêches (voir ci-contre)
Une montagne de Crème anglaise (page 183)

- Préchauffer le four à 200 °C/400 °F/Gaz 6.
- Dans un grand bol, mélanger le beurre, le sucre, la farine, les amandes et les abricots jusqu'à ce que le beurre ait été complètement absorbé par le reste.
- Mettre la compote dans un plat allant au four, puis la couvrir de garniture.
- Faire cuire le gâteau 30 minutes ou jusqu'à ce que la croûte soit dorée et croquante.

GELÉE AUX PRUNES DE DAMAS ET AUX POMMETTES

Les prunes de Damas sont des prunes bleues tardives à chair verte. Comme les deux fruits utilisés dans cette recette sont très riches en pectine, le temps de la cuisson est très court. Cette gelée au goût acidulé mais agréable est excellente avec les viandes rôties.

2 kg (4 ½ lb) de pommettes coupées en huit (les fruits abattus par le vent sont les plus indiqués ici)
1 kg (2 ¼ lb) de prunes de Damas
Le jus de 3 citrons
Sucre

- Mettre les pommettes et les prunes dans une grande casserole et faire mijoter 2 heures au moins en remuant fréquemment.
- Une fois le mélange bien pulpeux, le mettre dans une grande étamine (ou une taie d'oreiller de coton blanc), attacher le bout de celle-ci avec de la ficelle et la suspendre, puis laisser s'égoutter toute la nuit au-dessus d'un grand bol (ou un seau).
- Mesurer le jus obtenu et ajouter la même quantité de sucre (en poids) (compter 1 kg/2 ¼ lb de sucre par litre/4 tasses de jus). Ajouter le jus de citron. Amener le tout à ébullition, en remuant constamment, puis faire bouillir 1 minute. Écumer la gelée, puis la verser immédiatement dans les pots stérilisés et sceller ceux-ci (voir page 164).
- Entreposer les pots dans le garde-manger. Cette gelée se conservera jusqu'à un an.

GELÉE DE GADELLES (GROSEILLES ROUGES)

En Angleterre, il est presque obligatoire de servir un gigot d'agneau avec cette gelée (sans oublier bien sûr la *mint sauce*). Pour les Français, il s'agit là presque d'un crime. Mais l'ont-ils seulement essayé ?

Cette recette donne une gelée d'une belle couleur rouge qui accompagne aussi bien l'agneau que les fromages. Les groseilles sont riches en pectine, les graines en particulier, de sorte qu'il n'est pas nécessaire d'en ajouter durant la cuisson.

CHAQUE KILO (2 ¼ LB) DE FRUITS DONNE ENVIRON 450 g/1 LB DE GELÉE.

1 kg (2 ¼ lb) au moins de gadelles (groseilles rouges)
Sucre (compter 60 % du poids des gadelles)
Porto (facultatif)

- Faire chauffer les gadelles dans une casserole puis laisser mijoter 1 heure. À l'aide d'un presse-purée, écraser les fruits.
- Filtrer les gadelles et leur jus dans une étamine ou un sac à gelée en les laissant s'égoutter plusieurs heures au-dessus d'un grand plat ou d'une chaudière (voir page 167).
- Mesurer le jus obtenu et compter pour chaque litre de jus (4 tasses) 1,2 kg (2,5 lb) de sucre. Mélanger le sucre et le jus, amener à ébullition en remuant constamment le mélange jusqu'à ce que le sucre soit fondu. Faire cuire jusqu'au point de gélification (104 °C/220 °F). On peut, à ce stade, ajouter un verre de porto à la gelée, en n'oubliant pas de la ramener au point d'ébullition.
- Écumer la gelée, puis la verser immédiatement dans les pots stérilisés et sceller ceux-ci (page 164). Cette gelée se conserve un an dans le garde-manger. Une fois un pot entamé, le garder au réfrigérateur et en consommer le contenu en moins d'un mois.

GELÉE DE MENTHE

De manière générale, les Français considèrent comme une hérésie culinaire le fait de servir de l'agneau avec de la sauce à la menthe. Si c'est le cas avec les sauces à la menthe faites à partir de menthe séchée et de vinaigre de malt (un produit qui fait très mauvais ménage avec le vin), ce ne l'est pas avec cette gelée parfumée. Contrairement à ce qu'on pourrait croire, cette gelée ne sera pas verte mais d'une belle couleur rosée.

100 ml (⅖ de tasse) de Vinaigre aux framboises (page 137)
100 g (3 ½ oz) de sucre
5 ml (1 c. à thé) de pectine sèche
100 ml (⅖ de tasse) de vin blanc
Une grosse poignée de feuilles de menthe fraîche

- Faire cuire doucement le vinaigre aux framboises pour en réduire le volume de 25 %.
- Mélanger le sucre et la pectine puis les dissoudre dans le vinaigre.
- Ajouter le vin blanc et faire mijoter 5 minutes.
- Hacher finement la menthe puis l'ajouter au sirop. Laisser mijoter le tout 1 minute puis transvaser la gelée dans un pot stérilisé et sceller celui-ci (voir page 164). Garder la gelée au réfrigérateur et la consommer en moins d'un mois.

CHUTNEY AUX TOMATES VERTES GRILLÉES

Donne 3 pots moyens de chutney.

500 g (18 oz) de tomates vertes
150 ml (3/5 de tasse) de vinaigre de cidre
125 ml (½ tasse) de vinaigre de malt
50 ml (1/5 de tasse) de vinaigre balsamique
125 g (4 ½ oz) de sucre muscovado
100 g (3 ½ oz) de cassonade foncée
5 ml (1 c. à thé) de sel
Un morceau de 2,5 cm (1 po) de long de gingembre, tranché
10 ml (2 c. à thé) de graines de moutarde
10 ml (2 c. à thé) de poivre de Sichuan (ou poivre noir)
2 piments séchés moyens
10 feuilles de sauge fraîche
4 branches de romarin
2 rameaux de thym
2 tiges d'origan
1 oignon moyen, haché
500 g (18 oz) de pommes à cuire, pelées et hachées

- Imbiber les tomates d'un peu d'huile d'olive, puis les trancher et les cuire au gril (mais en les gardant fermes). On peut aussi les cuire dans une poêle plate.
- Faire chauffer les vinaigres, puis incorporer à fond le sucre, la cassonade et le sel.
- Mettre le gingembre, les graines de moutarde, le poivre et les piments sur un petit carré d'étamine et en faire un petit paquet.
- Hacher les tomates grillées et les mettre dans une casserole avec les autres ingrédients.
- Faire mijoter 2 heures au moins, en remuant souvent et jusqu'à ce que le chutney ait la consistance désirée.
- Mettre le chutney dans les pots stérilisés et sceller ceux-ci avec des couvercles non-réactifs (voir page 164). Garder les pots à l'abri de la lumière. Laisser « mûrir » le chutney 3 mois au moins (et jusqu'à 18 mois) avant de le consommer. Une fois entamé, un pot doit être gardé au réfrigérateur et le contenu doit être consommé en moins de 6 semaines.

CHUTNEY AUX POMMES, AUX DATTES ET À LA SAUGE

Ce sont les dattes qui donnent un petit air de convivialité à ce chutney. Il est excellent servi dans le temps des Fêtes avec de la dinde froide ou du jambon.

1 kg (2 ¼ lb) de pommes à cuire, pelées et hachées
120 g (4 ½ oz) de dattes, dénoyautées et hachées
100 ml (2/5 de tasse) de jus d'ananas
300 g (11 oz) d'oignon, haché
200 g (7 oz) de sucre muscovado
200 ml (4/5 de tasse) de vinaigre de malt
5 ml (1 c. à thé) de cannelle moulue
150 ml (3/5 de tasse) de cidre
15 feuilles de sauge

- Mettre tous les ingrédients dans la casserole et faire mijoter 2 heures, en remuant fréquemment.
- Une fois que le chutney a épaissi, le mettre dans les pots stérilisés et sceller ceux-ci avec des couvercles non-réactifs (voir page 164). Entreposer les pots comme ceux du Chutney aux tomates grillées (ci-contre).

CHUTNEY À LA MANGUE

Le chutney à la mangue est si répandu dans tout le Commonwealth que bien des gens oublient son origine indienne. En effet, le *chatni* est, en Inde, une préparation à base de fruits frais et d'épices et le mot signifie « bon à s'en lécher les doigts ».

On peut préparer d'excellents chutneys à partir de divers fruits et légumes comme les pêches, les bananes, les abricots, les prunes, les concombres, les pommes et les tomates, mais le plus classique de tous est à base de mangues. Ce dernier accompagne à merveille les currys ainsi que divers fromages.

On se sert généralement de mangues vertes salées et marinées pour faire cette recette, mais comme il est assez difficile de s'en procurer, on peut se servir à la place de mangues jaunes fermes.

1 kg (2 ¼ lb) de mangues, pelées coupées en dés
50 g (2 oz) de gingembre frais, coupé en fine julienne
50 g (2 oz) de piment rouge mi-fort, épépiné et coupé en fine julienne
250 ml (1 tasse) de vinaigre de cidre
200 g (7 oz) de sucre glace doré

Mettre tous les ingrédients dans une casserole et porter à ébullition. Faire mijoter 1 heure, en remuant souvent, puis mettre le chutney dans les pots stérilisés et sceller ceux-ci (voir page 164). Les pots entreposés dans un lieu frais se conservent un an.

PÂTE DE COINGS

La texture de cette pâte au goût de miel ressemble à celle d'un fromage à pâte semi-molle. Elle est délicieuse servie avec divers fromages, des viandes froides ou du foie gras. Avec l'âge, la pâte de coings devient plus ferme, plus foncée et plus goûteuse.

2 kg (4 ½ lb) de coings
Le jus de 1 citron
Sucre (quantité égale en poids à celui de la chair des coings parés)

- Parer et peler les coings et en réserver la chair. Mettre les débris et les pelures dans une casserole avec 250 ml (1 tasse) d'eau et faire mijoter le tout 1 heure. Passer la pulpe dans un chinois et la réserver.
- Peser la chair des coings et la mettre dans une casserole à fond épais. Ajouter la pulpe, le jus de citron et 250 ml (1 tasse) d'eau de plus, puis laisser mijoter 1 heure.
- Traiter le tout avec un mélangeur manuel ou dans un robot culinaire, jusqu'à consistance lisse.
- Remettre la purée dans la casserole (si nécessaire) et y incorporer le sucre. Faire mijoter 2 heures, en remuant fréquemment, jusqu'à ce que la purée soit d'un beau rose foncé. On sait que la pâte est à point quand la cuiller qu'on y passe laisse une marque durable.
- Graisser légèrement une plaque à gâteau antiadhésive et y verser la pâte en une couche de 3 cm (1 ¼ po) d'épais. Laisser prendre toute la nuit, puis retourner ce pain sur de l'étamine et bien l'envelopper. Envelopper le tout dans deux épaisseurs de papier journal et laisser reposer à l'abri de la lumière durant au moins 1 mois. La pâte de coings se conserve jusqu'à un an.

CRÈME DE CITRON À L'ANGLAISE

Quoi de plus rafraîchissant qu'une crème de citron servie dans une tarte au citron ou sur du pain grillé! Malheureusement, compte tenu des ingrédients frais dont on se sert pour la préparer, celle-ci a une durée de conservation relativement courte (6 semaines au réfrigérateur).

Le jus et le zeste finement râpé de 4 gros citrons (ou 5 moyens), non cirés
4 gros œufs
370 g (13 oz) de sucre glace
250 g (9 oz) de beurre non salé, coupé en dés
15 ml (1 c. à soupe rase) de fécule de maïs
3 pots d'une capacité de 300 ml (1 ⅕ tasse)
Paraffine

- Stériliser les pots (voir page 164) et les garder à la main.
- Mettre tous les ingrédients dans une casserole et les battre vigoureusement 30 secondes.
- Faire chauffer le mélange à feu doux en remuant constamment pour éviter qu'il ne colle sur les côtés de la casserole. Mesurer la température avec un thermomètre de cuisine et dès qu'elle atteint 70 °C/158 °F, c'est le signe que les œufs et la farine de maïs sont sur le point de s'émulsifier et de gélifier la préparation.
- Une fois la crème épaissie, la faire cuire 1 minute de plus et retirer la casserole du feu.
- Verser la crème dans les pots stérilisés à l'aide d'un entonnoir à confiture.
- Couvrir la crème de paraffine fondue, puis sceller les pots (voir page 164).
- Laisser refroidir. Cette crème se conservera jusqu'à 6 semaines au réfrigérateur.

TARTE AU CITRON ET À LA MERINGUE

Donne 2 tartes (de 4 à 6 portions chacune).

PÂTE :

500 g (1 lb 2 oz) de farine à pâtisserie extra-fine

175 g (6 oz) de sucre glace

Le zeste de 1 citron

250 g (9 oz) de beurre froid, coupé en petits morceaux

1 oeuf moyen et 2 jaunes d'œufs

2,5 ml (½ c. à thé) d'extrait de vanille

MERINGUE :

4 blancs d'œufs moyens et 3 jaunes d'œufs

100 g (3 ½ oz) de sucre glace

50 ml (⅕ de tasse) de crème épaisse

450 ml (1 ⅘ tasse) de Crème de citron à l'anglaise (page 171)

75 g (3 oz) de sucre glace

- Préparer la crème de citron en suivant les indications de la page 171 (ou se servir d'un pot de 300 ml/1 ⅕ tasse de crème déjà préparée).
- **Pâte :** tamiser la farine et le sucre dans un grand bol. Ajouter le zeste de citron et incorporer le beurre avec les doigts jusqu'à ce que le mélange soit grumeleux.
- Battre ensemble les œufs, les jaunes d'œufs et la vanille. Faire un trou au milieu de la farine travaillée, puis y incorporer le mélange liquide. Façonner la pâte en boule (procéder rapidement).
- Mettre la pâte sur une surface enfarinée et la couper en deux boules. Couvrir les boules de pellicule plastique et les laisser reposer 30 minutes au réfrigérateur avant de s'en servir.
- Préchauffer le four à 190 °C/375 °F/Gaz 5.
- Utiliser 2 moules à charnière de 20 cm (8 po) de diamètre et 2,5 cm (1 po) de profond. Abaisser les boules de pâte et les presser au fond des moules en laissant dépasser la pâte sur le pourtour. Couvrir chaque abaisse d'une rondelle de papier sulfurisé et de haricots secs.
- Faire cuire 10 minutes au four, puis enlever les haricots et le papier sulfurisé des moules et faire cuire les croûtes 15 minutes de plus, jusqu'à ce qu'elles soient dorées.
- **Meringue :** battre les blancs d'œufs et le sucre jusqu'à ce qu'ils forment des pics fermes. Si on fait la meringue à la main, battre d'abord les blancs fermes, puis leur incorporer le sucre petit à petit.
- **Montage de la tarte :** incorporer les jaunes d'œufs et la crème épaisse à la crème de citron. Incorporer ensuite le sucre glace au mélange et verser celui-ci dans les croûtes. Couvrir de meringue.
- Faire cuire 40 minutes au four, à 160 °C/325 °F/Gaz 3. Les tartes sont prêtes quand la meringue est bien dorée.

MARMELADE AUX ORANGES DE SÉVILLE ET AUX CITRONS

Pour ceux d'entre nous qui sommes habitués à la marmelade d'orange, il peut sembler étonnant d'apprendre qu'à l'origine les marmelades étaient préparées à partir de coings. Le mot portugais *marmelo* signifie « coing ». Durant le XVe siècle, on importait en Europe des quantités prodigieuses de *marmelada* mais ce n'est que deux siècles plus tard, quand les gens commencèrent à se servir d'oranges de Séville au lieu de coings, que les marmelades connurent une vogue qui ne s'est jamais démentie depuis.

Il faut se servir pour cette recette d'une casserole d'une capacité de 10 litres (2 ¼ gallons). Cela donne beaucoup de marmelade que vous pourrez, si le cœur vous en dit, offrir en cadeau aux gens que vous aimez.

5 kg (11 lb) d'oranges de Séville
7 citrons
2 litres (8 tasses) de jus d'orange (en plus de celui extrait des oranges de Séville)
Eau (pour couvrir)
Beaucoup de sucre
Beaucoup d'étamine

- Râper finement le zeste des oranges (on peut aussi, au goût, les couper en fines lanières). Cette opération exige beaucoup de temps (le zeste râpé se garde 4 jours au réfrigérateur).
- Presser les citrons, puis les peler en jetant les zestes et en réservant les restes (graines, peau blanche, membranes).
- Couper les oranges de Séville en deux, en extraire le jus puis les peler en réservant à part le zeste déjà râpé et les restes.
- Mettre les restes de citron et d'orange (sauf le zeste râpé) dans la casserole puis ajouter les jus de citron et d'orange. Ajouter le jus d'orange supplémentaire (2 litres/8 tasses). Ajouter de l'eau de manière à couvrir complètement les oranges.
- Porter à ébullition et faire mijoter 1 heure à l'étouffée.

- Retirer la casserole du feu et laisser refroidir 24 heures. Le lendemain, remettre la casserole sur le feu et laisser mijoter 2 heures.
- Mettre le contenu de la casserole dans une grande étamine ou une grande pièce de mousseline et presser l'une ou l'autre au-dessus d'un grand bol (ou un seau) de manière à en extraire le plus de jus possible.
- Mesurer le jus obtenu et le remettre dans la casserole en comptant 900 g (2 lb) de sucre pour chaque litre (4 tasses) de jus. Porter le jus à ébullition, puis lorsque le sucre est complètement dissous, ajouter le zeste d'orange réservé. Faire cuire jusqu'à ce que la marmelade se gélifie (à 104 °C/220 °F) (en se servant du Test de gélification décrit à la page 164).
- Verser la marmelade dans les pots stérilisés et sceller ceux-ci (voir page 164). Étiqueter les pots qui se conserveront jusqu'à un an dans un garde-manger ou un cellier.

SAUCE AUX PRUNES CHINOISE

Voici une version maison de la sauce sucrée, souvent trop sirupeuse, que l'on sert dans les restaurants chinois avec le canard laqué ou les rouleaux impériaux.

60 ml (4 c. à soupe) d'huile de tournesol
2 gros oignons, finement hachés
2 gros morceaux de gingembre, pelés et finement hachés
3 gousses d'ail, hachées
1 piment rouge mi-fort, haché
2,5 kg (5 ½ lb) de prunes foncées, dénoyautées
1 litre (4 tasses) de vinaigre de vin rouge
300 ml (1 ⅕ tasse) d'eau
250 g (9 oz) de cassonade molle
200 ml (⅘ de tasse) de sauce soja foncée
2,5 ml (½ c. à thé) de cannelle moulue
Sachet d'épices (contenant 4 badianes et 5 ml/1 c. à thé de poivre de Sichuan moulus)
Sel au goût

- Verser l'huile dans une casserole à fond épais, puis y faire revenir et attendrir les oignons, le gingembre, l'ail et le piment. Ajouter ensuite les prunes, le vinaigre et l'eau. Amener à ébullition et faire cuire jusqu'à ce que les prunes soient tendres.
- À l'aide d'une cuiller de bois, passer le mélange à travers les mailles d'un tamis et le remettre dans la casserole. Ajouter le sucre, la sauce soja, la cannelle et le sachet d'épices.
- Ramener la sauce à ébullition et laisser mijoter 2 heures, en remuant constamment et en ne s'arrêtant que pour stériliser une demi-douzaine de pots.
- Une fois la sauce prête, en retirer le sachet et la saler et poivrer au goût. La verser dans les pots, sceller ceux-ci (voir page 164) et les garder dans un lieu frais.
- Cette sauce se conserve plusieurs mois. Dès qu'un pot est entamé, le garder au réfrigérateur.

CANARD LAQUÉ EN SAUCE AUX PRUNES

Voici la façon classique de servir le canard laqué, c'est-à-dire roulé dans des crêpes chinoises avec des lanières de concombre et d'oignon vert. Donne 4 portions.

5 badianes (anis étoilé)
5 clous de girofle
4 gousses d'ail, pelées
1 canard d'environ 2 kg (4 ½ lb)
15 ml (1 c. à soupe) de cassonade
100 ml (⅖ de tasse) de sauce soja foncée
12-16 crêpes chinoises (achetées dans une épicerie orientale)
Sauce aux prunes (voir ci-contre)
½ concombre, épépiné et coupé en fines lanières
6 oignons verts, coupés en lanières

- Farcir le canard avec la badiane, les clous de girofle et l'ail, puis en coudre la peau. Tenir le canard au-dessus de l'évier et l'ébouillanter pour en resserrer la peau et éliminer une partie du gras de surface. Le suspendre ensuite dans un lieu bien aéré et laisser sécher 12 heures.
- Dissoudre la cassonade dans la sauce soja et badigeonner le canard de cette sauce. Laisser sécher le canard 2 heures environ, puis répéter l'opération.
- Préchauffer le four à 200 °C/400 °F/Gaz 6 et mettre le canard directement sur la grille du four. Placer une lèchefrite sous le canard de manière à en récolter le gras. Faire rôtir 1 ½ heure.
- Désosser le canard encore tiède et en râper un peu la chair avec une fourchette.
- Faire chauffer les crêpes à la vapeur ou au micro-ondes, puis les badigeonner d'un peu de sauce aux prunes. Mettre quelques lanières d'oignon vert et de concombre au centre de chaque crêpe et ajouter un peu de canard (avec la peau croquante). Rouler les crêpes et les servir aussitôt.

SAUCE AUX PIMENTS DOUX

Cette sauce «bonne à s'en lécher les doigts» est un des ingrédients essentiels des Nouilles au saumon fumé et à la sauce aux piments doux (page 65), mais on peut aussi s'en servir avec les Côtes levées en sauce aux piments doux et aux haricots noirs (page 151).

50 g (2 oz) de piments rouges frais, épépinés et émincés
Le zeste et le jus de 2 limes
50 ml (⅕ de tasse) de vinaigre de riz
40 g (1 ½ oz) de sauce au poisson
Un peu de sauce soja
60 ml (4 c. à soupe) d'eau
5 ml (1 c. à thé rase) de pectine sèche
75 g (3 oz) de sucre

- Mettre tous les ingrédients (sauf la pectine et 15 ml/1 c. à soupe de sucre) dans la casserole et faire mijoter 25 minutes à l'étouffée.
- Mélanger la pectine et le reste du sucre, et en saupoudrer la sauce en la battant.
- Mijoter 5 minutes de plus en remuant délicatement la sauce.
- Verser la sauce dans les pots stérilisés et sceller ceux-ci (voir page 164).
- Laisser refroidir les pots à la température ambiante et les garder au réfrigérateur.
- Cette sauce se conserve 6 mois au réfrigérateur. Dès qu'un pot est entamé, il faut en consommer le contenu en l'espace de 3 mois.

MINCEMEAT

POUR 5-6 POTS :

4 pommes à cuire moyennes
Les zestes et le jus de 3 citrons
500 g (1 lb 2 oz) de raisins secs
500 g (1 lb 2 oz) de raisins de Corinthe
500 g (1 lb 2 oz) de suif
1 kg (2 ¼ lb) de cassonade molle
100 g (3 ½ oz) d'Écorces d'orange confites (voir page 156), finement hachées
50 g (2 oz) d'amandes, hachées
Une bonne pincée de cannelle
Une bonne pincée de gingembre
125 ml (½ tasse) de brandy (cognac de préférence)
100 ml (⅖ de tasse) de Grand Marnier, Cointreau ou une autre liqueur à base d'orange

- Parer les pommes et les mettre dans un plat allant au four. Couvrir le plat et faire cuire et attendrir les pommes 1 heure environ au four, à 200 °C/400 °F/Gaz 6. Extirper la pulpe des pommes en la mettant dans un grand bol. Ajouter le zeste et le jus de citron, puis incorporer le reste des ingrédients.
- Couvrir le tout et laisser reposer 2 jours environ dans un lieu frais. Retourner le mélange à quelques reprises.
- Mettre le *mincemeat* dans les pots stérilisés et, avant de les sceller, en chasser les bulles d'air à l'aide d'un couteau ou d'une spatule (voir page 164). Garder les pots dans un lieu frais et attendre au moins 2 mois avant de consommer.

CONSERVES DANS L'ALCOOL

Nombre des boissons alcoolisées parmi les plus populaires étant fabriquées à partir de fruits, il paraît logique de s'en servir en retour pour conserver les fruits. L'alcool est lui-même le produit d'un processus de conservation (la fermentation) et peut par ricochet parfumer et conserver les produits qu'on y fait macérer.

Rien ne peut croître dans l'alcool et c'est pourquoi les entomologistes et les botanistes s'en servent pour garder leurs spécimens intacts. C'est pourquoi, en règle générale, il est toujours préférable, quand on fait des conserves, de se servir de la boisson ayant la plus forte teneur en alcool.

Il y a plus de vérité qu'on ne pense dans la vieille anecdote du prêtre qui avait décidé de faire un sermon sur les méfaits de l'alcool. Tout d'abord, il mit un lombric dans un verre d'eau où celui-ci se tortilla avec bonheur. Puis il le déposa dans un verre de whisky où le lombric tomba raide mort. « Et quelle leçon devons-nous en tirer ? » demanda-t-il aux paroissiens médusés. « Je le sais, répondit un vieil alcoolique qui s'était égaré dans l'église, que l'eau donne des vers. »

Au Moyen Âge, les eaux n'étaient pas traitées et boire de l'eau pouvait poser un risque sérieux pour la santé. Dans ce contexte, la fabrication des bières et des alcools n'était pas qu'une affaire de luxe, c'était une forme d'hygiène. On donnait même de la « petite bière » aux enfants. Les moines étaient passés maîtres dans l'art de la fabrication des alcools aromatisés aux fruits et aux herbes. Ce sont eux aussi qui les premiers firent macérer les fruits de leurs vergers dans divers alcools de manière à en prolonger la durée de conservation. Les produits obtenus apportaient chaleur et joie, surtout en hiver. Ces produits jouaient aussi un rôle important dans le système médical des « humeurs » en vogue.

Quand on plonge des fruits dans l'alcool, il y a entre eux échange de saveurs. L'alcool fait fermenter les sucres naturels des fruits, surtout si on leur ajoute du sucre de canne. C'est ainsi qu'on prépare le Gin à la prunelle (*sloe gin*) (voir page suivante). Mis à part son effet enivrant, la conservation des fruits dans l'alcool comporte, comparée aux autres méthodes, certains avantages : pas besoin de se servir d'additifs, pas de perte en vitamines provoquée par la cuisson et les fruits restent fermes et entiers. Les pots de fruits ainsi conservés sont agréables à l'œil et les fruits sont délicieux servis avec de la crème glacée.

GIN À LA PRUNELLE (*SLOE GIN*)

Le prunellier (*Prunus spinosa*) croît à l'état sauvage dans de nombreuses régions du monde. Ses fruits mûrissent en automne et ressemblent à de petites prunes, mais sont trop durs et acides pour être consommés tels quels. Il faut donc les conserver dans le gin ou la vodka auxquels ils communiquent leur goût et leur couleur (variable selon les variétés).

Il est de tradition de cueillir les prunelles (prunes sauvages) après la première grosse gelée de l'automne. Elles sont alors plus tendres. Mais gare, en les cueillant, aux épines de l'arbre!

2 kg (4 ½ lb) de prunelles
1 kg (2 ¼ lb) de sucre
3 bouteilles de gin ou de vodka à haute teneur en alcool

- Percer chaque fruit en plusieurs endroits avec une aiguille ou une épine de l'arbre. Cette opération exige beaucoup de temps. Mettre les fruits dans un gros pot, ajouter le sucre puis l'alcool. Sceller le pot et le tourner dans tous les sens jusqu'à ce que le sucre soit dissous.
- Laisser reposer le tout 6 mois à l'abri de la lumière, dans un lieu frais. Tourner le pot sur lui-même à quelques reprises, surtout au début.
- Au bout de ce temps, filtrer le liquide dans de la mousseline ou du coton puis le transvaser dans des bouteilles stérilisées (voir page 164) (bouteilles de gin ou de vodka originales). Attendre 6-12 mois avant de commencer à déguster le gin ainsi parfumé.

GRIOTTES (CERISES) AU KIRSCH

Les griottes poussent en abondance dans la Forêt Noire, mais elles sont beaucoup trop acides pour être mangées telles quelles. C'est pourquoi les habitants de cette région de l'Allemagne les réduisent en purée puis les mettent à fermenter dans de grandes cuves de bois. C'est ainsi qu'ils obtiennent le kirsch (ou *kirschwasser*), une eau-de-vie « sèche », incolore et très enivrante. Macérées dans le kirsch, les griottes deviennent extraordinairement délicieuses. Leur aigreur fait place à un goût sucré et très rafraîchissant. On se sert de ces fruits dans la préparation du célèbre gâteau Forêt Noire (*Schwarzwalderkirchtorte*).

1 kg (2 ¼ lb) de griottes (ou autres cerises aigrelettes)
350 g (12 oz) de sucre
300 ml (1 ⅕ tasse) d'eau
150 ml (⅗ de tasse) de brandy (cognac de préférence)
150 ml (⅗ de tasse) de kirsch

- Inciser les côtés des fruits avec un couteau à peler et les dénoyauter. On peut aussi garder les fruits entiers, mais en y faisant deux incisions (en forme de croix) au niveau du pédoncule pour permettre une meilleure pénétration de l'alcool.
- Mettre l'eau et 100 g (3 ½ oz) de sucre dans une casserole, porter à ébullition. Une fois le sucre dissous, ajouter les fruits et mijoter 5 minutes. Retirer les fruits du sirop avec une écumoire et les réserver. Ajouter le reste du sucre au sirop, le faire dissoudre et mijoter 5 minutes. Laisser refroidir le sirop.
- Mettre les cerises dans un gros pot stérilisé. Incorporer le brandy et le kirsch au sirop puis couvrir les fruits de ce mélange. Sceller les pots (voir page 164) et attendre 3 mois au moins avant d'en consommer le contenu.

Les Griottes au kirsch sont un des ingrédients essentiels du Diplomate aux griottes (recette suivante).

DIPLOMATE AUX GRIOTTES

Un gâteau de luxe au goût diaboliquement divin. Ou divinement diabolique? À vous de décider. **Donne 6 portions.**

CRÈME ANGLAISE :

100 g (3 ½ oz) de sucre glace
650 ml (2 ⅗ tasses) de lait entier
100 ml (⅖ de tasse) de crème épaisse
20 g (¾ oz) de farine de maïs
5 ml (1 c. à thé) d'extrait de vanille
Une pincée de graines de vanille (extraites d'une gousse)
125 g (4 ½ oz) de jaunes d'œufs, légèrement battus

GÂTEAU DE SAVOIE :

150 g (5 oz) de beurre non salé, ramolli
150 g (5 oz) de sucre glace
2 gros œufs et 4 gros jaunes d'œufs
Quelques gouttes d'extrait de vanille
250 g (9 oz) de farine à pâtisserie extra-fine
12,5 ml (2 ½ c. à thé) de poudre à lever
Une grosse pincée de sel
100 ml (⅖ de tasse) de lait
100 ml (⅖ de tasse) de crème
Un moule à gâteau à charnière de 23 cm (9 po) de diamètre

SIROP ET CERISES :

300 g (10 ½ oz) de Griottes au kirsch (voir page précédente)

GARNITURE :

75 g (3 oz) de pistaches, écalées, légèrement rôties 5 minutes au four (à 190 °C/375 °F/Gaz 5), puis broyées
Chocolat noir à râper de première qualité
400 ml (1 ⅗ tasse) de crème fouettée à laquelle on incorpore 30 ml (2 c. à soupe) de sucre glace
6 verres sur pied d'une capacité de 200 ml (⅘ de tasse) chacun

- **Crème anglaise :** dans une casserole à fond épais, mélanger le sucre glace, le lait, la crème, la farine de maïs, la vanille et les graines de vanille. Faire mijoter le mélange 5 minutes en remuant constamment.
- Retirer la casserole du feu et incorporer les jaunes d'œufs au mélange en battant bien.
- Remettre la casserole à feu très doux pendant 1-2 minutes, puis la retirer du feu. Garder la crème anglaise au réfrigérateur jusqu'au moment de s'en servir.
- **Gâteau de Savoie :** beurrer le fond et les côtés du moule puis les saupoudrer de farine pour empêcher le gâteau de coller.
- Préchauffer le four à 180-190 °C/350-375 °F/Gaz 4-5.
- Battre le beurre en crème, de préférence avec un mélangeur électrique, jusqu'à ce qu'il soit jaune pâle. Ajouter le sucre glace et continuer de battre le mélange 4-5 minutes (en faisant quelques haltes pour replier le mélange sur lui-même avec une spatule).
- Incorporer les œufs et les jaunes d'œufs au mélange petit à petit (pour éviter la coagulation). Incorporer ensuite l'extrait de vanille.
- Mélanger la farine, la poudre à lever et le sel puis incorporer un peu de ce mélange au liquide composé du beurre, des œufs et du sucre. Y incorporer ensuite un peu de lait et de crème. Répéter cette opération jusqu'à ce que tous les ingrédients soient utilisés.
- Battre le mélange jusqu'à ce qu'il soit lisse, puis verser dans le moule beurré et faire cuire au four 30-40 minutes. Si la croûte du gâteau commence à brunir durant la cuisson, réduire aussitôt le feu. Pour savoir si la pâte est cuite, y piquer une brochette de bois ; si elle en ressort propre, le gâteau est cuit.
- Retirer le gâteau du moule et le laisser refroidir sur une grille.
- Verser le sirop des griottes au kirsch dans une casserole et le faire réduire de moitié à feu modéré. Hacher grossièrement les griottes et les réserver à part.
- Couper le gâteau en tranches d'environ 2 cm (1 po) d'épais, puis recouper celles-ci de manière à pouvoir en remplir les verres. Arroser les tranches de kirsch. Remplir ensuite les verres en y mettant tour à tour des cerises, de la crème anglaise, des pistaches, du gâteau. Répéter l'opération puis garnir le tout de crème fouettée et de chocolat râpé.

ORANGES AU BRANDY

Au XVIIIe siècle, les oranges au brandy étaient très populaires en Angleterre. Les oranges étaient encore un produit de luxe et, compte tenu de leur courte durée de conservation, c'était une bonne façon d'en prolonger la vie. Lors d'un souper fin et bien arrosé, les invités découvraient avec bonheur que le jus de chacun des quartiers d'orange qu'on leur servait avait été remplacé par de l'alcool. Ce n'est que le lendemain matin qu'ils regrettaient parfois d'en avoir abusé.

Les pots d'oranges au brandy aux belles teintes ambrées peuvent servir à faire de magnifiques cadeaux. On peut faire la même recette avec des sanguines, des mandarines ou tout autre fruit au goût.

12 petites oranges
350 g (12 oz) de sucre
300 ml (1 ⅕ tasse) d'eau
300 ml (1 ⅕ tasse) de brandy (cognac, de préférence)
2 pots d'une capacité de 1 litre (4 tasses)

- Râper les oranges, en les gardant entières. Faire mijoter le zeste dans un peu d'eau 30 secondes puis l'égoutter et réserver.
- Peler les oranges en enlevant toute la peau blanche, de manière que la pulpe interne soit exposée.
- Faire chauffer le sucre et l'eau dans une casserole. Une fois que le sucre est dissous, mettre les oranges dans le sirop, laisser mijoter 2 minutes, puis les retirer de la casserole. Faire cuire le sirop 5 minutes de plus, retirer la casserole du feu et laisser refroidir le sirop.
- Mettre les oranges dans les pots stérilisés (voir page 164) et ajouter une pincée du zeste réservé dans chaque pot.
- Incorporer le brandy au sirop, puis couvrir les oranges de ce mélange en s'assurant qu'elles en soient parfaitement nappées.
- Sceller les pots (voir page 164) et laisser macérer le tout, à l'abri de la lumière, 2 mois au moins. Une fois un pot entamé, les oranges peuvent se garder jusqu'à 6 mois, à condition de rester couvertes de sirop.

DES ORANGES « D'IVROGNE »

(donne 4 portions)

Défaire 4 oranges macérées en quartiers, puis mijoter et faire réduire leur sirop de 75%. Pendant ce temps, faire cuire 8 prunes foncées fraîches dans 50 ml (⅕ de tasse) et 50 g (2 oz) de sucre. Une fois cuites, les passer dans un tamis et réserver la purée. Monter tous les ingrédients dans des flûtes à champagne en y intercalant de généreuses cuillerées de crème glacée. Arroser du sirop, garnir de zeste râpé et déguster.

RHUM AUX PETITS FRUITS

Même si on peut trouver des mélanges de petits fruits surgelés dans certains supermarchés, il est préférable de les préparer soi-même en se servant de cassis, gadelles (groseilles rouges), fraises, framboises, bleuets (myrtilles) et mûres de ronce (sauvages ou cultivés pour les quatre derniers).

Ne pas oublier que dans cette recette, les fruits ne servent qu'à parfumer le rhum et qu'ils ne seront plus comestibles une fois macérés.

1 kg (2 ¼ lb) de petits fruits mélangés
300 g (11 oz) de sucre
1 litre (4 tasses) de rhum brun
Papier d'aluminium pour emballer les bouteilles
3 vieilles bouteilles d'alcool ou de liqueur d'une capacité de 750 ml (3 tasses) chacune (avec leurs bouchons originaux)

- S'armer de patience et mettre les fruits dans les bouteilles stérilisées (voir page 164).
- Dissoudre le sucre dans le rhum, puis, à l'aide d'un entonnoir stérilisé, transvaser le mélange dans les bouteilles.
- Boucher les bouteilles, les envelopper dans le papier d'aluminium et laisser macérer le tout un an au moins. Brasser les bouteilles de temps à autre.
- Servir tel quel ou en faire des cocktails avec du champagne et des mûres fraîches.

EASIWORK
LONDON
COOKER
REG.DES

EMBOUTEILLAGE ET MISE EN CONSERVE

Si une invention a joué un rôle capital dans l'accroissement des populations pendant les derniers siècles, c'est bien celle du microscope. Avant cette grande percée scientifique, n'importe qui pouvait supputer les véritables causes de la plupart des maladies. Cela s'appliquait aussi, bien sûr, aux empoisonnements alimentaires encore fréquents à cette époque.

Dès qu'il est question d'embouteillage ou de mise en conserve, l'ennemi public numéro 1 est l'omniprésente bactérie *Clostridium botulinum*, dont les spores sont partout. S'il est pratiquement impossible de les éviter, on peut cependant en consommer régulièrement en petites quantités sans dommage pour la santé. C'est seulement lorsqu'elles se mettent à proliférer, par exemple lorsqu'elles se retrouvent dans un environnement idéal comme celui que constitue un pot de conserve mal préparé, que surviennent les problèmes. Quand elles commencent à mourir, elles sécrètent une neurotoxine très virulente qui peut provoquer la mort, même à très petite dose. Si cela ne doit pas vous détourner de faire des conserves, cela devrait du moins vous rappeler d'user de la plus grande prudence en tout temps. Si le couvercle d'un pot devient bombé, s'il apparaît de la moisissure sur un produit ou si une saumure devient trouble ou se décolore, c'est un signe que le produit est contaminé et doit être immédiatement jeté. Malheureusement, tel n'est pas le cas avec les bactéries du type *Clostridium botulinum*. On ne peut savoir avec certitude qu'on les a tuées ou neutralisées que si on a scrupuleusement suivi les règles édictées ici. Si jamais on éprouve des difficultés respiratoires après avoir consommé des conserves maison, il faut consulter de toute urgence un médecin.

On sera peut-être surpris d'apprendre que l'homme qui est à l'origine de la découverte de la première méthode fiable de mise en conserve des aliments est nul autre que Napoléon. C'est lui qui, désireux de nourrir ses armées, promit de donner un prix à la première personne qui inventerait une méthode de préservation des aliments qui seraient non déshydratés et d'une longue durée de conservation. C'est Nicolas Appert qui gagna le prix (12 000 francs-or) en démontrant qu'on pouvait conserver les aliments en les mettant dans des pots de verre stérilisés, lesquels étaient ensuite scellés et soumis à la chaleur. Peu après, son rival Peter Durand obtint un brevet d'invention anglais pour sa découverte d'une méthode de mise en conserve des aliments en boîtes de fer étamé (une méthode non traitée dans ce livre). Malheureusement, la soudure utilisée dans la fabrication de ces boîtes devait bientôt créer un nouveau problème très grave : l'empoisonnement au plomb. C'est ce qui, au milieu du XIXe siècle, décima l'équipage de Sir John Franklin quand son bateau s'échoua sur les glaces arctiques. Lui et ses hommes étaient à la recherche du passage du Nord-Ouest, ils ne le trouvèrent jamais. Heureusement, ce problème fut plus tard résolu par l'utilisation de boîtes de conserve de métal à double fond.

Du fait qu'une grande partie des vitamines A et C, de la thiamine et de la riboflavine qu'ils contiennent est détruite par la cuisson, les aliments mis en conserve ont, aux yeux de nutritionnistes, une réputation douteuse. D'une manière ou d'une autre, ces nutriments fragiles se dégradent très rapidement. Si on met ces produits en conserve tandis qu'ils sont encore très frais, ceux-ci auront autant de valeur nutritive au bout de plusieurs mois que ceux qui ont séjourné des jours durant dans un réfrigérateur ou dans un étal de supermarché. Pour clore le sujet, disons qu'on peut avoir énormément de plaisir à explorer les secrets de la mise en conserve et que les produits ainsi obtenus ont souvent des goûts et des textures uniques, et nous mettons au défi quiconque de ne pas aimer les pêches mises en conserve à la maison.

PRINCIPES ET ÉQUIPEMENT REQUIS

Pour faire des conserves qu'on peut manger sans risque, il faut posséder l'équipement adéquat et lui accorder beaucoup de soin et d'attention, mais cela ne pourra que vous donner plus de satisfaction au moment où vous les consommerez.

Au risque de nous répéter, disons qu'il est de toute première importance de ne pas empoisonner vos proches en leur donnant le botulisme. La plupart des bactéries, moisissures et levures sont détruites quand on fait bouillir, à une chaleur de 100 °C/212 °F les aliments et les pots qui peuvent les abriter. Toutefois, tel n'est pas le cas de *Clostridium botulinum* et il faut prendre des mesures draconiennes pour contrer cette bactérie extrêmement dangereuse.

C'est le degré d'acidité des aliments utilisés qui détermine s'ils doivent subir ou non un traitement spécial. Les aliments très acides — c'est le cas de la plupart des fruits — peuvent être tout simplement traités «en bain d'eau bouillante» (voir plus loin). C'est leur pH bas qui inhibe la croissance des bactéries du type *Clostridium botulinum*. Par contre, les aliments peu acides comme les viandes, les poissons, les produits laitiers et les légumes ne le font pas. Pour les rendre propres à la consommation, ils doivent être ou bien stérilisés sous pression (laquelle accroît de beaucoup le degré d'ébullition de l'eau), ou bien stérilisés en bain d'eau bouillante durant un temps interminable. Si vous avez l'intention de mettre ces produits en conserve, il vous faudra donc vous procurer un autoclave (autocuiseur) fait sur mesure pour la mise en conserve. Il faut éviter de se servir d'un autocuiseur qui n'est pas équipé d'un indicateur de pression.

POTS ET BOUTEILLES

Le meilleur choix consiste à se servir de pots de verre spécialement conçus pour la mise en conserve. Ceux-ci sont équipés d'un couvercle de métal et d'une rondelle dont le pourtour est couvert d'un composé spécial qui fond durant le processus de stérilisation tout en permettant à l'air de s'échapper des pots. Quand les pots refroidissent, il se fait sous le couvercle un vacuum qui scelle parfaitement les pots. Il faut nettoyer les pots à fond avant de les utiliser, mais, à moins de s'en servir pour conserver un aliment ou un produit soumis pendant moins de 10 minutes à la chaleur, il n'est pas nécessaire de les stériliser d'avance (leur stérilisation se fera lors de leur longue immersion en eau bouillante).

EMPAQUETAGE ET SCELLAGE DES POTS ET BOUTEILLES

Les aliments mis en conserve peuvent être empaquetés à chaud, mijotés quelques minutes avant l'opération (ou, dans le cas de plats préparés comme les Haricots blancs en sauce tomate (page 194), transférés directement du four ou de la cuisinière dans les pots) ou à froid, sans cuisson préalable. Pour tous les plats ici proposés, nous vous recommandons la mise en conserve à chaud. L'empaquetage à chaud réduit la quantité d'air présente dans les aliments (c'est l'air qui fait flotter les fruits et provoque la décoloration et la détérioration des produits). La mise en conserve à froid s'applique surtout aux légumes qui seront mis en conserve sous pression. Dans un cas comme dans l'autre, le liquide versé sur les aliments doit être bouillant ou fraîchement bouilli.

En remplissant les pots, il faut laisser un petit espace de tête entre la surface du contenu du pot et le couvercle. Cela compensera l'expansion prise par le produit en cuisant et permettra au vacuum de se faire lors du refroidissement des pots. Cet espace de tête doit être de 1,25 cm (½ po) pour les fruits et de 2,5 cm (1 po) pour les aliments peu acides qui doivent être stérilisés sous pression.

Peu importe la méthode de mise en conserve utilisée, il faut enlever le plus d'air possible des aliments et des liquides qui les entourent avant de sceller les pots et de les soumettre à la chaleur. Juste avant de mettre les couvercles sur les pots, il faut glisser une spatule de plastique le long de la paroi interne de chaque pot, puis la faire tourner de manière à chasser toutes les bulles d'air qui auraient pu se former entre les aliments et les parois du pot.

Si on se sert de pots dont les couvercles sont scellés avec des rondelles à pourtour caoutchouté, il faut essuyer le pourtour de chaque pot avant d'y mettre le couvercle puis, en tenant fermement celui-ci d'une main, visser complètement le couvercle sur la rondelle puis le dévisser (dans le sens contraire) d'environ un quart de tour. Couvercles et rondelles ne doivent jamais être utilisés plus d'une fois (la même chose vaut pour les rondelles de caoutchouc des pots à pince et étrier).

Même si on peut se servir de pots à pince et à étrier (munis d'une rondelle de caoutchouc), il est préférable pour les recettes que nous vous proposons de se servir de pots à couvercle de métal et à rondelle à pourtour caoutchouté. Certains produits (comme le Ketchup aux tomates de la page 102) peuvent être avantageusement mis en conserve dans des bouteilles. Pour vous permettre d'y fixer solidement les bouchons, ces bouteilles devraient avoir des goulots rainurés (ce détail est important si on veut que les bouchons restent bien en place durant la stérilisation). Remplir les bouteilles à l'aide d'un entonnoir et d'une louche jusqu'à 1 cm (½ po) du bord. Faire tremper les bouchons de liège quelques minutes en eau bouillante. Les insérer dans les goulots aussi loin que possible, puis les y enfoncer délicatement avec un petit maillet. À l'aide de bouts de ficelle de 50 cm (20 po) de long, fixer solidement les bouchons aux bouteilles. Cette opération sera rendue plus facile si vous avez d'abord pratiqué une légère entaille au centre de chaque bouchon.

MISE EN CONSERVE EN BAIN D'EAU BOUILLANTE

Il faut, pour cette méthode de stérilisation, se servir d'une marmite assez grande pour vous permettre de recouvrir les pots de 2,5-5 cm (1-2 po) d'eau et du même espace entre les pots et le couvercle de la casserole. C'est ce qui permettra de bien faire bouillir les pots. L'achat d'une grande marmite équipée d'un panier qui empêche les pots de s'entrechoquer et de se renverser durant la stérilisation est ici recommandé.

Parce que, en haute altitude, l'air exerce une pression moindre sur l'eau qui bout, il faudra stériliser les pots plus longtemps si on vit en montagne (voir plus loin le temps de stérilisation requis par chaque produit).

MISE EN CONSERVE SOUS PRESSION

Les autoclaves (autocuiseurs) nous permettent de chauffer les aliments à la température requise (116-121 °C/240-250 °F) pour tuer les spores du *Clostridium botulinum*. Il en existe plusieurs modèles. L'autoclave est aussi équipé d'un indicateur de pression. Selon le modèle, celui-ci peut se présenter sous la forme d'un cadran ou d'un régulateur de pression-poids qui sert aussi à fermer la soupape de sûreté. Dans ce dernier cas, les chiffres correspondant aux différents degrés de pression sont inscrits sur l'indicateur de pression. Une fois celui-ci placé sur la soupape de sûreté, il faut aligner le degré de pression désiré pour la stérilisation d'un produit donné sur la marque ou la flèche inscrite sur le couvercle (les indications du manufacturier vous donneront de plus amples informations). Un autoclave de qualité comprendra aussi un panier à pots et un dispositif de sécurité placé sur le couvercle qui sautera si jamais la pression devenait trop forte dans l'autoclave.

Ceux qui connaissent bien leurs «poids et mesures» remarqueront que les réglages de pression recommandés ici dans le traitement des produits sont plus bas que la pression atmosphérique normale qui est de 14,7 psi (pression par pouce carré). C'est parce que le nombre indiqué sur l'indicateur de pression ou sur le cadran fait référence à la pression additionnelle exercée dans l'autoclave. Donc, si l'indicateur de pression ou le cadran indique 1 bar/14,5 psi (au niveau de la mer), la pression de l'autoclave est en fait de presque 2 atmosphères. Toutefois, ce qui compte vraiment, c'est la pression totale accumulée dans l'autocuiseur et qui est sujette à l'altitude. Plus nous sommes en hauteur et plus la pression atmosphérique est basse. Pour obtenir la même pression totale en haute altitude, il faut donc accroître la pression interne de l'autoclave.

Les autoclaves équipés de régulateurs de pression-poids sont habituellement moins faciles à régler que ceux qui sont équipés de cadrans. Vous disposerez probablement de trois réglages parmi lesquels choisir. Si vous possédez un autoclave de ce type, réglez-le à 0,69 bar/10 psi pour toutes les stérilisations survenant à 0-300 mètres/0-1000 pi et à 1,035 bar/15 psi pour celles pratiquées à plus de 300 mètres (1000 pi) au-dessus du niveau de la mer.

On trouvera dans chaque entrée de ce chapitre un tableau des temps de stérilisation et des réglages de pression requis pour la stérilisation des produits qui y sont traités.

PROCÉDÉ DE MISE EN CONSERVE SOUS PRESSION

Remplir l'autoclave de 5-7,5 cm (2-3 po) d'eau bouillante, mettre les pots à stériliser dans le panier et bien sceller le couvercle.

Faire ensuite chauffer l'autoclave à son réglage le plus élevé en laissant la soupape de sûreté ouverte. Au bout de quelques minutes, la vapeur commencera à s'échapper de l'autoclave. Laisser se poursuivre l'ébullition pendant 10 minutes, puis fermer la soupape de sûreté ou mettre le régulateur de pression-poids dessus. Si le régulateur est un poids, le mettre en position de manière que le réglage de pression désiré soit aligné sur la marque inscrite sur le couvercle de l'autoclave.

L'autoclave devrait alors prendre environ 3-5 minutes pour se pressuriser. Si vous vous servez d'un autoclave à régulateur de pression-poids, vous saurez que celui-ci a atteint le niveau de pression requis quand le poids se mettra à osciller. Si par contre vous vous servez d'un autoclave à cadran, vous saurez que celui-ci a atteint le degré de pressurisation désiré quand le cadran vous l'indiquera.

Calculer le temps de stérilisation à partir du moment où le poids se met à osciller ou que le cadran indique que vous avez atteint le degré de pression nécessaire. Il faut alors régler le feu sous l'autoclave de manière que la pression reste la même durant toute la durée de la stérilisation.

Une fois que les pots ont été traités le temps requis, fermer le feu et laisser refroidir l'autoclave. Éviter de toucher à la soupape de sûreté à ce stade. À mesure que l'autoclave se refroidira — jusqu'à rejoindre la température ambiante —, la pression interne de l'autoclave tombera.

Attendre 30-45 minutes, ouvrir la soupape de sûreté, attendre encore 2 minutes, puis dévisser le couvercle et l'enlever en s'assurant de ne pas recevoir un dernier jet de vapeur.

Retirer les pots de l'autoclave et les laisser refroidir avant de les entreposer.

REFROIDISSEMENT

Pots et bouteilles devraient être refroidis 12-24 heures à la température ambiante.

EXEMPLE DE TRAITEMENT D'UN PRODUIT : LE COULIS DE TOMATES

Pour mettre en conserve le Coulis de tomates (page 195), on peut se servir de l'une ou l'autre des méthodes suivantes. Le détail de ces méthodes montre les variantes qui entrent en jeu quand il faut mesurer les temps de traitement des produits et les réglages de pression. Selon l'altitude où on se trouve, la grosseur des pots employés et la méthode utilisée, voici les temps et réglages à respecter:

MISE EN CONSERVE EN BAIN D'EAU BOUILLANTE

½ litre (2 tasses): 35 minutes à 0-300 mètres (0-1000 pi)

- 40 minutes à 300-900 mètres (1000-3000 pi)
- 45 minutes à 900-1500 mètres (3000-5000 pi), etc.

1 litre (4 tasses): ajouter 10 minutes aux temps indiqués.

MISE EN CONSERVE SOUS PRESSION

½ litre (2 tasses): 20 minutes à:

- 0,42 bar/6 psi — 0-700 m/0-2000 pi au-dessus du niveau de la mer
- 0,48 bar/7 psi — 700-1400 m/2000-4000 pi au-dessus du niveau de la mer
- 0,55 bar/8 psi — 1400-2100 m/4000-6000 pi au-dessus du niveau de la mer, etc.

1 litre (4 tasses): 15 minutes à:

- 0,76 bar/11 psi — 0-700 m/0-2000 pi au-dessus du niveau de la mer
- 0,83 bar/12 psi — 700-1400 m/2000-4000 pi au-dessus du niveau de la mer
- 0,9 bar/13 psi — 1400-2100 m/4000-6000 pi au-dessus du niveau de la mer, etc.

Les chiffres donnés ici ne s'appliquent qu'au Coulis de tomates. Les temps de traitement et les réglages de pression requis par chaque produit sont donnés au fur et à mesure dans le texte.

MESURES DE SÉCURITÉ ET ENTREPOSAGE

Les conserves se gardent mieux dans un lieu sec, abrité de la lumière et assez frais (mais pas trop). Ainsi entreposées, elles gardent mieux leur contenu en vitamines et courent moins de risque de se gâter.

Pour vérifier si un pot est bien scellé, dévisser doucement le couvercle et en tenir le pourtour avec le bout des doigts. Si le scellage s'est bien fait, le couvercle et la rondelle pourront sans problème soutenir le poids du pot.

Si un pot ne s'est pas adéquatement scellé durant le traitement, réfrigérer le contenu du pot et le consommer dans les jours qui suivent.

CASSOULET

Cette recette donne une soupe ragoût délicieuse et rassasiante qui se conserve durant plusieurs mois.

1,2 litre (4 ⅕ tasses) de bouillon de poulet ou de porc
600 g (1 ¼ lb) de gros haricots blancs
1 poitrine de canard
1 kg (2 ¼ lb) de saucisses de Toulouse (ou Saucisses de porc de Taplow, page 92)
1 carotte, coupée en dés
2 branches de céleri, coupées en dés
1 petit oignon, coupé en dés
40 g (1 ½ oz) de Bacon fumé (page 70), coupé en dés
30 ml (2 c. à soupe) de farine
200 ml (⅘ de tasse) de Coulis de tomate (page 195)
4 feuilles de laurier
Un ou deux rameaux de thym
Sel et poivre

- On peut préparer le bouillon à partir de côtes levées et de la couenne de ventre de porc utilisée pour faire des saucisses. On peut aussi se servir de bouillon de poulet. Il faut dégraisser le bouillon et en réserver la graisse.
- Faire tremper les haricots toute la nuit, puis les faire cuire et attendrir 1 ½ heure.
- On peut soit fumer à chaud la poitrine de canard pendant 1 heure, à 110 °C/230 °F (voir page 76), soit la faire sauter à la poêle 5 minutes de chaque côté, en réservant l'huile. Laisser refroidir la poitrine puis la couper en dés.
- Faire frire et brunir les saucisses, les laisser refroidir puis couper en grosses tranches épaisses. Réserver le jus de cuisson et le gras.
- Faire chauffer le bouillon dans une petite casserole.
- Verser 80 ml (⅓ de tasse) des gras précédemment réservés dans une grande casserole. Y faire sauter la carotte, le céleri, l'oignon et le bacon fumé à feu modéré 10 minutes environ.
- Incorporer la farine aux légumes et remuer la préparation jusqu'à ce qu'elle ait absorbé tout le gras. Ajouter le coulis de tomates et bien mélanger de manière à dissoudre les grumeaux. Ajouter le bouillon chaud, petit à petit, en remuant énergiquement le mélange. Ajouter les saucisses, le canard, les haricots, le laurier et le thym. Mijoter le tout 30 minutes, puis saler et poivrer au goût. Remuer fréquemment le mélange de manière à empêcher la farine de coller au fond de la casserole.

MISE EN CONSERVE SOUS PRESSION

On peut mettre le cassoulet dans les pots à chaud ou à froid (nous préférons le faire à chaud). Laisser un espace de tête de 2,5 cm (1 po) dans chaque pot. Compter 75 minutes de stérilisation pour les pots de ½ litre (2 tasses), 90 minutes pour les pots de 1 litre (4 tasses). Selon l'altitude où on se trouve, on se servira des réglages de pression suivants :

- 0-700 m/0-2000 pi au-dessus du niveau de la mer : 0.76 bar/11 psi
- 700-1400 m/2000-4000 pi au-dessus du niveau de la mer : 0.83 bar/12 psi
- 1400-2100 m/4000-6000 pi au-dessus du niveau de la mer : 0.9 bar/13 psi
- 2100-3500 m/6000-8000 pi au-dessus du niveau de la mer : 0.97 bar/14 psi

Laisser refroidir les pots à la température ambiante. Ceux-ci se conserveront jusqu'à un an.

HARICOTS BLANCS EN SAUCE TOMATE

Même s'ils sont d'un goût comparable, ces haricots contiennent moins de sucre et sont plus piquants que ceux qu'on achète en épicerie. Une fois mis en conserve, ils se gardent un an, à l'abri de la lumière, dans un garde-manger ou un cellier.

HARICOTS :
- 500 g (1 lb 2 oz) de haricots blancs secs

SAUCE :
- 3 kg (6 ¾ lb) de tomates bien mûres, hachées
- 150 ml (⅗ de tasse) de vinaigre de cidre
- 10 clous de girofle
- 4 gousses de cardamome verte
- 2,5 ml (½ c. à thé) de poivre blanc moulu
- 2,5 ml (½ c. à thé) de macis moulu
- 2,5 ml (½ c. à thé) de piment de la Jamaïque moulu
- Une bonne pincée de cannelle
- 10 ml (2 c. à thé) de paprika
- 150 g (5 oz) de sucre
- 4 gousses d'ail, hachées
- 25 g (1 oz) de Tomates séchées (page 28), finement hachées

- Faire tremper les haricots en eau froide toute la nuit et les faire cuire en eau salée à feu vif 10 minutes. Égoutter les haricots et les réserver.
- Mijoter les ingrédients indiqués pour la sauce 2-3 heures. Réduire le mélange initial de 25 %. Passer la sauce dans un moulin à légumes. Cette recette donne environ 1,6 kg (3 ½ lb) de sauce.

MISE EN CONSERVE SOUS PRESSION

Empaqueter les haricots à chaud en remplissant les pots aux trois quarts. Verser la sauce sur les haricots en laissant un espace de tête de 2,5 cm (1 po) dans chaque pot.

Compter 65 minutes de stérilisation pour les pots de ½ litre (2 tasses), 75 minutes pour les pots de 1 litre (4 tasses). Selon l'altitude où on se trouve, on se servira des réglages de pression suivants :
- 0-700 m/0-2000 pi au-dessus du niveau de la mer : 0.76/11 psi
- 700-1400 m/2000-4000 pi au-dessus du niveau de la mer : 0.83 bar/12 psi
- 1400-2100 m/4000-6000 pi : 0.9 bar/13 psi
- 2100-3500 m/6000-8000 pi : 0.97 bar/14 psi

COULIS DE TOMATES

Un coulis de tomates, c'est tout simplement des tomates cuites et broyées dont on a éliminé toutes les graines. Il s'agit là de la meilleure façon de mettre à profit votre récolte de tomates. Parce qu'il s'agit d'un produit pur à 100%, on peut s'en servir dans un grand nombre de recettes (la sauce bolognaise, par exemple). En la préparant vous-même, vous pouvez la faire cuire au degré de densité voulu.

Comme toujours, le produit fini est toujours à l'image des produits qu'on a utilisés pour le faire. Les tomates cerises donnent un excellent coulis. On peut aussi faire un coulis très original avec des tomates jaunes. Prendre la quantité de tomates désirée, les couper en quartiers puis les faire mijoter et attendrir dans une grande casserole. Il faut les faire réduire d'environ 25%. Passer les tomates dans un moulin à légumes ou au chinois en s'assurant que les trous à filtrer soient assez petits pour empêcher les graines de passer. Remplir les pots en y laissant un espace de tête de 1,25 cm (½ po).

MISE EN CONSERVE

On peut mettre le coulis en conserve en utilisant l'une ou l'autre des méthodes décrites plus haut. Si on choisit celle du « bain en eau bouillante », peut-être voudra-t-on ajouter du jus de citron (à raison de 30 ml/2 c. à soupe pour 900 ml/3 ⅗ tasses de coulis) ou de l'acide citrique (à raison de 2,5 ml/½ c. à thé pour 900 ml/ 3 ⅗ tasses de coulis). Comme les tomates se conservent plus ou moins bien lorsqu'on les traite seulement à l'eau bouillante, on met toutes les chances de son côté en en augmentant l'acidité. Malheureusement, celle-ci en modifie un peu le goût. On peut donc contourner le problème en utilisant la méthode de mise en conserve sous pression, qui exige moins de temps et donne aussi un produit plus riche en vitamines.

Dans un cas comme dans l'autre, les pots doivent être remplis à chaud et on doit y laisser un espace de tête de 1,25 cm (½ po).

Pour connaître les temps de traitement requis par chaque méthode, voir Exemple de traitement d'un produit, page 191.

GASPACHO (À BASE DE COULIS DE TOMATES)

Cette soupe santé est très nutritive et, grâce au jus de citron et au piment qu'elle contient, agréablement piquante et rafraîchissante. Même si le coulis de tomate vendu en épicerie n'est jamais aussi bon qu'un coulis fait maison, il en existe quelques bonnes marques commerciales. À vous de les découvrir. **Donne 4 portions.**

1 litre (4 tasses) de Coulis de tomates (voir ci-contre)
10 ml (2 c. à thé) de sucre
100 ml (⅖ de tasse) de vinaigre balsamique
100 ml (⅖ de tasse) d'huile d'olive
500 ml (2 tasses) de bouillon de légumes
3 tranches de pain blanc rassis
½ concombre, grossièrement haché
1 bouquet de basilic
1 bouquet de persil plat
1 bouquet de menthe
Le jus et le zeste de 1 citron
2 piments rouges, épépinés et hachés
2 gousses d'ail, hachées
5 ml (1 c. à thé) de paprika
Sel et poivre noir frais moulu

- À l'aide d'un mélangeur manuel ou dans un robot culinaire, traiter tous les ingrédients jusqu'à ce qu'ils forment une purée épaisse et mousseuse.
- Refroidir la soupe 2 heures au moins avant de la servir.
- Servir le gaspacho avec des tranches de ciabatta et une salade à la mozzarella.

PAIN DE VIANDE EN CONSERVE

Voici une version à la fois délicieuse et épicée d'un aliment souvent décrié : le pain de viande en conserve (en anglais « luncheon meat »).

Si les versions commerciales dites « économiques » de ce produit mis en conserve dans des pays aussi divers que la Corée, le Danemark, le Japon et les Philippines ont une si mauvaise réputation, c'est qu'elles sont trop souvent préparées à partir de viande de porc de mauvaise qualité. Ce n'est pas le cas dans cette recette où l'on ne se sert que d'ingrédients de première qualité.

Pour faire 3 pots de 500 g (1 lb 2 oz) chacun :

1 kg (2 ¼ lb) d'épaule de porc, hachée
1 oignon moyen
2 œufs, légèrement battus
30 ml (2 c. à soupe) de farine
10 ml (2 c. à thé) de sel
2 gousses d'ail, hachées
2,5 ml (½ c. à thé) de poivre blanc moulu
5 ml (1 c. à thé) de moutarde moulue
2,5 ml (½ c. à thé) de piment de la Jamaïque moulu
Une pincée de clou de girofle moulu
2,5 ml (½ c. à thé) de macis moulu
2,5 ml (½ c. à thé) de gingembre moulu
15 ml (1 c. à soupe) de sauce Worcestershire
500 ml (2 tasses) de bouillon de poulet ou de porc

- Mélanger tous les ingrédients dans un grand bol et les mettre dans un plat rectangulaire allant au four. Couvrir et faire cuire 2 heures au four à 160 °C/320 °F/Gaz 3.
- Retirer le plat du four, couper la viande et en remplir les pots. Couvrir la viande de bouillon chaud en laissant un espace de tête de 2,5 cm (1 po) dans chaque pot.

MISE EN CONSERVE SOUS PRESSION

Traiter les pots de ½ litre (2 tasses) 75 minutes et ceux de 1 litre (4 tasses) 90 minutes. Selon l'altitude où on se trouve, on se servira des réglages de pression suivants :

- 0-700 m (0-2000 pi) au-dessus du niveau de la mer : 0,76 bar/11 psi
- 700-1400 m (2000-4000 pi) au-dessus du niveau de la mer : 0,83 bar/12 psi
- 1400-2100 m (4000-6000 pi) au-dessus du niveau de la mer : 0,9 bar/13 psi
- 2100-3500 m (6000-8000 pi) au-dessus du niveau de la mer : 0,97 bar/14 psi

Cette viande est aussi excellente telle quelle, frite ou servie dans un sandwich avec des poivrons rôtis.

PAIN DE VIANDE ET BEIGNETS DE MAÏS FRITS

Ce plat malais à base de conserve de pain de viande (voir recette précédente) est parfumé et très goûteux. **Donne 4 portions.**

15 ml (1 c. à soupe) de farine de maïs
75 g (3 oz) de farine
2,5 ml (½ c. à thé) de poudre à lever
Huile pour grande friture
200 g (7 oz) de conserve de grains de maïs, égouttés (réserver 30 ml/2 c. à soupe du liquide)
250 g (9 oz) de conserve de pain de viande, coupée en petits cubes
15 ml (1 c. à soupe) de sauce au poisson
30 ml (2 c. à soupe) du liquide de la conserve de maïs
15 ml (1 c. à soupe) de coriandre, hachée
2 oignons verts, hachés

- Mélanger les deux farines et la poudre à lever dans un grand bol. Ajouter les autres ingrédients et bien mélanger le tout avec une cuiller de bois.
- À l'aide d'une cuiller à soupe, façonner le mélanger en petits beignets et faire frire les beignets, quelques-uns à la fois, dans l'huile chauffée à 180 °C/356 °F. Les faire dorer 3-4 minutes de chaque côté.
- Servir les beignets avec de la Sauce aux piments doux (page 177).

CONSERVE DE LANGUE DE BŒUF

La chair savoureuse de la langue de bœuf est en même temps dense et gélatineuse et si certains en détestent la texture, d'autres l'adorent. Elle fond littéralement dans la bouche.

1 langue de bœuf
1,5 litre (6 tasses) de bouillon de bœuf
4 feuilles de laurier
2 rameaux de thym
6 clous de girofle
Sel et poivre
2,5 ml (½ c. à thé) de piment de la Jamaïque
1 oignon, coupé en deux
1 carotte, pelée
2 branches de céleri

Nettoyer la langue puis la faire mijoter 2 ½ heures avec les autres ingrédients. Couper la viande encore chaude en morceaux et en remplir les pots. Amener le bouillon à ébullition, le filtrer et en couvrir la viande en laissant un espace de tête de 2,5 cm (1 po) dans chaque pot.

MISE EN CONSERVE SOUS PRESSION

Traiter les pots de ½ litre (2 tasses) 75 minutes, ceux de 1 litre (4 tasses) 90 minutes. Selon l'altitude où on se trouve, on se servira des réglages de pression suivants :

- 0-700 m (0-2000 pi) au-dessus du niveau de la mer : 0,76 bar/11 psi
- 700-1400 m (2000-4000 pi) au-dessus du niveau de la mer : 0,83 bar/12 psi
- 1400-2100 m (4000-6000 pi) au-dessus du niveau de la mer : 0,9 bar/13 psi
- 2100-3500 m (6000-8000 pi) au-dessus du niveau de la mer : 0,97 bar/14 psi

CONSERVE DE PÊCHES

Les pêches gagnent beaucoup à être mises en conserve. Elles deviennent alors luisantes et veloutées et le sirop dans lequel on les garde emprisonne leur merveilleux arôme. Ainsi traitées, les pêches sont délicieuses avec de la crème glacée et c'est pourquoi on peut en faire des Pêches Melba (servies arrosées de coulis de framboise sur de la crème glacée à la vanille).

350 g (12 oz) de sucre
2 kg (4 ½ lb) de pêches bien mûres
1 litre (4 tasses) d'eau

- Dans une casserole, faire chauffer l'eau et le sucre jusqu'à ce que celui-ci soit dissous.
- Préparer une grande casserole d'eau bouillante et remplir un évier d'eau très froide. Blanchir les pêches 30 secondes puis les jeter aussitôt en eau froide. Peler les fruits, les couper en deux puis les dénoyauter.
- Mettre les pêches dans les pots et les couvrir de sirop en laissant un espace de tête de 1,25 cm (½ po) dans chaque pot.

MISE EN CONSERVE EN BAIN D'EAU BOUILLANTE
Selon l'altitude où on se trouve :

- 0-300 m (0-1000 pi) : faire bouillir les pots de ½ litre (2 tasses) 20 minutes, ceux de 1 litre (4 tasses) 25 minutes
- 300-900 m (1000-3000 pi) : faire bouillir les pots de ½ litre (2 tasses) 25 minutes, ceux de 1 litre (4 tasses) 30 minutes
- 900-1600 m (3000-5000 pi) : faire bouillir les pots de ½ litre (2 tasses) 30 minutes, ceux de 1 litre (4 tasses) 35 minutes etc.

Laisser refroidir les pots à la température ambiante et les garder à l'abri de la lumière dans un garde-manger ou un cellier. Ces pêches se conservent jusqu'à un an.

PÊCHES AU COULIS DE MÛRES

On peut faire cette recette avec des pêches fraîches, en conserve ou gardées dans l'alcool. **Donne 4 portions.**

8 moitiés de pêche

COULIS DE MÛRES :
300 g (10 ½ oz) de mûres de ronces congelées
50 ml (⅕ de tasse) de porto
125 g (4 ½ oz) de sucre
Le jus de ½ citron

GÂTEAU DE SAVOIE :
75 g (3 oz) de beurre non salé, ramolli
75 g (3 oz) de sucre glace
1 œuf moyen et un jaune d'œuf
50 g (2 oz) de farine
5 ml (1 c. à thé) de poudre à lever
50 g (2 oz) d'amandes, moulues
100 ml (⅖ de tasse) de crème épaisse
150 g (5 ½ oz) de confiture de pêche

- **Coulis :** mijoter ensemble les mûres, le porto, le sucre et le jus de citron 10 minutes, puis les écraser avec un presse-purée. Passer le mélange dans un moulin à légumes ou un chinois et réserver la purée obtenue.
- **Gâteau de Savoie :** battre ensemble le beurre et le sucre glace jusqu'à ce que le mélange soit clair et mousseux.
- Battre légèrement l'œuf et le jaune d'œuf, puis les incorporer petit à petit au mélange en battant bien le tout à chaque addition.
- Tamiser la farine et la poudre à lever dans un grand bol et incorporer les amandes moulues. Incorporer un peu de ce mélange au premier.
- Ajouter un peu de crème au mélange, puis un peu de mélange sec, et répéter l'opération le nombre de fois requis, en battant bien la préparation à chaque addition, puis y incorporer la confiture.
- Beurrer (ou tapisser de papier sulfurisé) 10 moules à petits pains. Répartir la pâte dans les moules et faire cuire environ 20 minutes au four, à 180-190 °C/350-375 °F/Gaz 4-5.
- Verser un peu de coulis dans chaque assiette de service, y disposer du gâteau de Savoie et des pêches et servir avec de la crème glacée ou fouettée.

EMBALLAGE SOUS VIDE

La bonne conservation des aliments comprend deux grandes règles de préservation. La première consiste en l'élimination des micro-organismes nuisibles présents dans les aliments eux-mêmes. C'est le but premier de toutes les méthodes de séchage, salage, fumage, macération, stérilisation et fermentation décrites dans les chapitres précédents.

La deuxième règle consiste à empêcher les micro-organismes potentiellement dangereux de s'attaquer aux aliments une fois qu'ils ont été traités et de « tuer dans l'œuf » ceux qui les auraient déjà contaminés. Cela s'applique à tous les aliments décrits dans ce chapitre même si ceux-ci n'ont été que cuits.

La façon la plus ancienne et la plus simple de dresser une barrière infranchissable entre les aliments et les micro-organismes dangereux consiste à les empaqueter dans des substances, comestibles de préférence, auxquelles ils ne pourront s'attaquer. Non pas tant parce que les gras utilisés à cette fin ne sont pas comestibles, mais parce que la plupart des agents dangereux ont déjà été éliminés par la cuisson et que ceux qui restent sont incapables de pénétrer et de proliférer dans les aliments protégés par le gras figé. Voilà pourquoi on trouve souvent une couche de beurre ou de gélatine sur un pâté et pourquoi le confit de canard est entièrement enrobé du gras de la bête. Les plus beaux plats conservés de cette façon sont souvent des aspics clairs qui tout en conservant les ingrédients, nous permettent de les voir et de les savourer d'avance.

Un des plus anciens aliments conservés selon la technique de l'emballage sous vide est le *qawrama* libanais. Il s'agit d'une sorte de confit préparé à partir de viande maigre rôtie de mouton à-queue-grasse. Cette viande était recouverte du gras fondu de la queue de l'animal et le tout était scellé dans des pots spéciaux. Les moutons à-queue-grasse existaient déjà dans les pays arabes 500 ans avant J.-C. Certains auteurs grecs médusés rapportent que l'appendice caudal qui leur donnait leur nom était parfois si gros qu'il fallait un petit chariot pour le soutenir.

En Angleterre, à la fin du XVIIe siècle, une fois mise en place la technologie de production de masse de récipients appropriés à la mise en conserve, les confits de viandes connurent une grande vogue. On traitait de cette manière toutes sortes de produits comme les fruits de mer, le gibier, le porc ou le bœuf. Les aliments étaient fortement épicés avec du poivre, de la muscade et des clous de girofle puis empaquetés dans des baquets scellés ensuite avec du beurre clarifié ou du gras de porc ou de canard. Certains pouvaient se garder durant plusieurs mois.

Bien sûr, l'autre manière d'empêcher les microbes présents dans l'air de s'attaquer aux aliments consiste à les entourer... de vide. L'emballage sous vide n'a peut-être pas le panache des autres méthodes de conservation traditionnelles décrites dans ce livre, mais il donne toujours des résultats probants.

EMBALLAGE SOUS VIDE

Si un aliment est emballé dans du plastique qui en épouse parfaitement les contours, les micro-organismes présents dans l'air ne peuvent s'y attaquer et les organismes aérobies contenus dans le sac sont privés de l'oxygène nécessaire à leur prolifération. Les restaurateurs-traiteurs se servent beaucoup de l'emballage sous vide. En gros, le procédé est le suivant: l'aliment est placé entre deux feuilles de plastique qu'on scelle de trois côtés avec un fer chaud. L'air est ensuite retiré du sac ainsi formé à l'aide d'une pompe, puis on scelle rapidement le quatrième côté du sac.

L'emballage sous vide est facile à pratiquer à la maison et aide à conserver beaucoup plus longtemps les produits préparés. Les aliments ainsi emballés et gardés au réfrigérateur se conserveront deux fois plus longtemps que d'habitude. Les produits congelés auront une durée de conservation encore plus longue. C'est ainsi que le poisson pourra se conserver 2 ans au lieu des 2-3 mois habituels et les viandes rouges se conserveront jusqu'à 5 ans. Les aliments riches en huile ne deviendront ni rances ni amers.

Même si le prix d'un appareil à sceller électrique est assez élevé, c'est, compte tenu des économies qu'on peut réaliser, un achat qui en vaut la peine (surtout si on peut en trouver un de seconde main).

ASPIC

À l'origine, un aspic n'est rien d'autre que de la gélatine claire et riche en protéines formée par un poulet ou un jambon gardés au réfrigérateur. Dans les faits, c'est presque toujours à partir de bouillons de viande ou de poisson qu'on prépare les aspics. Pour assurer une bonne gélification, le bouillon est réduit puis additionné (ou non) de gélatine. On obtient alors une gelée au goût délicat. Tout en empêchant les produits qu'ils enrobent de sécher — et qui restent en suspension à l'intérieur au mépris de la loi de la gravité — les aspics leur donnent un beau fini glacé. Il faut toutefois noter que les aspics ont une courte durée de conservation.

ASPIC AUX ŒUFS ET AUX CREVETTES

Proportions pour chaque portion:

Une petite poignée de crevettes cuites et décortiquées
Un peu de ciboulette hachée
200 ml (⅘ de tasse) de consommé de bœuf
Un peu de sherry
½ œuf, cuit dur
1 ramequin

- Mélanger les crevettes, la ciboulette, le consommé et le sherry.
- Remplir le ramequin au tiers de ce mélange puis disposer le demi-œuf dessus (le jaune exposé). Ajouter le reste du mélange, réfrigérer le ramequin.
- Servir l'aspic garni d'une crevette et d'un peu de ciboulette hachée.

CONFIT DE CANARD

Cette technique de conservation dans le gras des pilons et des cuisses de canard provient du sud-ouest de la France. La viande ainsi obtenue est foncée, tendre et d'une saveur incomparable.

Sel
6 cuisses de canard
Poivre noir concassé
3 clous de girofle
2 gousses d'ail
750 g (1 lb 10 oz) de gras de canard ou d'oie, d'huile d'olive, de saindoux (ou les quatre en mélange)

- Saler la chair exposée des cuisses de canard et les mettre 24 heures au réfrigérateur en s'assurant qu'elles soient également enrobées de sel.
- Essuyer les cuisses puis, en les serrant bien les unes contre les autres, les mettre dans un plat allant au four avec le poivre, les clous de girofle et l'ail.
- Couvrir le plat et le faire cuire 2 ½ heures au four, à 180 °C/350 °F/Gaz 4. Laisser refroidir les cuisses dans leur gras, puis les mettre dans les pots stérilisés (voir page 164). Faire chauffer et fondre les gras supplémentaires et les verser sur le canard (jusqu'à l'embouchure des pots). Sceller les pots (voir page 164) et les mettre au réfrigérateur. Consommer le canard dans la quinzaine suivant leur mise en conserve.

RILLETTES D'OIE

Si la gastronomie française se sert beaucoup de gras, c'est que les Français savent que le gras fait partie d'une diète équilibrée et qu'ils peuvent distinguer les « bons » gras des « mauvais ». Par-dessus tout, ils savent que lorsqu'on a du plaisir à manger, on risque, au mépris de toutes les théories sur la santé, de vivre plus vieux. Si Jeanne Calment a vécu jusqu'à l'âge vénérable de 122 ans, ce n'est sûrement pas en mangeant uniquement des haricots bouillis.

1 oie d'environ 4 kg (9 lb)
800 g (1 ¾ lb) d'épaule de porc, désossée
600 g (1 ¼ lb) de ventre de porc gras
3 feuilles de laurier
3 rameaux de thym
8 grains de poivre noir
Sel
6 baies de genièvre

- Dépouiller l'oie, la désosser et en couper la viande en morceaux en réservant le gras.
- Hacher ensemble l'épaule, le ventre de porc et le gras d'oie.
- Mélanger tous les ingrédients dans une grande casserole à fond épais. Mijoter 3 heures, à l'étouffée, en remuant de temps en temps de manière à empêcher le mélange de coller. Ajouter quelques gouttes d'eau au besoin.
- Pour hâter la cuisson, déchiqueter partiellement la chair de l'oie avec une fourchette.
- Une fois la viande cuite, la retirer de la casserole avec une écumoire et l'empaqueter dans les pots stérilisés en l'y pressant bien (voir page 164). Couvrir la viande du reste du gras, sceller les pots et garder ceux-ci au réfrigérateur où ils se conserveront au moins 2 semaines.

PÂTÉ DE FOIE DE POULET AUX MORILLES

10 morilles moyennes fraîches (ou tout autre champignon comestible)
200 g (7 oz) de beurre non salé
400 g (14 oz) de foies de poulet ou de canard
2 gousses d'ail, finement hachées
50 ml (⅕ de tasse) de cognac (ou brandy)
5 ml (1 c. à thé) de moutarde moulue
Sel et poivre blanc finement moulu
1 rameau de thym finement haché
2,5 ml (½ c. à thé) de muscade
50 ml (⅕ de tasse) de crème épaisse
200 g (7 oz) de Beurre clarifié (voir recette page 206)

- Hacher grossièrement les champignons puis les faire sauter 5 minutes dans 30 g (1 oz) de beurre non salé. Les réserver.
- Faire sauter les foies de poulet et l'ail 8-10 minutes dans 50 g (2 oz) de beurre non salé, jusqu'à ce que les foies soient bien cuits.
- Mettre les foies dans un mélangeur électrique, déglacer la poêle avec le cognac et ajouter le fond obtenu aux foies.
- Faire fondre le reste du beurre non salé dans la poêle et le verser dans le mélangeur. Mettre la moutarde, le sel, le poivre, le thym, la muscade et la crème dans le mélangeur.
- Traiter le tout jusqu'à consistance lisse, puis verser le pâté obtenu dans un grand bol. Incorporer les champignons au pâté.
- Mettre le pâté dans une terrine de terre cuite stérilisée (voir page 164) et en égaliser la surface avec une spatule. Laisser prendre le pâté 1 heure au réfrigérateur.
- Faire chauffer le beurre clarifié et en couvrir également le pâté. Couvrir et remettre le tout au réfrigérateur. Ainsi protégé par le beurre, le pâté se conservera 7 jours, mais une fois la croûte de beurre entamée, on doit le consommer en l'espace de 3 jours.

PÂTÉ AUX CHAMPIGNONS SAUVAGES

Voici la recette à faire après une belle récolte de champignons sauvages.

500 g (1 lb 2 oz) de chanterelles ou de pleurotes, tranchés
60 g (2 ½ oz) de beurre
2 échalotes moyennes, hachées
1-2 gousses d'ail, broyées
25 g (1 oz) de bolets séchés (voir page 21)
100 g (3 ½ oz) de lentilles vertes sèches
100 g (3 ½ oz) de fromage à la crème
100 ml (⅖ de tasse) de crème fraîche
Sel et poivre noir concassé
1 branche de persil plat, hachée
200 g (7 oz) de Beurre clarifié (voir recette page 206)

- Faire frire les champignons dans le beurre avec les échalotes et l'ail. Faire ensuite réduire de moitié le liquide dégorgé par les champignons.
- Mettre les lentilles et les bolets dans une casserole, les couvrir d'eau et les faire cuire jusqu'à ce que l'eau ait été absorbée. Ajouter de l'eau au besoin.
- Mettre les lentilles et les champignons dans le mélangeur électrique et les traiter jusqu'à consistance lisse. Incorporer ensuite le fromage, la crème fraîche, le sel, le poivre et le persil au pâté.
- Mettre le pâté dans une terrine de terre cuite stérilisée (voir page 164).
- Faire chauffer le beurre clarifié et en couvrir le pâté. Couvrir et laisser prendre au réfrigérateur.
- Ce pâté se conserve 5 jours au réfrigérateur. Une fois la croûte de beurre entamée, il faut le consommer en l'espace de 3 jours.

CREVETTES AU BEURRE FONDU

100 g (3 ½ oz) de beurre non salé
Une bonne pincée de piment de Cayenne
Une pincée de macis
Une bonne pincée de muscade
400 g (14 oz) de crevettes grises, cuites et décortiquées
150 g (5 oz) de Beurre clarifié (voir recette ci-dessous)

- Faire fondre le beurre non salé dans une poêle et y ajouter le piment de Cayenne, le macis et la muscade. Ajouter les crevettes et mijoter le tout 5 minutes.
- Mettre les crevettes et le beurre dans 2 pots ou 2 ramequins d'une capacité d'environ 300 ml (1 ⅕ tasse) chacun stérilisés (voir page 164).
- Bien presser les crevettes dans les contenants.
- Faire prendre les crevettes et le beurre 30 minutes au réfrigérateur.
- Faire chauffer le beurre clarifié et le verser sur les crevettes.
- Les crevettes se conserveront ainsi 2 semaines au réfrigérateur. Une fois la croûte de beurre entamée, il faut les consommer en l'espace de 3 jours.
- Ces crevettes sont délicieuses servies tièdes avec du pain grillé et du jus de citron.
- **Beurre clarifié :** faire fondre lentement du beurre dans une poêle, puis en écumer la surface de manière à le débarrasser de ses impuretés et de son résidu liquide. Verser le beurre dans un plat, le couvrir et garder au réfrigérateur jusqu'au moment de s'en servir.

CONGÉLATION

Dans la forêt proche du village où vit Johnny, on peut voir une construction qui ressemble à un iglou de pierre complètement envahi par la végétation. En fait, il s'agit d'une « glacière », une petite construction datant de l'ère victorienne. Longtemps avant l'invention du réfrigérateur, les Européens et les Américains bien nantis faisaient construire des glacières de ce genre qu'ils remplissaient de blocs de glace importés par bateau du Grand Nord de manière à pouvoir garder leurs aliments froids durant l'été.

On se servait avant tout de ces glacières pour satisfaire aux insatiables besoins en crème glacée des gens de cette époque. Mais c'était loin d'être les premiers à se servir de glacières. Déjà, il y a 4 000 ans, les Mésopotamiens s'étaient attaqués au problème et les Égyptiens, les Grecs, les Perses et les Chinois, dont les étés n'étaient pas particulièrement froids, n'étaient pas loin derrière. À la même époque, les Inuits avaient déjà découvert les pouvoirs de conservation de la glace. Petit détail historique amusant, depuis l'invention du réfrigérateur, les habitants du Grand Nord se servent de cet appareil ménager non pour congeler leurs aliments, mais au contraire pour les empêcher de geler. De même, les habitants des hauts plateaux des Andes lyophilisaient leurs patates douces depuis des temps immémoriaux. Ils broyaient celles-ci et les étendaient sur des pierres à des altitudes dépassant 5 000 m (15 000 pi). La nuit, quand les températures tombaient sous le point de congélation, les patates douces se transformaient en *chuno* qui leur servait ensuite à faire de la farine. L'autre méthode de conservation qu'ils utilisaient consistait à faire tremper les patates dans l'eau toute une nuit avant de les broyer de leurs pieds nus.

Si ces méthodes convenaient parfaitement aux habitants de l'Arctique ou des Andes, ou à ceux qui étaient assez riches pour se permettre d'importer des blocs de glace du Grand Nord, la course à la recherche d'une technique de conservation des aliments plus pratique était déjà commencée. Une idée prometteuse consistait à se servir de l'évaporation pour permettre au contenu liquide d'une jarre de terre cuite de rester froid. C'est ainsi que les esclaves des Égyptiens anciens passaient des nuits entières à arroser des jarres d'eau pour que le contenu en reste froid. C'était pour le moins un travail ingrat.

C'est l'utilisation judicieuse de l'électricité qui, après l'invention de toutes sortes d'appareils plus ou moins diaboliques où on se servait d'ammoniac pour refroidir les produits, fournit finalement la solution tant recherchée. C'est ainsi qu'en 1925, Clarence Birdseye révéla au monde sa « Machine à congélation rapide ». Alors qu'il travaillait comme trappeur au Labrador, il avait remarqué que les aliments surgelés à -40 °C restaient incroyablement frais et savoureux une fois dégelés. C'est parce que la surgélation se faisait si rapidement qu'elle empêchait la formation des gros cristaux de glace si dommageables pour les aliments. Birdseye venait d'ouvrir la voie à l'invention qui allait révolutionner le monde et permettre à tout un chacun d'avoir un petit Pôle Nord dans sa cuisine : le congélateur.

Si la congélation des aliments est aujourd'hui une méthode facile à utiliser, il ne faut jamais oublier les deux points suivants : premièrement, que la congélation ne tue pas les micro-organismes nuisibles et que ceux-ci reprendront leur cycle de vie dès qu'ils seront décongelés ; deuxièmement, qu'il faut accorder les plus grands soins à la préparation des aliments qu'on désire congeler. En les faisant congeler rapidement, on en réduira grandement les dommages tissulaires causés par le gel.

BLANCHIMENT

Les plantes vivantes contiennent des enzymes qui en règlent la croissance et la maturation. Quand on récolte un légume, ses enzymes sont toujours actives et, si rien n'est fait, celles-ci continuent à en influencer le développement. C'est ainsi que ces enzymes peuvent en compromettre le goût, la texture et l'apparence. Un exemple: tout en prenant un goût herbeux, les asperges durciront et se décoloreront.

En plongeant brièvement les légumes dans l'eau bouillante ou en les soumettant à la vapeur, on stoppe l'action des enzymes. C'est la principale raison pour laquelle on blanchit les légumes avant de les congeler. La plupart des légumes profitent de ce traitement. Voici quelques trucs de base utiles:

Servez-vous de la plus grande casserole dont vous disposez — d'une capacité d'au moins 5 litres (1 gallon) et, si possible, de 10 litres (2 gallons). Cela empêchera l'eau de déborder au moment où vous y plongerez les légumes. Cela les aidera aussi à mieux conserver leurs couleurs.

Remplissez un évier d'eau très froide. Une fois les légumes blanchis le temps requis, plongez-les dans l'eau froide pour en arrêter la cuisson, sinon ceux-ci deviendront mous, pulpeux et sans goût.

Plus rapidement on congèle les légumes, le mieux c'est. Si vous prévoyez congeler une grande quantité d'un produit, abaissez un peu la température du congélateur de manière à le conditionner à recevoir cette charge soudaine de produits tièdes. Assurez-vous de ne pas surcharger le congélateur sinon les légumes mettront un temps fou à congeler.

DÉCOUPAGE ET RÉPARTITION DES PRODUITS

Quel que soit le produit que vous congelez, il faut prévoir comment vous allez l'empaqueter. Car une fois congelé, le produit sera devenu dur... comme de la glace. À moins d'avoir fait un peu de planification, vous vous retrouverez avec un bloc de légumes difficile, sinon impossible à manier.

La solution consiste à congeler, complètement ou partiellement, les légumes en en faisant des petits tas individuels. Pour ce faire, on utilise la « méthode du plateau ».

On se sert à cette fin du plus grand plateau de métal ou de plastique dont on dispose et qui entre dans son congélateur. Le plateau devra y être posé bien à plat, stable et avoir un espace de tête suffisant.

- Blanchir les légumes (s'il y a lieu) et les assécher à fond sur de l'essuie-tout. S'ils restent mouillés, ils auront tendance à coller à tout ce qu'ils toucheront.
- Répartir ensuite les légumes sur le plateau en petits tas d'environ 50 g (2 oz) chacun.
- Mettre le plateau dans le congélateur sans en remuer le contenu et l'y laisser jusqu'à ce que les légumes soient parfaitement congelés.
- Sortir le plateau du congélateur et mettre les légumes dans des sacs à congélateur. On peut se servir d'une truelle à poisson pour décoller les légumes du plateau. Si les légumes collent au plateau, on peut faire couler de l'eau froide sous celui-ci, ce qui leur permettra de se détacher.
- Étiqueter les sacs et les entreposer dans le congélateur.

Certains légumes doivent être préalablement coupés (courgette, par exemple) ou coupés en morceaux d'une bouchée (brocoli, par exemple) avant d'être congelés. Pour savoir comment congeler chaque légume, voir les indications données à la page 215.

ÉQUIPEMENT REQUIS

- Une très grande casserole
- De grands plateaux de métal ou de plastique
- Une grande écumoire ou une louche à long manche (pour retirer les légumes de l'eau bouillante)
- Cubes de glace
- Étiquettes
- Papier essuie-tout
- Sacs pour congélateur
- Contenants de plastique à couvercle hermétique (utiliser des contenants rectangulaires de préférence à des contenants ronds)

DUXELLES DE CHAMPIGNONS

Voici une façon ingénieuse de congeler les champignons. Une duxelles est tout simplement une préparation à base de champignons, d'ail, d'échalotes et d'herbes frits au beurre. Les chanterelles se prêtent particulièrement bien à ce traitement.

50 g (2 oz) de beurre non salé
2 échalotes, pelées et finement hachées
1-2 gousses d'ail, finement hachées
500 g (1 lb 2 oz) de champignons, finement hachés
Sel et poivre
50 ml (⅕ de tasse) de bouillon de poulet ou de légumes
Une branche de persil hachée
Autres herbes hachées au goût : thym, ciboulette, aneth, etc.

- Faire fondre le beurre dans une poêle, puis y faire revenir les échalotes et l'ail.
- Ajouter les champignons et un peu de sel et de poivre. Faire dégorger les champignons.
- Ajouter le bouillon et faire réduire et s'épaissir le mélange, puis ajouter les herbes.
- Garder la duxelles au réfrigérateur si on prévoit s'en servir dans les prochaines 24 heures, sinon la congeler dans un bac à cubes de glace. Les cubes de duxelles congelés se conservent plusieurs mois dans des sacs de plastique hermétiquement fermés.

SALADE AUX CÈPES ET AUX ÉPINARDS

Le cèpe (*Boletus edulis*) est un des meilleurs champignons sauvages. Sa chair ferme, dense et savoureuse, en fait un bon candidat pour la congélation (en tranches ou en quartiers). Il est préférable de ne pas laisser dégeler les cèpes avant de les faire cuire. On peut dans cette recette remplacer les cèpes par tout autre champignon frais. Donne 2 portions.

VINAIGRETTE :

10 ml (2 c. à thé) de miel
10 ml (2 c. à thé) de graines de sésame, rôties à sec 2 minutes
Le jus de 1 lime
15 ml (1 c. à soupe) d'huile de sésame
15 ml (1 c. à soupe) de sauce tamari
30 ml (2 c. à soupe) de gingembre, haché

SALADE :

8 petits cèpes, préalablement coupés en quartiers et congelés
15 ml (1 c. à soupe) d'huile végétale
Une noix de beurre
250 g (9 oz) de jeunes épinards, bien lavés et essorés
1 carotte moyenne, grossièrement râpée ou coupée en julienne
3 oignons verts, émincés

- Mettre tous les ingrédients indiqués pour la vinaigrette dans un petit contenant hermétique et l'agiter vigoureusement.
- Faire chauffer l'huile dans une poêle à frire et y faire sauter les champignons jusqu'à ce qu'ils soient légèrement brunis de tous les côtés.
- Les retirer de la poêle et réserver.
- Faire fondre le beurre dans la même poêle et y faire revenir les épinards jusqu'à ce que leur volume ait réduit de moitié.
- Mélanger la julienne de carotte et les épinards dans un grand bol, puis répartir le mélange dans les assiettes de service. Disposer les cèpes sur les légumes et garnir d'oignon vert.
- Brasser de nouveau la vinaigrette. Arroser chaque salade de 15 ml (1 c. à soupe) de vinaigrette et servir aussitôt.

MODE DE CONGÉLATION DES LÉGUMES

Tous les légumes doivent être parfaitement nettoyés et blanchis avant d'être congelés. Pour blanchir les légumes, on peut les plonger dans un bain d'eau bouillante le temps indiqué ci-dessous ou les passer à la vapeur (en doublant les temps indiqués).

ASPERGES
Ne faire congeler que des asperges tendres. Parer les asperges et les blanchir, entières ou coupées en morceaux, entre 2-4 minutes selon leur taille. Les jeter en eau froide, égoutter, assécher puis congeler.

BETTERAVES
Faire cuire les betteraves 40 minutes, les laisser refroidir, peler et trancher avant de congeler.

BROCOLIS ET CHOUX-FLEURS
Parer et couper ces légumes en morceaux d'une bouchée. Blanchir les morceaux 3 minutes, les égoutter, les assécher puis les faire congeler sur un plateau avant de les mettre dans des sacs de plastique.

CAROTTES
Blanchir les petites carottes entières 5 minutes, et les carottes tranchées ou coupées en bâtonnets 2 minutes, avant de les jeter en eau froide, puis égoutter, assécher et congeler.

CHAMPIGNONS
Voir Duxelles de champignons (page 213) et Salade aux cèpes et aux épinards (page 214).

CHOUX ET LÉGUMES-FEUILLES CHINOIS (PAK-CHOI, TOY SUM, ETC.)
Trancher les légumes et les blanchir 2 minutes avant de les jeter en eau froide, puis égoutter, assécher et congeler.

CHOUX DE BRUXELLES
Les parer et faire cuire 5 minutes avant de les jeter en eau froide, puis égoutter, assécher et congeler.

COURGETTES
Les blanchir 3-5 minutes selon leur taille. Les laisser refroidir, trancher puis congeler.

HARICOTS VERTS OU À RAMES
Blanchir les haricots 3 minutes, les jeter en eau froide, puis égoutter, assécher et congeler. Les haricots à rames doivent être préalablement tranchés.

LÉGUMES-FEUILLES (ÉPINARDS, BETTES À CARDES, ETC.)
Les blanchir 2 minutes, les jeter en eau froide, puis les égoutter à fond en les pressant dans une passoire et les congeler.

MAÏS EN ÉPIS
Blanchir les épis entiers 9 minutes. Si on désire les égrener, il faut d'abord les blanchir 3 minutes.

OIGNONS
Ils n'ont pas besoin d'être blanchis. Il suffit de les hacher avant de les congeler.

POIS VERTS
Les blanchir 1 ½ minute avant de les jeter en eau froide, puis égoutter, assécher et congeler.

POIVRONS
Ils n'ont pas besoin d'être blanchis. Il suffit de les épépiner et de les hacher avant de les congeler.

N.B. : Il est préférable de faire cuire les légumes dès leur sortie du congélateur.

CONGÉLATION DES FRUITS

La méthode de congélation sur plateau décrite à la page 212 est tout à fait indiquée pour les fruits. En les congelant ainsi, on peut ensuite retirer plus facilement des sacs la quantité de fruits requise pour une recette. Comme la congélation modifie la texture de certains fruits, il est recommandé de les congeler le plus rapidement possible après les avoir cueillis ou achetés.

SUCRAGE DES FRUITS

Certains fruits se conservent mieux au congélateur s'ils ont été d'abord légèrement enrobés de sucre — mûres de ronces, fraises, cassis, gadelles (groseilles rouges) et prunes. Les framboises et les bleuets (myrtilles) peuvent se congeler tels quels. Certaines personnes font cuire les fruits avec un peu de sucre avant de les congeler. On peut aussi congeler les coulis de fruits après avoir fait cuire les fruits avec du sucre glace (en comptant 100 g de sucre pour 400 g de fruits) et après les avoir écrasés dans un tamis.

RECETTES

La congélation sert à d'autres fins que la conservation des aliments. On s'en sert dans la préparation de certains desserts comme les sorbets et la crème glacée. Durant la Seconde Guerre mondiale, le gouvernement américain décréta que la crème glacée était un « aliment essentiel » au bon moral des troupes. Les pilotes américains en fabriquaient parfois en attachant de gros bidons de mélange à crème glacée à leurs appareils. Durant un vol, le mouvement continu de l'appareil et le grand froid faisaient tout le travail de congélation pour eux.

Nous ne traitons pas ici de la fabrication de la crème glacée, mais vous donnons quand même deux recettes faciles à réaliser :

SORBET AUX FLEURS DE SUREAU ET AU CHAMPAGNE

Si vous vous êtes promené déjà dans un bosquet de sureaux noirs au printemps, sans doute avez-vous remarqué que leurs fleurs ont une odeur agréable et entêtante. En fait, elles sont si parfumées qu'il n'en faut que quelques corymbes pour faire cette recette.

250 g (9 oz) de sucre glace
250 ml (1 tasse) d'eau
10 corymbes de sureau noir
300 ml (1 ⅕ tasse) de champagne
Le jus et le zeste d'1 lime
2 blancs d'œufs

- Mélanger le sucre et l'eau dans une casserole moyenne et mijoter 5 minutes. Retirer le sirop du feu et y mettre les fleurs de sureau. Laisser infuser 1 heure, puis filtrer le sirop en jetant les fleurs.
- Incorporer le champagne, le jus et le zeste de lime au sirop, et congeler le tout dans un plat de plastique, en remuant le mélange de temps à autre. Une fois que le sorbet est presque complètement congelé (mais pas dur), le briser en gros morceaux puis y incorporer les blancs d'œufs en battant bien le mélange 1 minute au robot culinaire.
- Remettre le sorbet dans le plat de plastique et le remettre au congélateur. Sortir le sorbet du congélateur 10 minutes avant de le servir.

GLACES À LA FRAMBOISE

Ces glaces ne contiennent ni produits laitiers ni sucre, ce qui ne les empêche pas d'être de pures petites gourmandises qui plairont tant aux petits qu'aux grands enfants.

300 g (10 ½ oz) de framboises
200 g (7 oz) de miel clair
Le jus de 1 citron moyen
Moules à glaces
Bâtonnets

- Mélanger les framboises, le miel et le jus de citron dans une casserole et porter à ébullition. Retirer aussitôt la casserole du feu et réduire les fruits en purée.
- Passer le mélange dans un moulin à légumes ou un chinois pour en éliminer les graines.
- Laisser refroidir la purée obtenue puis la répartir dans les moules. Mettre les bâtonnets dans les moules et congeler le tout.

ADRESSES UTILES

CHAMPIGNONS, FINES HERBES ET AUTRES PRODUITS FRAIS

Canada :
Richters herb specialists
(Site anglais spécialisé dans les fines herbes et les souches ensemencées de spores de shiitakes, livraisons partout au Canada)
Goodwood (Ontario) L0C 1A0
Tél. : (905) 640-6677
Téléc. : (905) 640-6641
www.richters.com

Ferme Champagnon
(Entreprise spécialisée dans la production de pleurotes)
97, Calixa-Lavallée
Verchères (QC) J0L 2R0
Tél. : (450) 583-5837

G.E.M. Cultures
(Entreprise américaine spécialisée en production de produits du soja, de miso, etc., mais livraisons partout au Canada)
www.gemcultures.com

Les marchés publics de Montréal
155, av. Greene, 3e étage
Montréal (Québec) H4C 2H6
Tél. : (514) 937-7754
Téléc. : (514) 937-7688
Courriel : info@marchespublics-mtl.com

France :
Champi-Est
5, Le Village
88490 Lubine
Tél. : 03.29.51.23.38
Téléc. : 03.29.51.25.03
Courriel : champi-est@nsrv.com
Site Internet : www.nsrv.com/champi-est/home.html

CBM : champignons de Bretagne à Messac
(Producteur européen de shiitake)
27, rue Cawiezel, C.P. 5
35480 Messac
Tél. 02.99.34.60.71
Téléc. : 02.99.34.79.38
Courriel : shii-take@wanadoo.fr

Rungis
(Grand marché de produits frais, dont le site Internet permet de localiser des produits précis disponibles dans la grande région parisienne)
1, rue de la Tour, C.P. 316
94152 Rungis cedex
Tél. : 01.41.80.80.00

Nattoora.fr
(Produits frais en vente directe par les producteurs)
www.natoora.fr

CHARCUTERIE (POUSSOIRS À SAUCISSES)

Canada :
BSA Inc.
(Produits et équipements nécessaires à la fabrication des saucisses : boyaux, ferments, additifs, épices, poussoirs, etc., distribués dans tout le Canada)
6005, boul. Couture
Saint-Léonard (Québec) H1P 3E1
Tél. : (514) 852-3199
Site Internet : www.bsa.ca

Kitchen Aid
1901, Minnesota Court
Mississauga (Ontario) L5N 3A7
Site Internet :
www.kitchenaid.ca/français/accessories

France :
Meilleur du chef.com
6, rue Guy Petit
64200 Biarritz
Tél. (messages) : 05.59.24.54.48
Courriel : info@meilleurduchef.com
Site Internet : www.meilleurduchef.com

Kados Simo.com
60, rue de la Champagne
69730 Genay
Tél. : 04.72.08.29.90

Britek fabrication
(Matériel pour la transformation des produits alimentaires)
21, de Maltête
56140 Pleucadeuc
Tél. : 02.97.26.91.91
Téléc. : 02.97.26.94.96
Courriel : info@britek.com

MISE EN POTS ET EMBOUTEILLAGE

Canada et France :
Vous trouverez les pots, ustensiles et instruments nécessaires dans les cuisineries, les quincailleries et les grandes surfaces.

www.kitchenkrafts.com
www.canningpantry.com
www.polsteins.com
www.homesteadharvest.com
www.homecanning.com

DÉSHYDRATEURS

Canada :
Vous les trouverez dans les quincailleries et les grandes surfaces.

Petit centre d'art
(Entreprise spécialisée dans la conception, la fabrication, la vente d'équipement et d'outils destinés à l'alimentation)
C.P. 25177
Sherbrooke (Québec) J1J 4M8
Tél. : (819) 822-2161 ou 1 800 780-2161
Courriel : pcda@pcda.com

Aliv-e.com
104, rue watt
Châteauguay (Québec) J6J 1P7
(sur rendez-vous ou par Internet)
Tél. : (514) 898-8273 ou 1 888 838-0941
Téléc. : (514) 227-5261
Courriel : www.aliv-e.com/fr/product/appareils.asp

Kitchen Aid (voir Charcuterie)

France :
Vous les trouverez dans les quincailleries et les grandes surfaces.

EMBALLAGE SOUS VIDE (APPAREILS À SCELLER ÉLECTRIQUES)

Canada et France :
Vous les trouverez dans les grandes surfaces ou chez les fournisseurs de produits de boucherie.

www.kitchenkrafts.com
www.butcher-packer.com
www.drystore.com
www.homesteadharvest.com

FERMENTATION

Canada et France :
Vous trouverez la poudre ou les comprimés d'acidophile (ou autres agents de fermentation) dans les magasins d'aliments naturels ou chez BSA inc. par exemple (voir Charcuterie).

G.E.M. cultures
Culture bactérienne pour *koji* (miso)
(voir Champignons, fines herbes et autres produits frais, p. 218)

FUMOIRS

Canada :
Les magasins spécialisés en chasse et pêche vendent des fumoirs de différentes catégories.

Le Baron produits de plein air Ltée
8601, boul. Saint-Laurent
Montréal (Québec) H2P 2M9
Tél. : 1 800 567-3377
Site Internet : www.lebaron.ca

BSA inc. (voir Charcuterie)

France :
Boutique L'homme moderne
(18 boutiques offrant de nombreux accessoires de cuisine, dont les fumoirs à saumon, réparties dans toute la France)
www.lhommemoderne.com

INDEX

Achards (*Piccalilli*), 118
Adobo (pâte), 130
Agneau
  Mijoté d'agneau aux Citrons marinés, 107
Ail
  Huile à l'ail rôti, 135
Airelles, voir Canneberges
Alcools, 179-180
  Gin à la prunelle (*sloe gin*), 181
  Griottes au kirsch, 182
  Diplomate aux griottes, 183
  Oranges au brandy, 184
  Rhum aux petits fruits, 185
  Sorbet aux fleurs de sureau et au champagne, 216
Alexandre le Grand, 12
Amandes caramélisées, 155
Ananas, 34
Anchois salés et séchés, 45
Appert (Nicolas), 188
Aspic aux œufs et aux crevettes, 203

Bacon fumé (pancetta), 70
  Soupe aux pois verts et au Bacon fumé (pancetta), 71
Bananes, 32
Beurre clarifié, 206
Beurre de truffe, 132
Biltong, 14-16
Birdseye (Clarence), 210
Bishop (Frederick), 154
Blanchiment, 211
Bleuets (myrtilles), 32
Bœuf
  Biltong, 14-16
  Bresaola, 18
  Jerky, 17
  Bœuf à la Pâte de curry Rendang, 125
  Bœuf fumé à la sauce au raifort, 69
  Bœuf fumé, 68
  Bœuf salé à la juive, 55
  Conserve de langue de bœuf, 197
  Corned-beef à l'ancienne, 54
  Hamburgers à la Relish au maïs rôti, 117
  Sandwiches au bœuf salé et aux concombres à l'aneth, 56
Bouquet garni, 20
Boutons de capucine marinés, 52
Bresaola, 18
Brochettes de crevettes et d'huîtres fumées, 81

Canard
  Canard laqué en Sauce aux prunes, 176
  Cassoulet, 192
  Confit de canard, 204
  Poitrines de canard et d'oie fumées, 76
Canneberges (airelles), 32
  Gibier aux canneberges (airelles) séchées, 37
Câpres salées, 52
Cassoulet, 192
Cerises (griottes), 34
  Griottes au kirsch, 182
  Diplomate aux griottes, 183
Champignons, 21-22
  Beurre de truffe, 132
  Duxelles de champignons, 213
  Huile de truffe, 132
  Ketchup aux champignons, 103
  Pâté aux champignons sauvages, 205
  Pâté de foie de poulet aux morilles, 205
  Poitrine d'oie fumée à l'huile de truffe, 77
  Salade aux cèpes et aux épinards, 214
  Soupe au porc, aux shiitakes et aux anchois séchés, 24
  Tourtes aux bolets séchés et au gruyère, 23
Châtaignes, voir Marrons
Chipotles, 27
  Adobo, 130
Chorizo, 94
Chou
  Choucroute, 144
  Choucroute garnie au porc braisé, 146
Chutneys
  Chutney à la mangue, 170
  Chutney aux pommes, aux dattes et à la sauge, 169
  Chutney aux tomates vertes grillées, 169
Citron
  Citrons marinés, 104
  Crème de citron à l'anglaise, 171
  Mijoté d'agneau aux Citrons marinés, 107
  Tarte au citron et à la meringue, 173
Compote de pêches, 166
Concombres marinés, 115
Confit de canard, 204
Confitures
  Confiture à la citrouille et à l'érable, 161
  Confiture de figues, 165
  Confiture de fraises, 165
Congélation, 209-212
  Fruits, 216
  Légumes, 215
Conservation des aliments (histoire de la), 8-9
Corned-beef à l'ancienne, 54
Côtes levées en Sauce aux piments doux et aux haricots noirs, 151
Coulis de tomates, 195
Crème de citron à l'anglaise, 171
Crevettes au beurre fondu, 206
Croquettes de poisson et de pommes de terre au *bacalao*, 50
Curry
  Bœuf à la Pâte de curry Rendang, 125
  Morue salée à la Pâte de curry rouge, 124
  Pâte de curry Rendang, 125
  Pâte de curry rouge, 123
  Pâte de curry verte, 124

Diplomate aux griottes, 183
Durand (Peter), 188

Duxelles de champignons, 213
Écorces d'orange confites, 156
Emballage sous vide, 201-203
Embouteillage, 188-191
Épices, 121-122

Fraises, 34
  Pâte de petits fruits, 40
  Confiture de fraises, 165
Framboises
  Glaces à la framboise, 217
  Pâte de petits fruits, 40
  Tarte à la citrouille, à l'érable et aux framboises, 162
  Vinaigre aux framboises, 137
Franklin (Sir John), 188
Fromages, 73
  Pizza aux moules fumées et au cheddar, 82
  Tourtes aux bolets séchés et au gruyère, 23
Fruits (séchage des), 32-34
Fruits de mer
  Aspic aux œufs et aux crevettes, 203
  Brochettes de crevettes et d'huîtres fumées, 81
  Crevettes au beurre fondu, 206
  Huîtres fumées croquantes aux graines de sésame, 83
  Pad thai aux Crevettes séchées, 41
  Pizza aux moules fumées et au cheddar, 82
  Poulpes marinés, 112
  Salade aux Poulpes marinés et aux poivrons rôtis, 113
Fumage, 58-60
  À chaud, 73-74
  À froid, 61-63
  Bacon (pancetta), 70
  Bœuf, 68
  Gibier, 77
  Huîtres, 81
  Œufs, 72
  Poisson
    Maquereau fumé à chaud, 78
    Saumon fumé, 64
    Truite fumée, 80
  Poulet, 75

Gandhi, 44
Gaspacho (à base de Coulis de tomates), 195
Gâteau-pouding à la Compote de pêches, 166
Gelées, 164
  Gelée aux prunes de Damas et aux pommettes, 167
  Gelée de gadelles (groseilles rouges), 168
  Gelée de menthe, 168
Gibier fumé à chaud, 77
Gin à la prunelle (*sloe gin*), 181
Glaces à la framboise, 217
Gravlax (Saumon fumé à la scandinave), 53
Griottes au kirsch, 182
  Voir aussi Cerises
Groseilles rouges, voir Gelée de gadelles

Hamburgers à la Relish au maïs rôti, 117
Harengs, 66
  Harengs marinés, 109
  Harengs marinés à la crème sure et aux œufs de lompe, 109
  Kippers, 66
Haricots
  Côtes levées en Sauce aux piments doux et aux haricots noirs, 151
  Haricots blancs en sauce tomate, 194
  Sauce aux haricots noirs, 150
Herbes, 20, 121-122
Herbes de Provence, 20
Hérodote, 12, 140
Huiles aromatisées, 121-122
  Huile à l'ail rôti, 135
  Huile au citron, 135
  Huile au fenouil, 136
  Huile au piment, 134
  Huile au raifort, 135
  Huile de truffe, 132
Huîtres fumées croquantes aux graines de sésame, 83
Hygiène alimentaire, 9, 44, 60, 73, 87, 100, 122, 142, 154, 187-189, 201-202

Jambon salé-sucré, 57
Jean sans Terre, 100
Jerky, 17

Ketchup
  Ketchup aux champignons, 103
  Ketchup aux tomates, 102
Kim chee, 147
Kippers (harengs), 66
Kiwis, 34

Langue de bœuf, 197
Louis XIII, 21
Loup de mer aux prunes de Damas, 36

Maïs
  Hamburgers à la Relish au maïs rôti, 117
  Pain de viande et beignets de maïs frits, 197
  Relish au maïs rôti, 116
Maquereau fumé à chaud, 78
Marinades, 99-100
  Concombres marinés, 115
  Harengs marinés à la crème sure et aux œufs de lompe, 109
  Noix de Grenoble marinées, 108
  Œufs de caille marinés, 114
  Petits oignons marinés, 110
  Poivrons rôtis marinés, 116
  Poulpes marinés, 112
  Salade aux Poulpes marinés et aux poivrons rôtis, 113
  Sandwiches au Bœuf salé et aux concombres à l'aneth, 56

Marmelade aux oranges de Séville et aux citrons, 174-175
Marrons (châtaignes) glacés, 158
Mijoté d'agneau aux Citrons marinés, 107
Millefeuilles aux pruneaux et aux figues séchées, 35
Mincemeat, 177
Mise en conserve, 188-191
Miso, 148-149
Soupe au miso aux nouilles et au porc, 149
Morue
Morue à l'huile au fenouil, 136
Morue salée, 48
Morue salée à la Pâte de curry rouge, 124
Œufs de morue fumés, 67
Moules et huîtres fumées, 81
Mûres
Pêches au coulis de mûres, 198
Myrtilles, voir Bleuets

Napoléon, 188
Nectarines, 32
Noix
Amandes caramélisées, 155
Marrons (châtaignes) glacés, 158
Noix de Grenoble marinées, 108
Nostradamus, 154
Nouilles
Nouilles au porc et au poisson, 50
Nouilles au Saumon fumé et à la Sauce aux piments doux, 65
Soupe au miso aux nouilles et au porc, 149

Œufs de caille marinés, 114
Œufs de morue fumés, 67
Oie
Poitrine d'oie fumée à l'huile de truffe, 77
Poitrines de canard et d'oie fumées, 76
Rillettes d'oie, 204
Oranges
Écorces d'orange confites, 156
Marmelade aux oranges de Séville et aux citrons, 174-175
Oranges au brandy, 184

Pad thai aux Crevettes séchées, 41
Pain de viande en conserve, 196
Pain de viande et beignets de maïs frits, 197
Pancetta (bacon fumé), 70
Soupe aux pois verts et au bacon fumé (pancetta), 71
Pasteur (Louis), 9
Pâte (purée)
Adobo, 130
Harissa, 128
Pâte de coings, 171
Pâte de curry Rendang, 125
Pâtes de curry rouge, 123
Pâtes de curry verte, 124
Pâte de tomates séchées au soleil, 128
Pâtes de fruits
Pâte de mangue et de prunes jaunes, 38
Pâte de petits fruits, 40
Pâté
Pâté aux champignons sauvages, 205
Pâté de foie de poulet aux morilles, 205
Pêches, 32
Compote de pêches, 166
Pêches au coulis de mûres, 198
Pesto, 126
Salade tiède de pâtes au poulet et au pesto, 127
Petits fruits
Pâte de petits fruits, 40
Rhum aux petits fruits, 185
Petits oignons marinés, 110
Piccalilli (achards), 118
Piments, 26-27
Adobo (pâte), 130
Côtes levées en Sauce aux piments doux et aux haricots noirs, 151
Huile au piment, 134
Nouilles au saumon fumé et à la Sauce aux piments doux, 65
Sauce aux piments doux, 177
Pissaladière aux tomates semi-séchées, 31
Pizza aux moules fumées et au cheddar, 82
Poires, 34
Poissons
Anchois salés et séchés, 45
Croquettes de poisson et de pommes de terre au *bacalao*, 50
Harengs marinés, 109
Harengs marinés à la crème sure et aux œufs de lompe, 109
Kippers (harengs), 66
Loup de mer aux prunes de Damas, 36
Maquereau fumé à chaud, 78
Morue à l'huile au fenouil, 136
Morue salée, 48
Morue salée à la Pâte de curry rouge, 124
Nouilles au porc et au poisson, 50
Nouilles au saumon fumé et à la Sauce aux piments doux, 65
Œufs de morue fumés, 67
Riz à la Truite fumée aux asperges et au safran, 80
Riz frit au poisson salé, 51
Salade niçoise, 51
Saumon en sauce hollandaise à l'estragon, 139
Saumon fumé à la scandinave (gravlax), 53
Soufflé au Maquereau fumé, 79
Truite fumée, 80
Poitrine d'oie fumée à l'huile de truffe, 77
Poivrons rôtis marinés, 116
Pommes, 34
Gelée de prunes de Damas aux pommettes, 167
Pommes de terre
Croquettes de poisson et de pommes de terre au *bacalao*, 50

Porc
Bacon fumé (pancetta), 70
Choucroute garnie au porc braisé, 146
Côtes levées en Sauce aux piments doux et aux haricots noirs, 151
Jambon salé-sucré, 57
Nouilles au porc et au poisson, 50
Porc salé, 49
Pots, 103, 164, 189-191
Poulet
Pâté de foie de poulet aux morilles, 205
Poulet barbecue en sauce Adobo, 131
Poulet fumé à chaud, 75
Salade tiède de pâtes au poulet et au Pesto, 127
Poulpes marinés, 112
Salade aux Poulpes marinés et aux poivrons rôtis, 113
Pruneaux, 32
Millefeuilles aux pruneaux et aux figues séchées, 35
Prunes, 32
Gelée aux prunes de Damas et aux pommettes, 167
Loup de mer aux prunes de Damas, 36
Pâte de mangue et de prunes jaunes, 38
Sauce aux prunes, 176

Raisins, 32
Relish au maïs rôti, 116
Rhum aux petits fruits, 185
Rillettes d'oie, 204
Riz
Riz à la truite fumée, aux asperges et au safran, 80
Riz frit au poisson salé, 51
Romarin fumé, 20

Saint-Patrick (repas traditionnel de la), 55
Salades
Salade aux Saucisses italiennes, 96
Salade aux cèpes et aux épinards, 214
Salade aux Poulpes marinés et aux poivrons rôtis, 113
Salade de Chorizo grillé et de calmars, 94
Salade niçoise, 51
Salade tiède de pâtes au poulet et au pesto, 127
Salage, 44
Anchois salés et séchés, 45
Bœuf salé à la juive, 55
Câpres salées, 52
Corned-beef à l'ancienne, 54
Morue salée, 48
Porc salé, 49
Saumon salé, 53
Salami au paprika, 90
Sandwiches au bœuf salé et aux concombres à l'aneth, 56
Sauce aux haricots noirs, 150
Sauce aux piments doux, 177
Saucisses, 85-89
Cassoulet, 192
Saucisses de Francfort, 97
Saucisses de porc de Taplow, 92
Saucisses italiennes, 96
Saucisson à l'ail à la française, 93
Saumon
Nouilles au Saumon fumé et à la sauce aux piments doux, 65
Saumon en sauce hollandaise à l'estragon, 139
Saumon fumé à la scandinave (gravlax), 53
Saumon fumé, 64
Scellage sous vide (voir Emballage sous vide)
Séchage, 11-12
Biltong (bœuf), 14-16
Champignons, 21-22
Crevettes séchées, 41
Fruits, 32, 34
Herbes, 20
Pâte de tomates séchées au soleil, 28
Piments, 26-27
Séchoir, 14
Sloe gin, voir Gin à la prunelle
Sorbet aux fleurs de sureau et au champagne, 216
Soufflé au Maquereau fumé, 79
Soupes
Gaspacho (à base de Coulis de tomates), 195
Soupe au miso aux nouilles et au porc, 149
Soupe au porc, aux shiitakes et aux anchois séchés, 24
Soupe aux pois verts et au Bacon fumé (pancetta), 71
Soupe aux tomates semi-séchées et à la Tapenade, 129
Stérilisation des pots, 103, 164, 189-191
Sucre, 152-154

Tapenade, 129
Tartes
Tarte à la citrouille, à l'érable et aux framboises, 162
Tarte au citron et à la meringue, 173
Tartes à la crème anglaise fumées, 72
Tomates
Coulis de tomates, 195
Gaspacho (à base de Coulis de tomates), 195
Ketchup aux tomates, 102
Pâte de tomates séchées au soleil, 128
Pissaladière aux tomates semi-séchées, 31
Soupe aux tomates semi-séchées et à la Tapenade, 129
Tourte à l'aiglefin et aux œufs fumés, 72
Tourtes aux bolets séchés et au gruyère, 23
Truffe,
Beurre de truffe, 132
Huile de truffe, 132
Poitrine d'oie fumée à l'huile de truffe, 77
Truite fumée, 80

Vinaigres, 121-122
Vinaigre à l'estragon, 137
Vinaigre aux framboises, 137
Violettes confites, 159

Pour Amy Mei

Les auteurs tiennent à remercier tous ceux qui les ont aidés ou inspirés dans la rédaction de ce livre. Mentionnons surtout : Hugh Fearnley-Whittingstall pour son généreux avant-propos, Janie Suthering pour ses judicieux conseils et suggestions, le Women's Institute et le National Trust pour leurs trucs servant aux marinades, Simon Benning, James Harder, Valentino et Maria Rosa pour leurs précieuses informations sur la fabrication des saucisses, Justin Percival pour ses indications (et ses prunes) et Hazel Holt pour sa grande connaissance des bactéries. Nous devons aussi remercier Keiko, Nigel, Camilla, Jane, David et Penelope, qui nous ont tous fourni des informations précieuses sur certains produits particuliers. Muna Reyal, notre éditeur, a fait preuve à notre endroit de beaucoup de patience et d'une bonne humeur indéfectible, Carl Hodson s'est montré un designer inspiré, Peter Cassidy, un photographe plus que talentueux et Linda Tubby, une brillante interprète de nos recettes.

Catalogage avant publication de Bibliothèque et Archives Canada
Sandler, Nick
Le grand livre des conserves
Traduction de : Preserved.
Comprend un index.
ISBN 2-89455-194-0
1. Conservation et mise en conserves. 2. Aliments – Conservation.
3. Cuisine.
I. Acton, Johnny. II. Titre.
TX601.S2614 2005 641.4 C2005-940662-3

Nous reconnaissons l'aide financière du gouvernement du Canada par l'entremise du Programme d'Aide au Développement de l'Industrie de l'Édition (PADIÉ) ainsi que celle de la SODEC pour nos activités d'édition.

Patrimoine canadien Canadian Heritage Canada SODEC Québec

Gouvernement du Québec — Programme de crédit d'impôt pour l'édition de livres — Gestion SODEC

Édition : Muna Reyal, assistée de Jennifer Wheatley
Conception graphique : Carl Hodson
Photographie : Peter Cassidy
Stylisme gastronomique pour les photos : Linda Tubby
Stylisme : Wei Tang
Production : Sha Huxtable et Alice Holloway
Publié originalement en Grande-Bretagne par Kyle Cathie Limited,
122 Arlington Road, Londres, Angleterre NW1 7HP

Traduction : La Mère Michel
Révision : Rachel Fontaine
Infographie : Christiane Séguin

Dépôt légal 3e trimestre 2005
Bibliothèques nationales du Québec et du Canada
ISBN 2-89455-194-0

Distribution et diffusion
Amérique : Prologue
France : CDE / Sodis
Belgique : Diffusion Vander S.A.
Suisse : Transat S.A.

GUY SAINT-JEAN ÉDITEUR INC.,
3154, boul. Industriel, Laval (Québec) Canada. H7L 4P7. (450) 663-1777.
Courriel : saint-jean.editeur@qc.aira.com Web : www.saint-jeanediteur.com

GUY SAINT-JEAN ÉDITEUR FRANCE,
48 rue des Ponts, 78290 Croissy-sur-Seine, France. 01.39.76.99.43.
Courriel : gsj.editeur@free.fr

Imprimé à Singapour